U0572868

中共北京市委党校（北京行政学院）学术文库系列丛书

此心安处是吾乡

——农业转移人口市民化推进机制

Home is where the heart is

——Promotion mechanism for citizenization of agricultural transfer population

陈志光◎著

社会科学文献出版社
SOCIAL SCIENCES ACADEMIC PRESS (CHINA)

谨以此书献给努力奋斗的亿万农业转移人口！

非常感谢本书所引用参考文献的专家学者们！

摘　要

和出生、死亡一样，迁移流动是人类发展历史上最为关键的因素之一。规模史无前例的人口流动是改革开放以来中国经济社会最突出的变化，也是引发经济社会变革的主要驱动力。但由于长期存在的城乡二元结构所形成的农村与城市的区域分割、农民与市民的身份分割，农业转移人口的发展状况还处于弱势、不利地位，属于“半城市化”“半市民化”状态。

本书以政策过程理论、人力资本理论、资源配置理论、社会保障理论、社会融合理论等为支撑，以美、英、德、日等国际经验教训为借鉴，以国内 70 多年经济社会政策为传承，以 2017 年全国流动人口卫生计生动态监测调查、2016 年天津市农业转移人口调查、2019 年中国社会状况综合调查为实证基础，以农业转移人口为基本研究对象，以多元线性模型、多项 Logit 模型、序次 Logit 模型等计量方法为工具，从个体特征、人力资本特征、家庭特征、就业特征、流动特征等方面加以探讨，描述和分析了基本状况、影响因素和对策建议。重中之重是提出了农业转移人口市民化的五大推进机制。第一，顶层设计机制。用总揽全局的战略眼光，充分调动各方力量共同推进农业转移人口市民化；坚持长远战略布局，摒弃短期利益，放眼未来；遵循科学的规律，按照科学的原则和方法规划市民化的大方向、总目标及其主要步骤、重大措施等。第二，就业能力提升机制。职业院校和就业单位全面开展职业培训，提升农业转移人口就业能力；借鉴国际“双元制”模式，将“工学结合”贯穿职业教育全过程；采用高级技师带徒、一徒一师制度、头脑风暴法、职业技能竞赛等方式方法，提高员工职业技能。第三，住房资源配置机制。探索建立覆盖农业转移人口的住房保障体系，将符合条件的农业转移人口纳入公租房、共有产权房等的供应范围内；探索和完善农业转移人口宅基地、承包地与其城市住房的衔接置换办法。第四，医疗保险转移接续机制。提高统筹层次，把“异地”变成“一地”或“同地”，减少因统筹地区过小、统筹单位过多而形成的制度障碍；做实城乡居民医保地市级统筹，探索实现省级行政区划内的统筹和统一。第五，社会融合机制。提高认识，转变观念，切实提高农业转移人口的社区参与水平和社会交往本地化水平，有效缩短“本地人”与“外来人”之间的社会距离，加快农业转移人口的社会融合步伐。

Abstract

Like birth and death, migration is one of the most critical factors in the history of human development. The unprecedented scale of population movement is the most prominent change in China's economy and society since the reform and opening up, and it is also the main driving force for economic and social change. However, due to the long-standing urban-rural dual structure, the division of rural and urban areas, the division of identities between farmers and citizens, the development of agricultural transfer population is still in a weak and disadvantageous position, which belongs to "semi-urbanization" "semi-citizenship".

This paper is supported by policy process theory, human capital theory, resource allocation theory, social security theory, social integration theory, etc., draws on international experience and lessons from the United States, Britain, Germany, Japan and other countries for reference, and inherits more than 70 years of domestic economic and social policies. Based on the 2017 National Floating Population Dynamic Monitoring Survey, the 2016 Tianjin Agricultural Transfer Population Survey, and the 2019 Chinese Social Survey as the empirical basis, and the agricultural transfer population as the basic research object, multiple linear models, multiple Logit models, and sequential Logit model and other measurement methods are used as tools to discuss the characteristics of individuals and human capital, family characteristics, employment characteristics, mobility characteristics, etc., and describe and analyze the basic current situation, influencing factors and countermeasures. The top priority is to put forward five promotion mechanisms for the citizenization of agricultural transfer population. First, the top-level design mechanism. With a strategic vision of the overall situation, fully mobilize all forces to jointly promote the citizenization of agricultural transfer population; Adhere to long-term strategic layout, abandon short-term interests, and look to the future; Follow scientific laws, principles and methods to plan the general directions, general objects, main steps and major measures of citizenization. Second, the mechanism for improving employability. Vocational colleges and employment units comprehensively carry out vocational training to improve the employability of agricultural transfer population; Learn from the international "dual system" model, and integrate "work-study" throughout the entire process of vocational education; Adopt the senior technician apprentice, one apprentice one teacher system, brainstorming, vocational skills competitions and other methods to improve employees' vocational skills. Third, the housing resource allocation mechanism. Explore the establishment of a housing security system covering the agricultural transfer population, and include the eligible agricultural transfer population into the supply scope of public rental housing and houses with shared property rights; Explore and improve the connection and replacement of agricultural transfer population housing sites and contracted land with their urban housing. Fourth, the transfer and continuation mechanism of medical insurance. Improve the level of overall planning, turn "different places" into "one place" or "same place", and reduce institutional obstacles caused by too small co-ordination areas and too many co-ordination units; The overall planning and unification within the administrative divisions. Fifth, the social integration mechanism. Raise awareness, change concepts, effectively improve the localization level of community participation and social interaction of agricultural transfer population, effectively reduce the social distance between "locals" and "foreigners", and accelerate the pace of social integration of agricultural transfer population.

目　录

第一章
导　论

每一种特殊的、历史的生产方式都有其特殊的、历史地起作用的人口规律。

——〔德〕卡尔·马克思

一　研究背景

和出生、死亡一样，迁移流动是人类发展历史最为关键的因素之一。人口迁移流动是在经济发展持续变化、产业结构不断优化、社会阶层进行转型中的一种人口应对现象；反过来，人口迁移流动也对经济社会空间的重塑、调整产生巨大的影响力。改革开放以来，中国社会政策和社会结构发生翻天覆地的变化，是“几千年来未有之变局”。而规模史无前例的人口流动就是改革开放以来中国经济社会最突出的变化，也是引发经济社会变革的主要驱动力。“十四五”时期，中国农业转移人口规模还将保持在2亿以上。同时，我国正进入工业化的第二阶段和城镇化的加速阶段，工业化和城镇化的快速发展对流动劳动力将继续产生较大的需求。所以，中国农业转移人口的数量还将继续增加，规模还将进一步扩大，农业转移人口作为一个特殊的群体将长期存在于我国现代化事业的发展进程之中。

而有序推进农业转移人口市民化，也成为我国工业化发展、城镇化水平提高、现代化实现的关键环节。

尽管马克思并未有专门论述劳动力转移的著作，但劳动力转移的思想最早可以在马克思的经典著作《资本论》中发现雏形。恩格斯、列宁等马克思主义者也有对这一问题的深刻阐述。他们从人类社会演进的宏观视角，站在生产力发展的历史高度，系统深刻地揭示了农村劳动力由传统农业部门向现代产业部门转移是现代经济发展的必然现象，也是一个长期复杂的过程。其产生有着深刻的社会经济根源，在转移过程中必然带来深刻的经济、社会变革，形成新的社会关系。中国是一个具有典型的二元结构特征的国家。一方面，我国农村地区人口多，人均耕地少，耕地后备资源不足，一直存在人多地少的矛盾。而且，随着土地资源不断减少，农业技术迅速进步，农村劳动生产率日益提高，农业需求劳动力数量大量减少，从农村释放出数量庞大的剩余劳动力。农村剩余劳动力不能充分就业、收入水平低、发展机会少，这些不利因素都迫使他们寻找新的就业机会，改善生存状况，提高生活水平。因此，农业中大批潜在剩余劳动力成为流动人口的源泉和巨大推力。另一方面，城市进入现代化的发展阶段以来，在资本、技术、人力等因素的不断创造和循环中，带动了产业的持续优化、经济的高速增长、社会的不断进步，基本公共服务资源齐备，卫生、医疗、教育、养老便利。因此，在中国城乡二元社会经济结构中，农村地区存在大量剩余劳动力，而城市地区需要大量产业工人和服务人员。正是这种一方供给、一方需要，一方贫困、一方发展，一方推力、一方拉力的差异、互补格局形成了中国史无前例、波澜壮阔、长久存在的农业转移人口大军。而大规模农业转移人口的存在和发展，也为我国社会经济发展做出了巨大的贡献，促进了现代化发展，带动了城镇化规模的扩大，推动了社会繁荣。

大规模人口流动迁移是我国经济平稳高效增长的动力源泉。农业转移人口为流入地提供了廉价的劳动力、丰富的人力资源，使企业充分发挥劳动力资源比较优势，降低生产成本、增加生产利润，推动了经济快速增长。同时，大量农业转移人口在城市地区生产生活，促进了产业、人口双集聚，带来了巨额的消费资源，促使流入地经济社会迅速发展。而且，农业转移人口为流出地带回了大量的资本和先进的技术，推动流出地增加生产资本，提高生产技术水平，促进了流出地的高速发展。

人口流动迁移是我国社会发展繁荣昌盛的重要力量。农业转移人口对于缓解流入地人口老龄化、劳动力大龄化具有重要作用；而且，农业转移人口的流入，对于流入地焕发生活活力、促进文化发展、带来社会进步具有重要作用。同时，农业转移人口为流出地带来了先进的生活观念、有效的文化传播、文明的生活方式，有利于农村地区的生活发展和社会进步。

农业人口转移有利于亿万家庭的发展和进步。农业转移人口不仅为自身带来了人力资本的积累和人口素质的全面提高，而且推动了亿万农村家庭成员的发展，促进了农村家庭成员经济水平的提高、物质生活的改善，提高了物质文化水平。农业人口转移也为随迁子女带来了新的发展机遇和接触新观念、新事物的基础，从而推动他们更好地发展，带动整个流动家庭的进步和提高。转移家庭的发展和提高，能更好地推动人口的均衡发展和人的全面发展。

随着工业化和城镇化进程的加快，农业转移人口成为推动和影响我国社会发展的重要力量。研究和解决农业转移人口问题不仅是落实科学发展观的迫切需要，也是建设社会主义和谐社会的必然要求，更是建设中国特色社会主义的战略任务。而要研究和解决农业转移人口问题，首先要准确把握和了解农业转移人口的现状、特点与趋势。中国的人口迁移流动现象，是与中国现代社会的政治、经济特征紧密联系在一起的。对于历史进程的回顾和了解，有利于我们更加深刻地把握中国人口流动的内在机制，更加清晰地认识农业转移人口的现状与特点。

（1）1949～1977年：人口流动停滞阶段。新中国成立初期，百废待兴，为了保持社会稳定，控制由乡村向城市的自发性人口流动，通过1953年的粮食统购统销制度、1957年的城市人口疏散下放政策、1958年的《中华人民共和国户口登记条例》等一系列人口流动控制制度，城乡人口一直处于隔离状态，基本阻滞了农民由农村向城市的流动，劳动力要素空间配置效率偏低，农业转移人口的势能积累强烈（张庆五，1993）。

（2）1978～1984年：人口流动起始阶段。1978年，改革开放首先从农村地区开始，家庭联产承包责任制的推行，释放出规模巨大的农村富余劳动力“资源”，但当时城市就业制度改革尚未触及，横断于城乡之间的户籍制度以及以此为基础建立起来的二元社会体制也被视为不可侵犯之“物”。尽管在这个阶段国家各项政策都在强调“严格”，但从人口流动的总体情况来看，已经开始出现对流动人口这一劳动力要素的政策松动（尹德挺、苏杨，2009）。流动人口处于观望、徘徊的缓慢增长阶段。其特征是数量少、在外逗留时间短、流动空间距离小。

（3）1985～1996年：流动人口迅速增长阶段。1985年，公安部颁布了《关于城镇暂住人口管理的暂行规定》，对那些不能加入城市户籍的农民实行暂住证制度，从法律上正式给予农民进城许可，这意味着公民开始拥有在非户籍地居住的合法性。这项政策的颁布实施，成为人口迁移流动政策变动的一个重要标志，它表明实行了30多年的限制城乡人口流动的就业管理制度开始松动，因此，这个阶段具有历史性的进步意义（王桂新，2004）。在这一阶段里，大量流向城镇的劳动人口补充了城镇稀缺的劳动力，缓解了农村富余劳动力的压力，加快了城镇化进程。

（4）1997 年至今：引导人口有序流动阶段。1997 年 11 月，国务院办公厅转发劳动部等部门《关于进一步做好组织民工有序流动工作的意见》。2003 年，《国务院办公厅关于做好农民进城务工就业管理和服务工作的通知》发布，提出公平对待、合理引导、完善管理、搞好服务的新方针。此后，中央政府还颁布了一系列政策法规，为农村人口的有序流动扫清障碍，并开始完善流动人口的就业、就医、子女就学、社会保障等公共服务，逐步实现流动人口与户籍人口同等的公平对待（尹德挺、苏杨，2009）。因此，人口流动的浪潮变得更加势不可挡，农业转移人口为我国社会经济的发展做出了极大的贡献。

2019 年，农民工总量为 29077 万人，占全国总人口的 20.8%；换言之，大约每五个人中就有一个农民工（见图 1－1）。同时，随着我国进入工业化、城镇化、现代化发展的深入阶段，伴随先进制造业、现代服务业的高速发展，经济社会对流动劳动力的需求数量还将增加，农业转移人口作为一个特殊的群体将长期存在于我国城

图 1－1　2008～2019 年全国农民工的数量及比重

资料来源：《2019 年农民工监测调查报告》。

镇化事业的发展进程之中。①

特别是像北京、上海、广州、深圳、苏州、天津等特大城市和一线城市，流动人口的数量达到几百万甚至上千万（见图1－2），比世界上很多国家的总人口还多。截至2020年5月，全球230个国家和地区中人口总量超过1000万的国家和地区才有88个，还有140多个国家和地区的人口总量少于1000万。几亿农业转移人口，为城镇化的发展提供了廉价的劳动力、丰富的人力资本、充满活力的智力创新，降低了生活成本，提高了劳动生产率，增加了生产总值，成为支撑流入地经济发展的中坚力量。

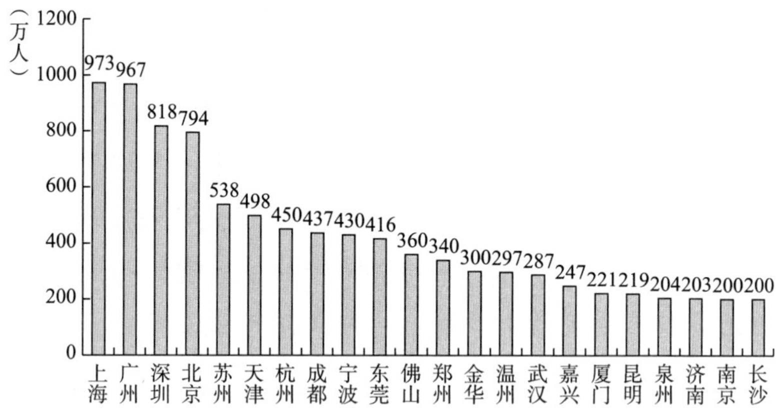

图1－2　2019年全国主要城市常住流动人口数量

资料来源：各城市统计年鉴。

综上所述，中国大规模的农业转移人口是城乡二元、经济转轨、社会转型时期特有的人口现象。农村剩余劳动力转移过程与工业化、经济结构的变迁有着内在一致的逻辑。工业化推动了城镇化，是劳动力转移的动力；而农业生产方式的变革和生产效率的提高是有效转移的前提。因此，不能孤立地看待农村剩余劳动力的转移、回流

① 从人口学上讲，迁移人口、流动人口、农民工、农业转移人口等概念之间是有严格区分的，但由于多年以来形成的习惯，同时也是尊重不同来源的原创性，本书在引用不同文献时使用了不同的称呼。

及市民化等现实问题，必须结合我国工业化道路、农业的基础条件以及经济结构的历史变迁，才能更好地认清问题。农业转移人口的出现带动了城乡之间劳动力资源和生产力布局的优化配置，创造性地把解决“三农”问题和工业化、城镇化、现代化有机地联系在一起，为工业增强了竞争力，为城市增加了活力，为改革开放增添了动力，为社会增加了财力，对中国深化改革、扩大开放、加快工业化和城镇化进程以及政府职能和管理服务方式的转变做出了突出的重要贡献。因此，农业转移人口也不再只是一个关系转移人口群体自身的问题，农业转移人口问题将对我国社会经济的可持续发展产生重大而深远的影响，应该把农业转移人口问题放在全局性、战略性和长期性的角度加以重视。

二　研究问题

亿万农业转移人口的生产和劳动为大、中、小城市的经济社会发展做出了巨大的贡献，为经济发展增强了竞争力，为城市发展增加了财力，为社会进步增加了活力，为改革开放增添了动力，为国富民强增添了助力，成为我国现代化、城镇化、信息化实现不可或缺的力量。但农业转移人口自身的生存发展状况、社会融入程度不容乐观，很多研究表明他们还处于“区隔融入”“半城市化”“半市民化”的状态（王春光，2006），构成“金字塔型”或“倒丁字型”社会结构的底层，进而给整个社会带来了持续的“结构紧张”（李强，2005）。这些观点是否正确，怎么进行验证，如何改善农业转移人口的市民化状况，成为政府、社会、人民关注的热点与焦点。基于前人研究，本书重点关注农业转移人口市民化的推进机制，重点从以下几个方面探讨。

第一，描述农业转移人口市民化的基本情况和主要特征。当前，虽然对农业转移人口的研究有很多，但多为小样本、区域性的调查研究，农业转移人口个体基本特征、性别年龄分布、人力资本情况等方面都刻画不准确；农业转移人口职业能力提升、住房类型分布、社保转移接续等都描述不清楚；农业转移人口社会融入意愿、社会距离大小、居民排斥程度等层面都解释不详细。状况不明、特征不清影响了我们对农业转移人口市民化问题的真实了解和深入分析。本书在全国性、多城市、大样本数据的辅助下，从就业、居住、社保、意愿等多方面厘清农业转移人口市民化的基本状况。

第二，分析影响农业转移人口市民化的宏观政策因素。新中国成立 70 多年特别是改革开放 40 多年以来，中央以及各级政府部门出台了政治、经济、社会等多方面的法律法规、政策措施、条例规范，其中很多涉及了农业转移人口及其市民化。这些政策措施从户籍、就业、居住、社保、教育、卫生等维度对农业转移人口市民化的起源、路径、过程、结果进行了规范和调整，极大地促进了农业转移人口的市民化。本书通过采用前后比较、有无对比等政策研究方法，分析各项市民化政策的利弊得失、经验与教训、预期与非预期效果，以期为将来的政策措施和推进机制提供借鉴和指引。

第三，研究影响农业转移人口市民化的微观计量因素。由于人口现象发展变化的复杂性和多样性、市民化进程的动态性和多变性，影响农业转移人口市民化的因素也多种多样、各具特点、变化万千，如何通过合理、合适的计量统计方法，控制次要因素，找到核心因素，并认识这些核心因素的影响方向和影响程度，对于推进农业转移人口市民化的进程具有十分关键的作用。本书在描述分析的基础上，使用多元线性模型、多项 Logit 模型、序次 Logit 模型等计量统计方法，辨识农业转移人口城市融入的多维影响因素，并分析这些因素正向或负向作用于融入程度的显性和潜在机制。

第四，探讨系统的、有针对性的市民化推进机制。描述状况、分析原因的最终目的是找到有效的对策措施，加快推进农业转移人口的市民化进程。因此，在了解特征、把握因素的基础和前提下，本书的重中之重是研讨各种市民化推进机制及其相互关系。首先，农业转移人口的市民化需要从顶层设计出发，构建一个政府主导、多方参与、成本共担、协同推进的农业转移人口市民化机制，战略性、根本性、全局性、长期性地推进市民化进程。其次，农业转移人口的市民化涉及就业收入、居住住房、社会保障、心理意愿等多个维度，每个维度面临的问题不同，要采取的措施各异，也就需要不同的推进机制。这些分类的推进机制既相互区别，各有侧重，也相互联系，相互配合，共同推进农业转移人口市民化的各个层面。有了提纲挈领的顶层设计机制和各有侧重的分类推进机制，才能上联市民化理论和政策基础，下联可以实现的措施与对策，更好地推进工业化、城镇化与现代化进程。

三　研究方法

研究经验反复告诉我们，怎样研究问题比对问题本身的研究更重要，亦即研究方法问题对于形成科学的研究思路和研究结论具有非常重要的作用。方法是工具、手段，是实现某一目的不可缺少的东西。毛泽东同志把方法形象地比喻为桥或船，没有它，就达不到目的，可见方法的重要（《毛泽东选集》第1卷，1991：139）。

第一，文献分析方法（Literature Analysis Method）。农业转移人口市民化问题涉及迁移流动、经济发展、社会转型、空间配置、文化融合等众多层面，受到国内外学者的极大关注，相关的著作和论文非常多，探讨与研究不断涌出，积累了大量的、各不相同甚至互相矛盾的观点与看法。本书通过检索国内外各种文献和理论，收集与研究有关的论文、书籍等资料，并对资料和理论进行筛选、分类、比较、总结和分析，采用内容分析、二次分析等方法进行规范的文献研究，熟悉和把握国内外关于农业转移人口市民化研究的理论、方法、过程与结果。多维度文献资料为本书提供研究方向和研究视角，指导与指引解决农业转移人口市民化是什么、为什么、怎么办等问题；多样化文献资料为本书提供研究理论和研究方法，揭示和解释市民化推进机制的内在含义和逻辑路径；多来源文献资料为本书提供现有实践和已有措施，借鉴经验、弥补缺陷、去芜存菁，为提出新的、更为有效的对策建议提供思路和借鉴。

第二，政策分析方法（Policy Analysis Method）。为了在更现实的环境和更宽泛的实践活动中分析农业转移人口市民化的起源、进程、障碍、动力、结果等因素，本书还将针对农业转移人口的就业收入、住房居住、社会保障、心理意愿等方面，研究和分析相关的法律法规和政策措施。政策分析是一门新兴的综合性应用学科，是综合地运用各种知识和方法来研究政策系统和政策过程，探求公共政策的实质、原因和结果，以提供政策相关知识、改善公共决策系统、提高公共政策质量的一门学问。掌握与农业转移人口市民化有关的法规政策的价值观念、思维方法、基本方法、推进路径、分析技术，从而在逻辑上和理论上对市民化政策进行研究和探讨。辨析农业转移人口市民化政策制定的主体和过程，了解公共政策制定中的主要历史经验、教训，采用系统分析法、比较分析法、历史分析法、矛盾分析法、文本分析法、个案分析法等，对市民化政策的制定与实施进行评估。通过政策评估、绩效打分、公众选择、集体意见等方式，分析农业转移人口市民化政策实施带来的后果和效应，为采取更为科学、更为合理、更有影响力的政策措施提供经验和借鉴。

第三，定量分析方法（Quantitative Analysis Method）。定量分析方法是依据统计数据，建立数学模型，并用数学模型计算出分析对象的各项指标及其数值的一种方法，主要包括描述性分析和推断性分析。描述性分析认识和了解数据的基本特征、分布规律、趋势以及变量之间的相互关系。回归分析是社会科学研究中最基本的工具，回归模型的选定依赖于研究目的和数据的特点，本书主要使用多元线性模型、多项 Logit 模型和序次 Logit 模型。线性回归分析依旧是社会科学领域应用最广的统计方法之一（王济川、郭志刚，2001），多元线性模型（Multiple Linear Model）是描述连续因变量如何依赖两个及以上自变量和误差项而异的方程。但事实上，社会科学领域的许多数据为定性而非定距或定比数据，研究者感兴趣的因变量是分类变量，而不是连续变量时，线性回归模型的一些基本假定就得不到满足，从而导致回归估计的推断存在严重误差，使得进行假设检验、计算置信区间都失去了合理性。这时合适的分析方法是 Logit 模型，用于因变量为分类（定性）变量，但自变量既可以是分类变量也可以是连续变量的模型。主要包括多项 Logit 模型（Multinomial Logit Model）和序次 Logit 模型（Ordinal Logit Model）。多项 Logit 模型应用于因变量是多分类且缺乏序次关系的场合；序次 Logit 模型应用于因变量为定序测量的场合。

四 研究意义

其一，理论意义。本书强调“结构 - 机制”范式，构建一种思考农业转移人口市民化、城镇化的新思路。农业转移人口生活在一定的社会环境和社会结构中，无论是迁移流动的发生、迁移流动的过程还是迁移流动的结果，都是社会环境和社会结构作用和影响的结果。社会环境和社会结构是农业转移人口生产生活的基石，也是影响农业转移人口市民化程度的根本性因素。只有通过结构性的分析范式，才能找到市民化过程中众多问题的内在机理和潜在原因。而在结构基础上的推进机制研究，将更具规律性、系统性和普遍性，能够更好地适应现实、调整规范。

其二，实践意义。社会结构的形成，简单来说，就是宏观社会政策和微观个体特征双重作用力的结果。本书通过理论文本与国际经验、政策分析与计量统计相结合的方法，使用政策历史回溯、政策效果评估、描述性分析、解释性分析等技术，重点研究社会结构因素影响农业转移人口市民化的作用方向和作用程度。在影响因素分析的基础上，提出健全社会政策、有效配置资源、缓和社会关系的针对性措施，促进农业转移人口就业能力的提高、居住条件的改善、社会保障的建立、融入意愿的增强，加快农业转移人口城镇化、市民化、现代化的进程，实现社会的和谐与稳定。

五　研究结构

纲举目张，执本末从。本书内容共分为九章，具体结构安排如下。

第一章，导论。为了高度概括地介绍本书基本的研究背景、研究问题、研究方法、研究意义和研究结构，特别设计了导论这一章。从研究背景来说，农业转移人口市民化是在工业化、城镇化、现代化、信息化进程中的一种必然趋势，对经济发展、社会进步、文化繁荣都具有重要作用。然而农业转移人口自身处于“半市民化”状态，不能很好地融入流入地社会。因此，本书使用文献研究、政策分析、计量统计等方法，借鉴迁移流动、人力资本、资源配置、社会保障、社会融合等理论，重点探讨推进农业转移人口市民化进程的机制与范式。

第二章，农业转移人口市民化文献综述。人类有史以来不断迁移流动，具有流动迁移倾向是人类的显著特征之一。同时，人口迁移流动产生的原因复杂多变，带来的后果也重大深远。因而，人口迁移流动受到国内外学者的极大关注，特别是有关农业转移人口的研究和分析层出不穷，积累了大量的文献资料。人口迁移流动及其市民化的文献资料主要包括人口迁移法则、推力 – 拉力理论、迁移选择理论、迁移转变理论、二元经济结构模型、成本 – 效益模型、压力临界值模型、劳动力市场分割理论、世界体系理论、生命周期理论、移民网络理论、因果累积理论、迁移系统理论、社会融入理论、社会融合理论等。这些理论和模型之间既相互联系、共同作用，也互相区别、各有差异，它们共同阐述和解释了迁移流动的复杂性和多样性。

第三章，农业转移人口市民化推进机制的逻辑框架。其一，概念界定与辨析。概念界定有助于厘清研究问题、确定研究范围和明确研究意义，有利于研究思想的可测化、研究方法的操作化、研究内容的具体化，是理论与实证研究必不可少的一部分。其二，推进机制的主体和客体。推进机制的主体是机制系统的重要组成部分，是指具体制定与执行推进机制的政党、组织、团体与个人；推进机制的客体是指机制所要发生作用的对象，包括所要处理的社会问题和所要作用的社会成员两个方面，即“事”和“人”两个作用对象以及对两者的共同作用。其三，推进机制的执行。机制执行就是推进机制被采纳以后，机制执行者通过一定的组织形式，运用各种经济社会资源，经解释、实施、服务和宣传等行动方式将推进机制的内容转化为现实效果，从而使既定的推进机制得以实现的过程。其四，推进机制的效果评估。机制评估是个人、团体、研究机构对现行或计划实行的组织政策、决策程序和活动中的情况、问题，以及公众对它们的反应信息进行系统的调研、观察，并做出定量和定性分析的过程。

第四章，农业转移人口市民化的顶层设计机制。推进农业转移人口社会融合是一项系统工程和政策性极强的工作，既要注重制度设计和政策制定，又要兼顾农业转移人口个人、家庭和区域的差异，统筹考虑，多管齐下。因此，迫切需要国家层面加强顶层制度设计，制定一整套的推进农业转移人口社会融合的政策体系。第一，农业转移人口市民化需要一个战略规划机制，从最高层次上调动政治、经济、社会、国际等力量来推进。第二，建立健全与市民化相关的法律法规，依法进行迁移流动人口的保障。第三，充分利用计划和市场两种利益分配机制，调动政府、市场、社会、个人等多元主体的积极性，共同承担市民化成本。第四，农业转移人口是一个规模庞大、异质性很强的群体，对不同类型的农业转移人口采取不同的、有所侧重的市民化促进措施，分类、有序提高农业转移人口市民化程度。第五，针对重点工作和突出问题进行督察，对相关配套政策实施效果进行跟踪分析和总结评估，确保政策举措落地生根。

第五章，农业转移人口就业能力提升机制。就业能力是决定就业问题的核心与本质问题，受到政府、社会、企业的广泛关注和重视。本章重点分析影响农业转移人口就业能力的因素和机制，提出改善农业转移人口就业状态、提高其就业能力的政策与措施。各级政府高度重视农业转移人口的职业技能提升工作，长远规划，统筹考虑，加大职业培训工作力度，对农村转移就业劳动者开展就业技能培训。将农民工纳入终身职业培训体系，逐步形成政府主导，相关行政、教育部门协作配合，多级相互连接、上下贯通，运转灵活的农民培训体系。完善校企合作、工学结合的人才培养体系，坚持短期培训与学历教育相结合，培训与技术鉴定相结合，培训与就业相结合，增强培训的针对性和实效性。

第六章，农业转移人口住房资源配置机制。安居才能乐业，在城市能有一个宜居的住所，是农业转移人口进入城市、寻找就业岗位，在城市生活并扎下根来的重要基础和基本条件。构建以政府为主提供基本保障、以市场为主满足多层次需求的住房供应体系，合理运用金融杠杆，满足和激活潜在需求，促进市场供需平衡。落实“租购同权”政策，使租赁人和所有权人享有同等的公共服务，保护租赁人的合法权益不受侵犯。积极推动城乡土地制度变革，大胆探索和开发农业转移人口农村土地和住宅权益对其市民化过程的支撑性功能，建立农业转移人口城市购房进入与农村住房退出相衔接的体制机制。进行制度和方式创新，形成多渠道、多形式化解农业转移人口城市住房瓶颈的政策合力。

第七章，农业转移人口医疗保险转移接续机制。社会保障是民生之安，关系着每一个人、每一个家庭的福祉。农业转移人口的社会保障建设，不管是对于发展社会保障事业还是对于农业转移人口自身都具有十分重要的意义。以医疗保险为例，我国全面推行的医疗保障制度的改革涉及社会的许多方面，是一项艰巨的社会系统工程，必须进行统一规划并制定统一的政策法规（在医疗保险的性质、范围、目标、管理体制等方面做出原则性规定），统一领导并精心组织实施。整合新型农村合作医疗和城镇居民医疗保险制度，做好城乡居民医疗保险的转移接续，加快医疗保险转移接续的步伐。提高统筹层次，把“异地”变成“一地”或“同地”，减少因统筹地区过小、统筹单位过多而形成的制度障碍。基本医疗保险关系随本人转移，缴费年限累计计算，缩小各种制度保障水平的差距，最终实现制度框架的基本统一。

第八章，农业转移人口社会融合机制。中国古代的先贤们很早就提出了类似于“融合”的概念和含义，如儒家的“美美与共，天下大同"，政治学上的"和同为一家"，社会学上的"美美与共"。而现代西方社会融合理论告诉我们，社会融合是一个渐进式的、多维度的概念，包括戈登的"二维度"、杨格－塔斯的"三维度"、恩泽格尔的"四维度"等。农业转移人口在经历经济融入、社会融入、行为融入以后，最为重要的就是身份认同和心理融入。所谓心理意愿是指一种主观的态度，指农业转移人口对自己是否融入城市所做出的判断。对于流入城市的农民而言，要面对的是迥然不同的文化，从同质性的、情感性的传统乡土社会进入异质性的、工具性的现代城市社会，面临一个重新建立"心理认同"的过程。同时，对社会融合内涵的各种理解，都强调了社会融合的互动与渗透，即社会融合是不同个体或群体间相互融合的过程，是一个双向行为，流入地原居民对外来人口的接纳态度对于双方的社会融合具有十分重要的作用。本章将对这些问题进行有针对性的探讨。

第九章，总结与讨论。在本书前八章的内容中，详细介绍分析了农业转移人口市民化进程的背景、意义、政策、数据、变量、方法，以及要重点推进的五种机制。但这些内容散布于多章内容中，不易于直观了解和重点关注。因此，在本书的最后一章中，重点总结前文各章的主要发现，描述农业转移人口市民化的进展程度，分析历年市民化政策的利弊得失，研究农业转移人口市民化的影响因素，总结农业转移人口市民化的推进机制。在简单地展示完本书的主要发现以后，本章也反思全书存在的不足和缺陷之处，为以后的继续研究提供了箭靶和目标。最后，本章也呼吁农业转移人口的市民化问题，是一个涉及经济学、政治学、社会学、人口学的复杂现象，需要政府、市场、社会、个体等多元主体的共同努力。

第二章
农业转移人口市民化文献综述

> 当人们从事于发现什么事物时，他首先要了解别人以前就此事物发表过的一切说法，然后自己再开始思考……
>
> ——〔英〕弗朗西斯·培根

人口迁移流动与市民化理论的研究是长期以来西方学者最为关注的问题之一，中国学术界在这方面的论著也颇为丰富。这类研究涉及从决定迁移到迁移结束这一过程中的各个方面，包括社会、经济、空间地域、个人特征等（王德、叶晖，2006）。宏观层面的研究认为，人口迁移流动是对自然、政治、经济、社会以及文化等多方面空间差异性的反应，社会体制与国家政策、经济发展水平、产业结构情况、人口资源、气候环境等因素都对人口迁移流动产生重大影响。微观层面的分析认为，人口迁移流动与个体的经济动机、个人资本、心理感受等多种因素有关，这些因素的差异与不同，导致了不同人群的不同流量与流向。但国内学者的研究并没有脱离西方人口迁移流动理论的研究范畴，其基本的理论基础、研究逻辑、分析方向还是遵从西方经典人口迁移流动模型的方法，只是更多地加入了对中国特殊国情的分析。本书将借鉴西方人口迁移流动理论的划分方法，对中国人口流动的众多文献进行系统梳理、深入分析，以更好地对比国内、国外两方面的研究，总结农业转移人口市民化研究的发展与局限，评价西方人口迁移流动与市民化理论在中国的适用性和不足。

随着中国农业转移人口规模的不断扩大及其社会经济影响的不断增强，农业转移人口问题渐渐成为社会各界关注的重点社会问题以及理论界研究和讨论的一个热点话题，成为人口学、社会学、政治学和经济学等多学科关注的焦点。不同学者从多个视角提出了多种理论模型，以阐释人口迁移流动的动因、过程和后果。这些理论虽然多发源于西方，且主要用于解释市场经济条件下的人口自由迁移流动，但人口迁移流动具有一定的共性和规律性，合适理论的指导有利于我们更好地把握中国人口迁移流动的现状、特点、形成机制、影响因素等市民化结果重要内容。本章首先将对过去数十年来西方人口迁移流动与市民化理论的主要观点、争论、分歧和应用等方面进行系统的梳理和述评，为研究中国的人口流动提供世界背景和国际视野。其次，还将对国内学者进行的有关中国人口流动的过程、特点及原因的研究成果进行系统收集、深入分析，并与国外的研究与理论进行比较，评价西方人口迁移流动与市民化理论在中国的适用性，分析国内流动人口研究的发展和局限。最后，在国际、国内两方面文献研究的基础上，总结中国人口流动的特殊性，为具体政策研究提供理论指导和方向指引。

一　西方人口迁移流动与市民化理论述评

人类有史以来不断迁移流动，具有迁移倾向是人类的显著特征之一。同时，人口迁移流动产生的原因复杂多变，带来的后果也重大深远。因而，人口迁移流动受到西方学者的极大关注，有关人口迁移流动的理论和方法层出不穷，极大地丰富和扩展了人口迁移流动研究的理论视野和实证范围。但现代西方学者的迁移流动研究，并没有一个完整、统一的“迁移流动理论”；西方现有的迁移流动理论，实际上是由多个视角、互为补充、互相冲突的理论观点组合在一起构成的。对于当今迁移流动过程的全面理解仅靠一种理论或一种方法是难以完成的，必须综合多维视角、不同层次、各种理论才能反映出迁移流动过程的主体面貌（Massey et al.，1993）。

从莱文斯坦开创人口迁移法则，到推力－拉力理论的提出，再到李对人口迁移流动原因的系统研究；从刘易斯二元经济结构的提出，经过拉尼斯－费景汉的精心修改，再到托达罗、乔根森的人口迁移流动模型；从个人收益最大化到家庭风险最小化，从生命周期理论到压力临界值模型，从移民关系网络、迁移累积效果到迁移系统研究理论；从国内迁移到世界体系理论，从人口迁移流动到移民社会融入，过去几十年内，西方学者的研究形成了无数的、经典的人口迁移流动理论。本章选取研究多、应用广、影响大的人口迁移流动理论，进行系统的梳理和比较，力求充分反映西方人口迁移流动研究的目的、方法、视角、内容、结果、不足等方面，为我们研究中国历史、现今、未来的人口迁移流动提供理论视角和实证基础。我们将从中吸取经验和教训，纳入正确观点，摒弃错误论断，更好地反映、解释当今中国史无前例的农业转移人口市民化的状况、趋势、规律和影响。

（一）人口迁移流动与市民化的规律

研究人口迁移流动的学者一般认为，人口迁移流动理论的开创始于莱文斯坦对人口迁移法则（law of migration）的研究。在莱文斯坦之前，人们往往认为人口迁移流动是没有规律可循的（段成荣，1998：45）。

1. 莱文斯坦（E. G. Ravenstein）的人口迁移流动规律

1885 年，莱文斯坦在《皇家统计学会杂志》上发表了论文《论迁移的规律》，对人口迁移流动规律进行了系统归纳，形成了著名的"迁移流动七大规律"，主要包括：（1）人口迁移流动以经济动机为主，人们为改善生活条件而进行的迁移流动占全部迁移流动的绝大多数；（2）随着技术进步，运输、交通工具及工商业的发展，人口迁移流动呈现不断增长的趋势；（3）人口迁移流动呈分级递进的特征，大的工商业中心吸引邻近城镇的人口流入，而后者留下的空缺则由更远的乡村的居民迁入填补；（4）城乡间的人口迁移流动倾向存在差异，农村人口比城市人口更易于发生迁移流动；（5）性别之间也存在迁移流动的差异性，女性比男性更具有迁移流动性；（6）人口迁移流动受距离的影响，通常人们倾向于短距离的迁移流动，长距离的迁移流动只是移向大的工商业中心，离中心越远，迁移流动人口越少；（7）每一个人口迁移流动的迁移流都具有一个相反方向的反迁移流，二者同时存在（Ravenstein，1885，1889；段成荣，1998：45～46）。

尽管莱文斯坦的研究还比较粗放，也有不尽准确的方面，但这并没有抹杀其理论的开创性意义，其理论对后世的人口迁移流动理论研究具有重要的启发作用。这一理论经历了100多年的考验，直到今天，有关人口迁移流动的理论也没有超出莱文斯坦人口迁移法则的基本框架（段成荣，1998：46）。

2. 博格（D. J. Bogue）等人的推力－拉力理论

推力－拉力理论是最知名的人口迁移流动理论，几乎所有研究人口迁移流动的学者都在直接或间接地使用其分析方法。人口迁移流动的推力－拉力理论的起源可以追溯到莱文斯坦的人口迁移法则（段成荣，2001：9），众多学者都对传统的人口迁移流动的推力－拉力理论进行了论述，而系统的推力－拉力理论则是Bogue（1959）明确提出的。

其主要观点为，迁移流动行为的发生是迁出地与迁入地的推力

（push factors）和拉力（pull factors）共同作用的结果。推力是指促使迁移者离开某地的影响因素，拉力是指吸引迁移者流向某地的影响因素。原住地的失业率上升、耕地不足、缺乏基本的生活设施、社会经济及政治关系的紧张和自然灾害等都构成了原住地的推力，这些因素促使人们向其他地区迁移流动；同时，在流出地也存在拉力因素，如家庭团聚、熟悉的环境、长期形成的社交网络等。迁移目的地更好的就业机会、更好的发展前程、更高的工资、更好的教育和卫生设施等构成了目的地的拉力，这些拉力吸引人们由其他地区迁往这一地区；同时，流入地也存在一些不利于人口迁移流动的推力因素，如迁移流动可能带来家庭的分离、陌生的环境、激烈的竞争、生态环境质量的下降等（段成荣，1998：48）。

推力－拉力理论之所以被广泛接受和应用，主要在于它揭示了迁移流动过程的本质力量。人口之所以发生迁移流动，根本原因就在于迁出地与迁入地多种力量的相互作用、相互碰撞和相互抵消，最终形成合力使人口发生迁移或者不发生迁移。尽管被广泛应用，但也有众多学者批评推力－拉力理论将高度复杂的迁移流动过程过度简化，且难以从微观层面对迁移流动过程进行实践证明。

3. 李（E. S. Lee）的人口迁移流动解释

推力－拉力理论的研究将人口的迁移流动过程高度概括，使复杂的迁移流动决策简单化；此后，在原有理论的基础上，不断有新的解释因素加入，使理论更接近于现实。同时，该理论主要强调了外部因素在迁移中的作用，却忽视了个人因素。针对这些问题，Lee（1966）把位于迁出和迁入两地中间的阻碍因素及个人因素引入解释框架内，认为影响迁移流动的因素包括四种：迁出地因素、迁入地因素、中间阻碍因素和个人因素（段成荣，1998：49）。每一个地区都同时存在某些吸引人的因素和某些排斥人的因素，人口的迁移流动，正是这些因素综合作用的结果；同时，迁移流动还受流入地和流出地之间各种中间阻碍因素的影响，如距离和迁移成本的作用；最后，迁移流动还受到个人因素的影响，个人的性别、年龄、教育、职业、主观感受、生命周期等因素都会影响他对推力、拉力的不同评价，从而影响其迁移流动决策（段成荣，1998：49～50）。

在上述基础上，李分析了影响迁移量的因素：（1）在一定地区范围内，人口迁移流动的流量因该区域内差异程度的不同而不同；（2）人口迁移流动的流量随流出地和流入地人群之间的差异而不同，人群之间的差异越小、同质性越强，迁移量越少，差异越大、异质性越强，则迁移量越大；（3）人口迁移流动的数量与克服中间阻碍的难易程度有关，自然的障碍和经济的成本都会抑制地区之间的人口迁移流动；（4）迁移量因经济波动而不同，经济萧条时期的迁移量明显少于经济繁荣时期；（5）如果没有特殊限制，迁移量和迁移率都会随时间的推移而不断增长（段成荣，1998：50～51）。

李的人口迁移流动理论在人口迁移流动研究体系中占有重要地位，它不仅覆盖了人口迁移流动理论的各主要方面，而且对推力－拉力理论做了全面、详细的阐释。但是，该理论也面临一系列的挑战：对推力、拉力等概念缺乏明确的定义，也缺乏系统有力的实证资料的证明；是通过美国的经验推导获得，对于发展中国家的人口迁移流动的适用性还有待进一步研究（段成荣，1998：54）。

4. 迁移流动动机理论

迁移流动动机和宏观迁移流动理论所分析的迁移流动原因有区别，简单说来，迁移流动动机指迁移决策的主观意愿、主观因素，而迁移流动原因指迁移过程的客观条件或者影响迁移决策的客观因素。西方迁移流动动机理论主要探讨是什么因素促使迁移者个人决定迁移还是不迁移（李竞能，2004：159）。

Sell 和 DeJong（1978）在《论迁移决策的动机理论》一文里提出了迁移决策动机的四个要素：可行性，价值，预期，诱因。一个人要做出迁移流动决策，第一个要素是可行性。它包含两方面：一是在地域上流动的可行性，如国际迁移是否会受到移民法的干预；二是在认识上流动的可行性，对原住地有深刻感情的人很难决定迁移流动而离开家乡。第二个要素是价值，即在迁移流动决策中看重的事物。例如，看重经济的成功会对迁移流动起促进作用，注重家庭关系对迁移流动起阻碍作用。第三个要素是预期，个人对迁移流动是否能使他达到既定目标的估计，即迁移者应当对迁移流动之后的收益有相对准确的设定。第四个要素是诱因，指在原住地或目的地和个人目标积极相关或消极相关的因素，包括就业机会、优质教育、良好环境等多种多样形式（李竞能，2004：158～159）。而具体来讲，常见的迁移流动动机包括以下几个方面。

第一，经济收入动机。西方学者首先看到的是迁移者的经济收入动机，其中最主要的因素是工资差别。经济收入动机在迁移中，尤其是在劳动力迁移中占统治地位（李竞能，2004：159）。

第二，居住满意性动机。当住宅被认为与社会地位不相称，或者住宅被看作通向更高社会地位的手段时，居住满意性成为迁移流动重要的促进因素。尤其是城市间的流动，是以和生命周期相关的不满意为动机的，家庭规模随生命周期而变大或变小，常常使住所的空间不合需要而引发迁移流动（Rossi，1955；李竞能，2004：159）。

第三，社会流动动机。一些西方社会学者强调社会流动是迁移流动的一个主要动机，由于农村缺乏向上流动的机会，所以迁移目的地是城市地区，迁移动机是社会地位向上流动。这种动机由于教育和职业层次不同而受到促进或者阻碍，也与流入地对社会流动的限制程度相关（李竞能，2004：160）。

第四，生活方式偏好动机。在迁移流动决策中对生活方式的偏好作为“拉力”因素的作用越来越突出（Zelinsky，1971）。对公园和娱乐设施、工作地点的便利、宽敞的庭院、高质量学校的偏好都是最为明显的迁移流动动机（李竞能，2004：160）。

第五，家庭和朋友的影响。西方学者认为，家庭的形成、规模的变化或者因离婚与丧偶而破裂，都可能影响迁移流动的发生。一方面，家庭和朋友通过在流入地向潜在迁移者提供当地生活条件和就业机会等积极信息，鼓励迁移；另一方面，在流入地有朋友和亲属的人，更可能在该地获得定居方面的帮助而促进迁移流动决策的产生。一般来讲，妇女、年轻人、蓝领工人受亲友影响而迁移流动的可能性更大（Ritchey，1976；李竞能，2004：161）。

人们不迁移流动的动机，是对迁移流动动机的反向研究。有学者通过总结认为，不迁移流动的动机包括四种情况：在居住地有密切的家庭、亲属关系；在居住地有很强的经济联系；在社区的社会资本众多；缺乏融入流入地社会的资源和条件（李竞能，2004：160～161）。

5. 迁移流动选择性理论

学者们早就发现人们迁移流动与否，其倾向性很不相同。研究人口迁移流动的选择性问题，有助于认识人类迁移流动过程，为预测未来迁移流动提供科学基础，以及探明迁移流动对目的地与原住地的各种影响（李竞能，2004：168）。

经典理论认为，迁移流动的年龄选择性最强，有充足的事实证明，20～30岁年龄段的人最具有流动性，这个迁移流动事实在世界各地都得到证实（李竞能，2004：169）。现代西方有关迁移流动的研究表明，男性比女性更易于迁移，这与莱文斯坦的结论相反。但是，同年龄相比，性别选择性的程度明显要弱，而且随着经济发展，女性在劳动力市场变得更为活跃，迁移流动性别选择性将更加不明显（李竞能，2004：170）。一个地区向外迁移流动的流出率，会因为地区受教育程度总体水平不同而有很大差异（Bogue，1959），教育和迁移流动之间的关系常常比教育和出生率之间的关系更密切

（Todaro，1969）。受教育程度越高，迁移流动倾向性越强；受教育程度越低，迁移流动意愿也相对越弱（Thomas，1954）。社会层次越高，迁移流动倾向性越强，迁移距离越远；社会层次越低，迁移流动倾向性越弱，迁移距离也越短。从专业技术人员到普通工人，再到劳工，迁移流动距离呈明显的下降趋势（李竞能，2004：171）。

西方人口理论对于迁移流动选择性的分析非常具体和深入，为我们详细了解不同人群的迁移流动特征及迁移流动选择性带来的后果提供了可靠的理论指导和例证说明。但人类的迁移流动决策毕竟多种多样，很难建立一种普适性的迁移流动选择性理论。

6. 泽林斯基（W. Zelinsky）的人口迁移转变五阶段理论

泽林斯基把经济发展、现代化进程和人口转变过程与迁移流动类型、方向、规模等因素加以综合考虑，提出了一个概括性的五阶段“人口迁移转变假说”（Zelinsky，1971）。人口迁移转变假说的基本出发点是从社会层次上对人口迁移率和社会变迁的关系做长期的分析研究，描述在社会经济发展的不同历史阶段人口流动与生命转变的不同特征（李家伟、刘贵山，2007）。

泽林斯基认为，人类的迁移流动活动存在五个阶段：（1）前工业化阶段，人口出生率和死亡率都很高，人口自然增长缓慢，人口很少迁移流动；（2）早期转变阶段，伴随死亡率下降，出生率维持较高水平，人口迅速增多，出现大规模由农村向城市的人口迁移流动，同时在国内移民拓荒或移民海外；（3）晚期转变阶段，人口出生率持续下降，人口自然增长减速，因移民海外，农村向城市的人口迁移流动速度放慢；（4）发达社会阶段，因低死亡率和低生育率，农村向城市的人口迁移流动速度较以前更低，然而城市内部和城市之间人口迁移流动的增强成为突出的特点，来自发展中国家的净迁入人口和商业旅游活动导致的周期性人口迁移增加；（5）未来超发达社会阶段，乡城人口迁移流动的规模普遍下降，大多数居民移动是在城市内部或城市之间发生的（马侠，1990；段成荣，1998：80~81；李竞能，2004：144~145）。

自从人口迁移转变假说被介绍到西方人口学界，关于现代化进程和人口迁移流动之间关系的讨论日益增多。人口迁移转变假说的主要价值在于，提供了在时间长波上不同流动模式的规律性，这种宏观的规律性反过来有助于分析“处于不同发展阶段社会的迁移者是怎样在微观层次做出其迁移流动决策的”（李竞能，2004：145）。但泽林斯基对人口迁移转变阶段的划分是基于西方国家发展历史进行的概括，发展中国家人口迁移流动的环境与发达国家有很大不同，人口迁移转变假说较难适用于发展中国家迁移流动的现实（段成荣，1998：81）。

（二）人口迁移流动与市民化的经济视角

影响人口迁移流动的因素很多，自然环境、社会环境、经济环境和迁移者的心理状态都是影响人口迁移流动的因素，其中，经济是最重要的因素，追求经济效益最大化始终都是导致人口自主迁移流动的最根本因素。从托马斯、刘易斯、托达罗，到乔根森、舒尔茨、斯达克，无数著名的经济学家、社会学家、人口学家对人口迁移流动的经济动机进行了深入的分析和系统的研究，形成了众多的人口迁移流动经济模型。

1. 经济增长理论模型（Economic Growth Model）

经济增长理论模型最有影响的代表人物是托马斯（D. S. Thomas）和库兹涅茨（S. Kuznets）。经济增长理论模型将迁移流动看作现代化和经济增长的一个后果，将迁移流动看成由经济因素决定的。经济增长过程包含着“繁荣”与“衰退”的周期，经济增长理论模型认为，在经济周期性波动和迁移量之间存在密切的联系。在经济繁荣时期，工业化区域内对劳动力需求的增长部分是由迁移者的迁入来满足的；在经济衰退时期，农村人口向城市的迁移流动被限制和减少（李竞能，2004：150～151）。

经济增长与人口的迁移流动是通过一些相互联系的因素连接在一起的。一个国家任何时间的人口迁移过程都可以看作对经济机会的反应，而经济机会的分布受技术发展的影响。技术发展的速度在各个地区之间是有差别的，与技术发展的速度相比较，地区之间出生率和死亡率差别的作用太慢，不能有效地调节人口的再分布以适应经济发展的需要。这样，人口迁移流动就成了适应地区之间经济发展差异的主要机制。库兹涅茨认为，如果人口迁移流动不能改变人口与经济发展之间的不平衡，经济发展就会受到不利的影响。他还同时指出，在短时间内，人口迁移流动的成本可能会影响经济的发展，但就长期发展而言，人口迁移流动有利于经济结构的调整，从而促进全社会经济的发展（Kuznets，1964）。

经济增长理论模型强调了经济发展、现代化与人口迁移流动之间的关系，为分析人口迁移流动提供了宏观性、周期性和长期性的视角。但经济增长理论模型只单一强调经济的作用，忽视了社会、文化、政治等因素对人口迁移流动的巨大影响。

2. 二元经济结构模型（Dual Economic Structure Model）

早在20世纪50年代，发展经济学的代表人物刘易斯（W. A. Lewis）就提出了二元结构的发展模型，或称“无限过剩劳动力”发展模型，对农业剩余劳动力向城市转移、农村人口向城市迁移流动的问题进行了深入的探讨。刘易斯把发展中国家经济划分为资本主义部门和非资本主义部门，形成一个二元经济结构。二元经济结构中的非资本主义部门以传统农业部门为代表，农业部门的生产方式落后，劳动生产率低下，人口过度膨胀，失业十分严重；二元经济结构中的资本主义部门以现代工业部门为代表，经济发展依赖现代工业部门的扩张，而现代工业部门的扩张需要传统农业部门提供丰富的廉价劳动力。传统农业和现代工业两个部门经济结构上的差异和经济收入上的差异导致两个部门之间劳动力的转移，从而引起农业人口向城市的迁移流动（Lewis，1954）。

刘易斯模型是第一个二元经济结构模型，强调了现代部门与传统部门的结构差异及其对人口流动的影响，并把经济增长过程与劳动力转移过程有机地结合在一起（高洪，2003）。但刘易斯模型也存在许多不足：忽视劳动生产率的提高和农业剩余产品的增加是农业劳动力非农化的前提（Ranis and Fei，1961）；无限劳动力供给在现实中是不可能存在的（Jorgenson，1961）；城市实际工资不变并存在充分就业也是错误的（Todaro，1969）。

3. 拉尼斯－费景汉（Ranis-Fei）的人口迁移流动模型

在刘易斯二元经济结构模型基础上，拉尼斯和费景汉修正和进一步发展了劳动力转移模型，提出了以分析农业剩余劳动力转移为核心、重视技术变化的"拉尼斯－费景汉模型"（杜书云，2006）。模型把农村劳动力向城镇的转移和工农业的发展联系起来，划分出三个阶段。第一阶段，传统的农业部门存在大量的显性失业，农业部门劳动力的边际生产率为零。这一阶段，从农业部门转移出一部分富余劳动力，并不会减少农业生产总量。在仅能维持农业人口生存下去的、由习惯和道德因素决定的不变制度工资下，工业部门不断吸收农业部门的富余劳动力。第二阶段，由于农业劳动力持续不断地减少，农业部门的劳动边际生产率升高，变为大于零但仍低于不变制度工资。这时显性劳动力失业不复存在，但隐性劳动力失业仍然存在，劳动力继续流向城镇工业部门。这一阶段农业劳动力的流失会引起农业总产量的减少，粮食短缺而价格上涨，从而影响农业劳动力迁移的规模和速度。第三阶段，农业部门的富余劳动力即隐蔽失业者已经完全被吸收，农业已经完全商业化，工业部门要吸收农业劳动力，必须付出高于不变制度工资、由劳动边际生产率决定的工资（Ranis and Fei，1961；杜书云，2006；李德洗，2004；段成荣，1998：66～67）。

拉尼斯和费景汉改进了刘易斯模型，形成了一个体系完整的二元经济理论模型，提供了一种更加接近现代发展中国家人口迁移流动的理论描述。对于拉尼斯－费景汉劳动力转移模型来说，农村劳动力的转移取决于农业技术进步、人口增长和工业资本存量的增长。只要非农产业能够支付一个高于农业的实际工资，只要两者工资差额能够补偿城市的较高生活费用和背井离乡的心理成本，农村富余劳动力就会源源不断地流入城市非农产业（杜书云，2006；李德洗，2004）。此模型主要的不足是没有考虑和分析发展中国家的城市失业问题和现代工业部门发展中来自有效需求方面的约束（叶静怡、衣光春，2010）。

4. 托达罗（M. P. Todaro）的人口迁移流动模型

1969 年，托达罗在《发展中国家的劳动力迁移和产生发展模型》一书中提出的农村—城市人口迁移流动模型，对发展中国家在城市失业率居高不下情况下，大量农村人口向城市迁移流动的现象做出了新的解释（杜书云，2006）。托达罗模型提出了绝对收入假说，把劳动力迁移作为农村劳动力对城乡之间存在的预期收入差距做出的反应。决策依据包括两方面：一方面是城乡实际工资差距，这种差距是十分普遍的，而且在发展中国家悬殊，这是农村向城市非农产业移民的重要动力；另一方面是农村劳动力在城市能够找到就业岗位的概率，城乡实际收入差异和寻找工作的概率两个变量的结合和相互作用，决定了农村劳动力的流动量和流动率（李德洗，2004；杜书云，2006）。移民决策是根据预期的城乡收入差距而不是根据实际城乡收入差距做出的，只要在城市中预期收入的现值比在农村大，做出移民的决定就是合理的，从而解释了农民为什么在城市存在高失业率的情况下还会做出移民的选择（杜书云，2006；李德洗，2004）。托达罗还和哈里斯一起对托达罗模型进行了修正，试图把农村与城市部门分开，进而分析农业劳动力转移对农村和城市的产量、收入与福利的影响（Harris and Todaro，1970）。

托达罗对发展中国家结构转变中的劳动力城乡流动现象做了深刻而有说服力的论证，比刘易斯模型更接近发展中国家的现实。存在的问题包括：一方面，过分强调预期城乡收入差异，把它作为人口迁移流动的唯一原因，没有关注到推动和吸引城乡人口流动更为复杂的原因；另一方面，没有注意到农村家庭成员的迁移流动是解决收入风险的一种战略选择，一些移民仍然保持很强的农村联系，许多农村劳动力流向城市寻找工作的时候，并没有完全放弃农村的就业机会（Lucas and Stark，1985）。

5. 乔根森（D. Jorgenson）的人口迁移流动模型

美国经济学家乔根森对人口迁移流动理论做出了重要贡献，提出了一个不同于刘易斯的二元经济劳动力迁移模型。乔根森对农业人口迁移流动的主要观点可以归纳为以下几点。（1）农业人口向非农业部门转移的根本原因在于消费结构的变化，是消费需求拉动的结果。人们对农产品的需求是有生理限度的，而对工业品的需求可以说是无止境的。当农产品生产已能满足人口需求时，农业的发展就会失去需求拉动，农村劳动力和人口就转向需求旺盛的工业部门。（2）农业人口向工业部门转移的基础是农业剩余。乔根森否认农业部门存在边际生产率等于零和低于实际工资的剩余劳动，他认为，即使在一种经济处于低水平的均衡状态下，人口的增加也会带来农业产出的增加。只有农业剩余出现，才为农业人口流向工业部门提供充要条件。（3）在农业人口向城镇工业部门转移的过程中，工资水平并非固定的，而是不断上升的。不但工业部门为了吸引农业劳动力要提供高于农业部门的工资，而且农业部门由于劳动生产率的提高，农业人口的工资也是不断上升的（Jorgenson，1961，1967；

李德洗，2004；杜书云，2006）。

乔根森的论述与刘易斯模型、拉尼斯－费景汉模型不同，他以新的假定和独特的角度考察了乡城人口迁移流动，对刘易斯二元经济结构模型中产生劳动力无限供给现象的各种假设做了深刻反思（杜书云，2006）。

6. 成本－效益模型（Cost-Utility Model）

成本－效益模型认为，迁移流动发生与否，取决于迁移流动成本与效益的比较，即把迁移流动看作一种带来某种经济收益的投资行为。一个潜在的迁移者要综合考虑他在迁移过程中的成本、投资、代价及迁移后可能获得的好处，即收益。美国经济学家舒尔茨在《论人力资本投资》一书中，把“直接用于教育保健以及为了取得良好机会而用于国内移民的费用”均视为人力资本的直接投资，用于迁移流动的花费和用于接受教育的费用一样，都是为了获得更大效益的投资（Schultz，1961；段成荣，1998：68～69）。斯达科将舒尔茨的模型进一步定量化，他指出，人口迁移流动的花费是人口迁移的投资成本，迁移后的所得是人口迁移流动的效益。人口迁移流动行为取决于迁入地的评价收入是否超过迁出地的平均收入加上用于迁移流动的花费。换句话说，人口迁移流动实现与否，取决于人口迁移流动净收益的大小（段成荣，1998：69）。

舒尔茨的成本－效益模型为人口迁移流动理论引进了数量经济学定量分析模型，同时把人口迁移流动和社会经济系统运行统一起来，丰富和发展了人口迁移流动理论。但也存在某些缺陷：首先，众多的社会、文化指标在很多方面都无法量化，给成本－效益量化分析的完整性带来很多困难；其次，很少有流动人口能够对迁移流动的付出与回报做出准确的计算，从而追求最高收益（高洪，2003）。

7. 新迁移经济学理论（New Migration Econmics Theory）

20 世纪 80 年代，新迁移经济学理论兴起，对古典理论模式的许多假设提出了挑战，其主要代表人物是 O. Stark、E. Bloom、E. Taylor 等。

古典经济学理论认为，个人的永久性迁移是为了使他们自身的收益极大化，而且在迁移行为发生之后，他们对迁出地的经济生活几乎不起任何作用（Taylor，1984）。而新迁移经济学理论认为，迁移流动决策并不是由孤立的个人，而是由家庭或家庭户做出的。在决策过程中人们集体行动，不仅求得预期收益的最大化，而且要使风险最小化。在发展中国家，许多贫困家庭常常有意识地使用迁移流动来合理配置家庭劳动力的分布。家庭中同时存在着在城市工作的家庭成员、在农村工作的家庭成员，以及家庭成员从事不同经济活动的现象（赵敏，1997）。通过对家庭资源的多样化配置，家庭户处于一种可以控制对其经济福利构成风险的地位（Stark，1984，1991；Stark et al.，1988）。新迁移经济学理论还强调移民汇款的意义，关注信息与周围环境的复杂互动关系（骆新华，2005）。农村社区并不是绝对封闭的，也不是完全自主的经济实体。农村社区与城市的许多市场保持着极为密切的联系，而且农村社区极为依赖移民的收入来支持当地的投资和消费（赵敏，1997），当本地经济条件恶化时，留守家庭可以得到移民经济上的支持和帮助（Stark and Bloom，1985）。

比起古典派迁移流动理论，新迁移经济学理论在许多方面得以改进。首先，它没有把国家间工资差距看作迁移流动的唯一因素，有工资差距迁移流动未必发生，没有工资差距迁移流动也未必不发生；此外，新迁移经济学理论强调家庭的作用、移民汇款的意义，更关注信息、移民与周围环境的复杂互动关系。但新迁移经济学理论的适用范围还相对狭小，主要关注移民流出地，而忽略了流入地方面给人口迁移流动带来的影响（高洪，2003）。

8. 劳动力市场分层理论（Labor Market Stratification Theory）

皮奥里（M. Piore）于1979年提出了“双重劳动力市场理论”，该理论认为，现代资本主义的内在发展趋势构造了一个双重部门的劳动力市场，即具有稳定雇用年限、高工资、高福利和良好工作环境的劳动力市场第一部门；不稳定、低工资、有限福利和恶劣工作环境的劳动力市场第二部门。与此同时，发达国家的内在发展趋势导致愿意从事第二部门工作工人的短缺，因此，雇主便通过雇用迁移流动人口来填补被本国人所拒绝从事的第二部门工作岗位的人员空缺。而发达国家的移民政策所设置的对非法移民的种种限制措施又强化了劳动力市场的分层现象（Piore，1979；赵敏，1997；骆新华，2005）。之后皮奥里等人又进一步提出了“三重市场需求理论”，即再加上一个族群聚集区。他们认为在移民族群自身发展基础上形成的经济圈对其流出地人群具有特殊的吸引力，一方面，该经济圈的运作需要引进新的低廉劳动力以增强其产品的市场竞争力；另一方面，由于族群经济圈的形成，移民企业家的地位更加凸显，原居地人群往往从这些成功者身上获取迁移流动的动力（Portes and Walton，1981）。

双重（或三重）劳动力市场理论的出发点（发达经济对外来劳动力的永久需求）以及对这一需求的解释（发达国家自己的工人不肯从事低报酬、不稳定、没技术、太危险的工作）都是明显的经验事实，双重劳动力市场理论为发达国家高失业率下的人口迁移流动提供了有说服力的解释。劳动力市场分层理论的不足之处是单纯从需求方而不从供给方来看待人口迁移流动过程（骆新华，2005）。

9. 世界体系理论（World System Theory）

世界体系理论是建立在Wallerstein（1974）理论模型之上的国际人口迁移流动理论，在Portes和Walton（1981）、Sassen（1988）

等的努力下，这个理论在20世纪80年代得到颇为显著的发展。

其主要观点是商品资本信息的国际流动必然推动国际人口迁移，因此国际移民潮是市场经济全球化的直接结果。首先，随着市场经济体制不断渗透到发展中国家和经济不发达地区，在这一市场经济体制的渗透过程中，大量人口从原来封闭的社会迁移到其他地方，从而使这些国家的国内和国际迁移越来越频繁。其次，随着劳动力密集型生产更多地转移到低工资收入的国家和地区，而资本密集型生产却在向高收入国家和地区集中，越来越多的高技术人才迁移流动到国际化大都市以填补那里的技术人才短缺。另外，高收入以及财富不断在这些城市的集聚，导致了如宾馆、餐饮、建筑、个人服务等行业人员需求的增加。但由于这些工作常常是又苦又累，收入很低，当地人一般不愿意从事的职业，而且这些工作和服务又难以转移到海外，所以，这些行业不得不大量雇用移民，让他们来填补这些空缺（赵敏，1997；骆新华，2005）。例如，Ricketts（1987）发现加勒比海国家移居美国的人口曲线与美国的投资曲线大致吻合Findley（1987）认为农业商品化进程对菲律宾人口外移起了明显的推动作用；而Sassen（1988）发现海地、墨西哥、东南亚等国家流向美国的移民潮，与美国在这些国家增加资本投入、扩大文化影响密切相关。

世界体系理论有助于我们了解资本、市场的变动与迁移流动之间的影响，为理解世界迁移流动系统提供了新的视角，也为我们把握区域间的劳动力流动提供了新的方向。同时，世界体系理论揭示出劳动力的国际迁移加强了移民迁出国和迁入国之间发展的不平衡，使外来移民面临多重困境，引发种种社会矛盾（李竞能，2004：149～150）。然而在当今全球化的趋势下，人口的迁移流动及其原因是复杂的，世界体系理论对多样化的迁移流动形态显然缺乏有效的解释力度。

（三）人口迁移流动与市民化的社会视角

经济因素是影响人口迁移流动的最为关键因素，但经济条件并不是影响人们迁移流动决策的唯一因素，其他社会发展、文化传承、人口特征、生存环境等众多因素都对人口迁移流动过程施加作用和影响。西方学者对这些方面也进行了系统的研究，并形成了多种理论与模式。

1. 生命周期理论（Life Cycle Theory）

上学、就业、婚姻、生育、退休等生命周期事件都会影响迁移流动的发生概率。上学、就业会显著促进人口的迁移流动；从结婚、第一个孩子出生，再到生育家庭的最后一个孩子，迁移流动概率达到最低水平；这种稳定性会一直持续到家庭开始解体，这时迁移流动概率再次上升；当子女已经有自己的家庭时，父母开始重新考虑自己的居所需求；而退休时更考虑未来的居住环境；最后，高龄衰弱或者孤寡也可能使原来居住空间难以维持而促成迁移流动。个人迁移流动明显随其生命周期的变化而变动，从生命周期开始到结束的关键事件都可以解释迁移流动增加或减少的倾向性。如果结合职业特性、经济机会、获得住宅的可能性、家产所有权、个人社会经济地位等来运用生命周期理论，其对于解释人口迁移流动状况的意义和正确性将显著增加和提高。

生命周期理论研究人的一生从出生到死亡的一系列迁移流动事件，为人口迁移流动理论提供了人口队列视角和时间累积因素。但也有许多学者指出，生命周期的变化从来都不是和迁移流动水平完全相关的，即使对城市间的迁移流动而言，也只能用生命周期变化部分地解释迁移决策。

2. 移民网络理论（Migration Network Theory）

移民网络是迁移流动者、以前的移民和在原籍地的家庭和朋友，与流入地移民基于亲属关系、友情关系所建立起来的一系列特殊联系。这一系列联系被认为可以降低迁移流动成本、增加迁移流动收益和减少迁移流动风险，从而加大迁移的可能性（赵敏，1997）。移民网络成为一种社会资本，人们依据这种社会资本来获得在流入地就业和高收入的有效途径（Massey et al.，1987，1993；Massey and Espafia，1987；赵敏，1997；骆新华，2005）。

移民网络形成后，一方面，移民信息可能更准确、更广泛地传播，移民成本因此降低，从而不断推动流出地人口进行迁移流动；另一方面，随着时间推移，向外地甚至向国外特定地区定向迁移流动可能已经成为某地的乡俗民风，从而人口流动不再与经济政治条件直接相关（Massey et al.，1987；Massey and Espafia，1987）。Massey 等（1987）就移民网络的动态形式与个人的迁移流动决定之间的关系进行了分析，发现如果其父母有移民美国的经历，则他们迁移的可能性会大大提高；对于那些有过第一次迁移经历的人，他们以后迁移的可能性则完全依赖个人以前的迁移经历和与其他移民之间的社会联系。他们以后迁移不再由原来社区的社会经济状况所决定，而更多的是由与以往的移民网络的联系程度、他们自身的人力资本存量和在以往移民网络中积累的社会资本等因素决定。家庭中有海外关系或与曾经去过海外的人有着某种社会关系的人，会极大地增加他们国际迁移的可能性（赵敏，1997）。此外，移民网络对外来劳动人口的收益增长也具有重要的潜在作用（赵敏，1997；骆新华，2005）。如果与移民网络具有密切的联系，不仅会增加移民本身的小时工资，而且可以获得更多的工作机会，从而使其收入大大提高（Taylor，1984；Massey，1990；赵敏，1997）。

社会网络对移民的重要性怎么估计都不过分，社会网络概念的确立，有助于预测未来的移民动向，有可能通过移民网络解释何以环境相似而移民方向不同。而且，社会网络作为一种人际结构，介于个人决策的微观层面与社会结构的宏观层面之间，因此这一理论有助于弥补移民研究中的一个中间层面上的空白（Hugo，1981；Massey and Espafia，1987；骆新华，2005）。

3. 迁移流动因果累积理论（Migration Causal Accumulation Theory）

人口迁移流动会给移民流出地和流入地带来深刻、持久的社会、经济和文化的变化，会赋予人口流动一种强有力的内在的惯性，从而带来因果关系的累积效果。其中，因果关系的累积主要包括收入分配、土地分配、农业生产、文化因素、人力资本的地区分配、社会融入等。因此，迁移流动因果累积理论认为，人口迁移流动是一个随时间推移、渐进地增加流动的过程（Greenwood，1985）。

对个人而言，每一次迁移行为都是一种不断调整个人迁移动机和迁移预期，从而促使另一次迁移行为产生的过程。因此，迁移流动过程本身会不断地自我维系。第二个累积的因果关系机制是通过社区的收入分配状况来体现的，通过家庭移民成员的汇款，迁移者也影响着家庭在社区中的收入分配状况。收入分配状况的改变，影响了家庭在社区中相对社会地位排序的变化，反过来又影响到另一些家庭成员的迁移流动选择（骆新华，2005）。另外一个对累积的因果关系模型具有影响的因素是文化。流出地不断增加的迁移流动改变了当地的文化传统和价值观念（Piore，1979），移民表现出的生活方式会吸引更多迁移者去效仿，迁移者在物质上的成功为那些潜在的迁移者提供了一种强有力的示范效应；随着迁移流动在社会中的作用变得越来越重要，迁移流动已经成为许多年轻人证明其能力、实现其理想的一种方式（骆新华，2005）。

迁移流动因果累积理论对人口迁移流动理论有新的突破，提出了移民信息、累积效果、相对失落感等概念，为解释人口迁移流动的延续和扩展提供了新的视角，同时增加了对于非经济因素影响的理解。但也存在某些缺陷：其一，减弱了对经济因素的考虑，经济因素仍是影响人口迁移流动的最主要因素之一；其二，亲属网络、家庭收入、文化影响等概念都难以准确衡量和测量，从而减弱了因果关系累积的可测性和可证性（Massey et al.，1993）。

4. 压力临界值模型（The stress-Threshold Model）

Wolpert 在 1964 年通过一系列论文在迁移决策研究里引入了“地方效用”的概念，并围绕这一概念建立了一个从心理学视角开展微观分析的理论框架。Wolpert 将“地方效用”定义为：一个人在一定时间内在空间上迁移所获得的综合净效用。这种效用既可以是目的地的实际效用，也可以是迁移者感觉到的潜在效用。Wolpert 认为，人类行为的理性是有限的，所以人们常满足于比能获得的最大效用小的所得。尽管人们满足与否和其社会抱负有关，但主要还是取决于他的居所和邻近地区的环境条件，他要是对这些条件不满足就会形成压力，当压力达到临界值时就会产生迁往新地方的愿望。在 Wolpert 研究框架的基础上，Brown 和 Moore（1970）建立了压力临界值模型（The Stress-Threshold Model），他们将迁移流动决策看成由压力因素强度决定的，压力既包括个人需求和预期变化，也包括居住场所和环境的变化，认为只有在内在与外在压力使地方效用降低到临界值水平之下时才会决定迁移流动。但是决定的实现还要看压力能否克服，以及原住地和选择目的地之间地方效用的比较结果，如果有一个地方能提供更高的地方效用就决定迁去（段成荣，1998：55～59）。

Wolpert 等人将迁移流动决策过程所涉及的复杂的心理因素用“压力临界值”等概念加以概括，是对人口迁移流动理论很有影响的开创性研究。但也有许多学者批评压力临界值模型缺乏实证性，以及论证的不全面、不完整性。

5. 迁移流动的系统研究模式（Migration System Research Model）

1970年，Mabogunje在《关于由乡村到城市的人口迁移的系统论研究》一文中，对人口迁移的系统论观点进行了全面的阐述（王伟、吴志强，2007）。简单来说，系统就是相互联系和相互制约的各要素之间的组合，以及它们各自属性和相互关系的整体。以系统的观点，迁移流动可以被看作一个循环的、相互依赖的、能自我调整的系统，在这个系统中，每一个因素的变动都可能引起其他因素的变动以及整个迁移流动过程的变化（段成荣，1998：60）。一个人口迁移流动系统由三个基本要素构成：第一，潜在的迁移者，他们受到环境因素的刺激而要求离开农村；第二，存在的多种制度或者控制次系统，它们决定系统内流动的水平；第三，存在的各种社会、经济和政治力量，或称调适机制，它们在迁移者的转化过程中起决定作用（段成荣，1998：62）。

在由农村到城市的人口迁移流动系统中，最重要的两个控制子系统是农村控制子系统和城市控制子系统。农村控制子系统包括家庭、土地、社区等因素，可以在正反两个方面对迁移量起决定作用；城市控制子系统通过就业和居住机会等因素来影响移民的社会融入程度（段成荣，1998：62）。各种调整机制在迁移流动过程中起着重要作用。在农村，迁移流动使家庭和社区减少成员，失去劳动力，需要通过调整那些仍停留在乡村的人的职能和行为来加以补偿。而在城市，迁移者则进入了一个更有利于实现其追求的新环境，在协助迁移者有效地进入城市生产和生活环境的过程中，工会、同乡会及教会组织等都发挥着重要作用（王伟、吴志强，2007；段成荣，1998：62）。农村人口迁入城市以后仍在农村控制子系统中发挥作用，如果农村迁移流动人口反馈回去关于迁入城市的信息是积极的，就会促进迁移流动的进一步产生；反之，如果信息是消极的，向这个城市的迁移流动就会减少（段成荣，1998：63）。

Mabogunje 的研究框架是西方所有迁移流动学说中最具兼容性的理论模式，迁移流动所引发和需要做出回答的所有问题几乎都包括在这一系统研究中，并且综合了许多学科关于迁移流动的论点。但 Mabogunje 的理论缺乏可验证性，他所提出的概念，如信息、潜能、动能等都难以测度（段成荣，1998：64）。

（四）总结

综上所述，当代西方人口迁移流动与市民化理论从社会、经济、文化、心理等多学科、多角度对人口迁移流动的特点、趋势、原因、机制、影响、后果等方面进行了系统、全面、深入、详细的分析和研究，形成了许多经典的理论模型和实证框架。

总体来讲，不论是人口迁移流动的规律性研究，还是经济学研究、社会学研究，西方人口迁移流动与市民化理论存在几点共性。第一，主要是解释完全市场经济条件下自发性的迁移和流动。虽然西方人口迁移流动与市民化理论也涉及对中间阻碍因素的研究，但这更多是从微观个体角度进行的思考，西方人口迁移流动与市民化理论的宏观背景还是在市场经济条件下的人口自由迁移流动。第二，强调二元结构。无论是刘易斯的无限过剩劳动力发展模型，还是托达罗的农村—城市人口迁移流动模型，抑或是推力－拉力理论、移民网络理论等，事实上都是把城乡二元经济结构作为人口迁移流动的前提与基础。第三，西方人口迁移流动与市民化理论把工业化进程、城镇化发展同迁移流动现象互相对照研究，并且认为几者之间存在内在的、必然的联系和机制。这种把人口现象与社会、经济发展相结合的研究方法大大促进了人口迁移流动理论的发展和完善。第四，理论与实践的相互印证。西方人口迁移流动与市民化理论虽然存在许多假设、假说、抽象概念等内容，但大多非常注重理论对实践的指导作用，每一方面的理论都要求与人口迁移流动的现实相吻合，与人口迁移流动的进程相适应。

当然，西方人口迁移流动与市民化理论也存在各种各样的局限和不足，它们大多是根据西方发达国家的历史和经验推导而来，能否适用于世界其他国家，能否适用于中国特殊国情下的人口大规模迁移流动，成为许多学者，特别是中国学者关心和研究的重点问题。本章将在下一部分对国内学者进行的中国人口迁移流动研究进行系统收集、深入分析，并与西方人口迁移流动与市民化理论进行对照和比较。

二　中国人口迁移流动与市民化理论述评

（一）推力－拉力理论的应用与发展

推力－拉力理论的核心思想认为，人口迁移流动是由一系列推拉力量引起的，在目前已有的研究中，这些力量包括流出地、流入地、中间阻碍因素等多种经济因素和非经济因素。其中，对于中国人口迁移流动的推力－拉力理论解释，主要集中在以下几个方面。

（1）农村剩余劳动力大量存在。我国人口多，人均耕地少，耕地后备资源不足，农村里一直存在人多地少的矛盾（叶香丽，2007）。随着土地资源不断减少，农业技术迅速进步，农村劳动生产率日益提高，农业需求劳动力数量大量减少（骆华松等，2002），从农村释放出数量庞大的剩余劳动力（梁明等，2007；翟锦云、马建，1994）。据估计，我国农村人口数量约为8亿，其中农村劳动力数量为5亿左右，除去农业所需劳动力和乡镇企业所需工人，尚有3亿左右的农村剩余劳动力（蔡建明等，2007）。农村剩余劳动力不能充分就业、收入水平低、发展机会少，这些不利因素都迫使他们寻找新的就业机会，改善生存状况，提高生活水平。因此，农业中大批潜在剩余劳动力成为流动人口的主要源泉（熊光清，2010）。

（2）城市对劳动力的需求。城市进入现代化的发展阶段以来，以商业、服务业为主导的第三产业一直以较高的势头迅猛发展，而第三产业一般属于劳动密集型产业，对劳动力的吸纳量很大。尽管城市每年都有相当数量的新增劳动力，但是面对进入城市流动人口的低成本劳动力，他们在城市非正规部门和正规部门的非正式职位上都明显缺乏竞争力。于是那些以脏、累、险和低收入、少福利为特征的大量的就业岗位便成为吸纳流动人口的强劲拉力（徐芳、王保庆，2006），吸引着农村剩余劳动力向城市聚集（谭文兵、黄凌翔，2002；段云平、朱曰强，1994）。流动人口也成为城镇化不可缺少的组成部分，在诸如制造业、建筑业、城市清洁、服务业等领域，农民工甚至成为城市劳动力的主力军（蔡建明等，2007）。

（3）城乡收入差距拉大。从根本上分析，真正能引导劳动力流动的动因是差异，差异是流动的内因，特别是城乡差异，是当前和今后一段时期内农村人口流动的根本原因。城乡收入差距拉大是农民流向城市的重要原因（徐玮、宁越敏，2005）。城乡差异首先表现在货币收入的差异，中国城乡居民一开始的收入起点就不一样，以至于收入差距不管是绝对数还是相对数都在加大，城乡居民收入比从1985年的1.86增长到2005年的3.23，城乡收入差距的日益扩大促进了人口迁移流动的加剧（谢建军，2014）。其中还未考虑城镇居民享受到的住房补贴、生活福利以及公费医疗等非工资部分的收入，而农村居民收入则未除去用于下一轮生产经营的生产成本费用，如果把这些加进来，则实际城乡收入差距要比现在的大得多。同时，城市的生活水平相对农村较高，人们对生活质量的追求驱使人们的消费行为向城市集中。城市的消费品种丰富、消费结构合理、服务设施完善、工资收入高，这些方面的优势，对农村人口有着较大的吸引力，使其大量涌入城市。

（4）流动距离的影响。对流动距离以及影响流动距离因素的分析也是传统推-拉研究的重要方面（李强，2003），多数学者认为距离是仅次于经济收入的影响人口迁移流动的因素（王德、叶晖，2006）。两个地区间的空间距离对人口迁移流动发生概率起“障碍”作用，空间距离越远，地区之间的人口迁移流动发生概率越小（王德、叶晖，2006）。而每个地区都存在几个相对稳定的、集中的和距离相隔较近的人口流动流出地和迁出目的地，反映出“邻近优先”的流动模式。很多研究表明，在中国，距离 1000 千米是人口迁移流动的分水岭，大于此距离，主要因素是地理距离和气候差异；小于此距离，主导因素是经济差距和人口规模；而在 300 千米距离以内，由于流入地、流出地社会经济水平状况较为相似，距离越近，人口流动规模越小。此外，区域可达性对于流动人口的规模和方向也有显著影响。

中国人口流动主要是农村社会的推力和城市发展的拉力综合作用的结果，有学者认为，2000 年以前主要表现为农村的推力，而之后则转变为城镇拉力因素；也有学者认为农村中的推力所起的作用更大些（李强，2003）。但农村中也有拉力，如恋土情结、社会联系难以割断等因素；城市中也有推力，如对外来人口的种种限制、对农民工的歧视等。随着我国城镇经济的持续增长和农村经济市场化进程的推进，中国农村劳动力转移的根本动因不断发生变化，如何从动态、系统的角度，全面审视流动人口的形成机制和发展趋势，以及结合中国特点对推力-拉力理论进行扩充和重新理解，是目前流动人口研究迫切需要解决的理论和现实问题。

（二）经济理论的应用与发展

西方学者最为重视人口迁移流动的经济因素，中国学者也借鉴各种经典人口迁移流动经济模型，对中国人口大规模流动的经济动因进行了详细、系统的研究和分析，并对西方经典理论展开了各层面的评价、发展和完善。

1. 刘易斯模型的应用与发展

以刘易斯模型（Lewis，1954）为代表的二元经济发展理论得到中国学者的广泛应用。该理论把一个典型的发展中国家区分为农业经济部门和现代经济部门，前一部门中存在相对于资本和土地来说严重过剩的劳动力，随着现代经济部门的扩大，剩余劳动力逐渐转移到新兴部门就业，这形成一个二元经济发展过程（蔡昉，2010）。中国是一个典型的二元经济国家，从农业中存在大量剩余劳动力、城乡劳动力市场处于制度性分割状态，以及因此形成的农村向城市转移劳动力等特征来观察，中国的人口流动可以被定义为一个典型的刘易斯式的二元经济流动类型（卿涛等，2011；史继红，2007；贾先文、黄正泉，2010）。

然而，刘易斯模型对于解释我国城乡人口流动及其市民化具有明显的局限性，表现在以下四个方面。

（1）城市第二、三产业对农业剩余劳动力的吸纳力弱于刘易斯模型的描述。我国正处于社会经济转型的历史时期，结构转换与体制转轨并行，使城乡就业问题表现得更为突出，从而限制了城市对农业剩余劳动力的吸纳能力。

（2）我国农业对剩余劳动力转移的推力强于刘易斯模型的描述。我国农业比较收益较低、种植业生产成本较高、农村地区生产和生活环境较差等问题，使得农村地区的推力更加强烈，农村人口流动的意愿更为强烈。

（3）城乡分割制度困扰农业剩余劳动力的自由转移。在刘易斯模型中，传统农业的劳动力向城市的转移具有高度的自由性，不存在人为和制度的阻碍，只要城市有需求，就可以实现自由转移。而我国城乡分割的户籍制度严重阻碍了农业剩余劳动力的有效转移流动。

（4）刘易斯模型把乡—城劳动力转移建立在劳动力同质性的假定基础上，但这个假定不符合事实，由此得出的结论也不符合我国实际。研究数据表明，我国农村劳动力转移具有高度的选择性，转移出去的劳动力与留守在农村的劳动力在健康状况、受教育程度、年龄、性别、专业技能、社会资本等方面表现出显著的差异（李传健，2010；郭熙保、黄灿，2010）。

虽然无论从哪个角度来看，刘易斯二元经济流动模式都有一定的不足，但是，这并不影响刘易斯二元经济流动模式的理论价值。中国既是世界上最大的发展中国家，又是落后的传统农业经济与先进的现代工业经济并存的典型的二元经济国家，而且正处于农业剩余劳动力转移的关键时期（范广垠、王天营，2009）。我们应根据刘易斯二元经济结构模型的基本理论，结合中国社会经济的实际情况，探索适合中国人口迁移流动与市民化的二元经济模型。

2. 拉尼斯－费景汉模型的应用与发展

拉尼斯－费景汉模型是在刘易斯二元经济发展理论基础上拓展形成的，因此，通常也称之为“刘易斯－拉尼斯－费景汉”模型。该理论描述了在二元经济结构下，农业剩余劳动力向工业部门转移的全过程，我国学者通过借鉴该理论，分析了中国人口流动的特征。拉尼斯－费景汉模型将城乡人口流动过程划分为三个阶段。

第一阶段，传统的农业部门存在大量的显性失业，农业部门劳动力的边际生产率为零。这一阶段，从农业部门转移出一部分富余劳动力，并不会减少农业生产总量，在不变制度工资下，工业部门不断吸收农业部门富余劳动力。我国 1978～2003 年处于这一阶段。这一时期，在改革开放及经济体制改革的大背景下，农业与工业、城市与乡村都进行了富有成效的变革。1984 年以来的城乡户籍制度管理政策的放宽和商品粮等供给制的取消，使得人口流动规模不断扩大（赵增凯、童玲，2010）。

第二阶段，显性劳动力失业不复存在，但隐性劳动力失业仍然存在，劳动力继续流向城镇工业部门。2004 年，我国开始出现“民工荒”现象，表明已经进入这一阶段。由于农业劳动力持续不断地减少，农业部门的劳动边际生产率升高，农业劳动力的流失引起农业总产量的减少，粮食短缺而价格上涨，从而影响农业劳动力迁移的规模和速度（李德洗，2004）。从 2004 年至今，我国农业人口向城市的迁移流动仍在继续增长；但事实上，农村劳动力在家乡工作的收入正在上涨，流动人口城乡收入差距正在缩小，农村人口流动势头开始减缓。

第三阶段，农业部门的富余劳动力即隐蔽失业者已经完全被吸收，农业已经完全商业化，工资水平由市场力量决定而不是由制度决定。工业部门要吸收更多的农民参加工业生产，就必须把工资提高到至少等于农业的边际生产效率。这一阶段隐性失业消失，农村劳动力按照市场需求自由流动（赵增凯、童玲，2010；张璐，2010）。

虽然中国二元经济结构显著，但由于城镇化水平低，城市对劳动力的吸纳不具有无限性，再加上拉尼斯－费景汉模型自身存在的一些缺陷，如未考虑失业问题、有效需求等，因而拉尼斯－费景汉模型在研究中国农村劳动力转移问题时具有一定的局限性（王新利、陈敏，2011）。

3. 托达罗模型的应用与发展

托达罗模型关于城乡劳动力转移经济动因的揭示，摆脱了刘易斯孤立地研究农村劳动力向城市转移的理论束缚，说明了城乡平衡发展的重要性，是对刘易斯人口流动模型设计缺陷的修正，比“刘易斯－拉尼斯－费景汉”模型更加贴近发展中国家的现实。还提出了缩小城乡差距、减少城乡发展失衡、注重农村经济发展、缓解城市就业压力等重大理论问题和政策措施，从不同的侧面和角度为我国农村剩余劳动力转移问题的解决提供了新的思路和发展方向（孙正林、张淑芬，2004；陈迪平，2005）。

（1）托达罗模型指出农村劳动力转移的决策基础是对转移的成本和收益的比较分析，认为农村劳动力转移是基于城乡预期收入差异而不是实际收入差异做出的反应，正确反映了我国农村劳动力在比较经济利益的驱动下从农村向城市转移的理性经济行为。

（2）托达罗模型对就业概率的引进无疑是一个针对农村劳动力转移的有力分析工具，从而对我国农村劳动力主要向东部发达沿海地区转移的现实做出了有说服力的解释。

（3）托达罗模型引入了非正规部门这一概念。它对农业部门、城市非正规部门和城市正规部门的分析，符合我国农村劳动力通常在城市非正规部门就业的事实。同时，城市非正规部门和正规部门的分离可以解释我国不同受教育程度的农村劳动力在城市不同性质部门就业的现实。

托达罗模型对研究当前中国农民工流动和农业劳动力转移的机理有重要的借鉴意义，但应该注意的是，托达罗模型也确实存在与发展中国家的实际情况不相符的假设和论点（赵立新，2006；高立金，1997）。

（1）托达罗模型假定流入城市的劳动者必定能在城市找到工作，即便找不到工作，他们也宁愿在城市做些临时性工作或暂时等候。这种假设显然会增加城市的就业压力或者提高城市失业率，从而对农业劳动力的转移不利。但在中国，由于农村还保留着农民赖以生存的最后屏障——土地，流入城市的农民工在城市找不到工作一般还会返回农村；也有的农民工为了改善生存条件，在城市赚到一些钱后，又返回农村重新创业；另外，追求收入最大化，使得有些农民工选择了“候鸟式迁移”的流动方式（赵立新，2006）。

（2）中国城市居民的就业选择与农民工的就业选择基本上是互补的。脏、累、苦、差、险的差事一般不属于城市居民选择范围，多为农民工选择的工种。另外，世界城市化的经验表明，城市化水平越高，城市规模越大，越有利于第三产业的发展。农民进城务工必然会推动城市第三产业的发展，而城市第三产业的发展，又会导致对劳动力需求的大量增加（赵立新，2006）。

（3）托达罗模型指出如果不加区别地发展教育事业，会进一步加剧农村劳动力的转移和城市的失业，认为应当减少教育事业方面的过度投资，特别是在高等教育方面更是如此。对于农村劳动力素质普遍较低的我国来说，该结论显然是不可取的（危丽、杨先斌，2005）。

（4）托达罗模型始终以如何降低城市失业率为研究的侧重点，从而处处得出应减缓农村劳动力向城市转移的结论。对于“三农”问题尤其严重的我国来说，如何统筹城乡经济社会发展，增加农民收入才是关注的焦点。因此必须大力推进农村城镇化进程，促进农村劳动力的转移，实行对农村劳动力转移的合理引导，而不应通过制度约束人为地设置障碍（危丽、杨先斌，2005）。

4. 成本－效益模型的应用与发展

在“民工潮”发生的最初阶段，农民工被斥为“盲流”。随着学术研究的深入，分析表明，流动人口并不是盲目进入城市的，进城是他们的理性选择结果（林彭、张东霞，2004）。

人口迁移流动既是一种理性选择的行为，也是一种个体经济利益得到满足的结果。而个体经济利益的选择比较，则是当前我国市场经济条件下人口城市化的主要动力，也是农村人口决定是否向城市流动的最重要的影响因素之一（谭文兵、黄凌翔，2002）。市场经济制度中之所以会存在人口流动，根本原因就在于市场经济激励人们普遍和自由地追求合法利益最大化。当流入地相比流出地能够获得更多利益和更好发展时，人们就会有流动性选择行为的发生；同样道理，当第二产业和第三产业的工资率高于第一产业时，人们就会选择从第一产业向第二产业和第三产业流动；当发达的现代城市地区比欠发达的传统农村地区具有更好的生存和发展机会时，人们就会普遍选择从农村流入城市（俞宪忠，2005）。

农村人口做出流入城市、从事某项工作的决策时要权衡未来可能获得报酬的价值和可能取得报酬的概率以及个人认为需要做出的努力（夏绪梅，2004）。只有当准备流动的人口认为自己可能获得的报酬有一定的价值并且实现的概率比较大时，才会做出流动决策。但流动人口不仅要考虑城市务工的预期收益，还要对进城务工的成本和收益进行分析。在其他条件不变的情况下，迁移成本和生活费用越低，他们进城的动力就越大（赖小琼、余玉平，2004）。流动成本既包括经济成本，又包括心理成本，既要考虑农业纯收入、土地、原有实物的丧失，也要考虑寻求新工作的成本和居住成本，同时还要考虑离开农村后对家庭、相关群体等的留恋以及对流入地的畏惧等因素（张正河、谭向勇，1999；刘娟，2005）。如果在一次流动行为发生后，流动成本过大，如流入地生活成本高、忍受歧视/失落等心理损失，就会出现人口流动的回流现象。当流动成本降低，或可能获得的报酬增加时，会出现再次流动。

值得指出的是，流动人口的利益最大化是建立在对城市收入和就业概率完全了解的基础之上的，也就是农村人口所获取的信息与城市的实际就业、收入情况完全相符。但在实际中，城乡间的人口流动还要受到城乡之间的交通状况、距离、通信条件、生活观念、心理作用等因素的干扰和影响，从而造成城乡之间信息交流与反馈的偏差。因此，农村人口对于城市期望收入和流动决策的判断在很多情况下并非能够获得最大收益（谭文兵、黄凌翔，2002）。

5. 人力资本理论的应用与发展

自20世纪60年代人力资本理论在美国问世后，它首次清晰地揭示了人力资本与经济增长之间的关系，因而在全球经济学界产生了革命性的影响。在舒尔茨看来，劳工迁移的目的就是通过改善环境，寻求更好的机会，使自己的资本投入得到丰厚的回报（梁茂信，2007）。农村人力资本的投资直接和间接地制约着农村剩余劳动力的转移，在已经完成和还将继续推进的农村剩余劳动力转移潮流中，人力资本的影响既普遍存在，又极为深刻（蒋国平，2005）：人力资本投资与农村劳动力流动的难易程度正相关，与农村劳动力流动后的就业状况正相关，与农村劳动力转移后的收入正相关，与农村劳动力转移后职业的稳定性正相关（金崇芳，2012）。

人力资本不同于简单的劳动力资源，对人的投资形成人力资本，这种投资包括教育、在职培训、医疗保健、迁移以及收集价格与收入的信息等多种形式。一方面，人力资本投资通过减少一般劳动力存量、增加专业技术人员的供给而改善了劳动力市场的供给状况；另一方面，人力资本投资及知识和技术进步是现代经济增长的主要源泉，并有利于使我国从一般劳动力比较优势转化为人力资本比较优势，经济的持续增长将加快对剩余劳动力的吸收（傅勇，2004）。我国还应特别强调增加农村人口的人力资本投资，尤其是将教育投资向农村倾斜对转移剩余劳动力的积极作用（傅勇，2004）。

上述论述表明，人力资本理论在解释人口迁移流动方面的确有前所未有的开创性。流动作为人口回收其人力资本投资的有效方式之一，在现代市场经济社会中具有十分重要的作用。但是，人力资本理论中的迁移流动局限性也很明显，其最主要的根源在于它以传统的经济学原理为依据，将移民看作不折不扣的商品，其迁移流动行为是对就业市场供求关系及不同区域工资差异做出的自然反应，而忽略了社会、文化、心理等许多其他因素（梁茂信，2007）。

6. 经济增长模型的应用与发展

经济发展水平、经济增长要素、产业结构变化等因素是现阶段中国城市流动人口规模形成的主要拉力（朱传耿等，2001）。

（1）经济增长对人口流动具有比较显著的促进作用。与大多数国家的情况相同，中国经济发展水平的提高显著地促进了农村人口的城乡迁移流动（梁明等，2007）。有学者研究表明，经济规模因素主要影响人口的迁出，经济收入因素主要影响人口的迁入；经济规模因素对迁出人口的供给及迁移量的大小具有决定性影响，经济收入因素对人口迁移的流向选择及其分布模式具有重要的导引、定形作用（郭永昌等，2014）。

（2）中国数据显示，农村劳动力迁移流动规模和经济波动的周期基本吻合。区域经济的静态指标对劳动力迁移有影响，地区经济发展的活力对于农村剩余劳动力的吸引也有很大作用。地区的经济发展越有活力，说明这里的增长能力越强，就业机会越多，劳动力就越容易流入此地（黄宁阳、龚梦，2010；王德、叶晖，2006）。

（3）产业结构变化会推动人口流动加速（熊光清，2010）。产业结构变迁是影响人口迁移的重要因素，人口流动是产业自发调整的必然现象。第一、二、三产业的发展水平及其在社会经济发展中所占的比重代表一个国家或地域经济发展的不同阶段，劳动力人口由第一产业向第二、三产业的转移，是经济发展的必然趋势。

（4）城镇新增就业岗位对中国的城乡人口流动具有显著的正向影响，而城市失业率对其具有显著的负向影响。流入城市的农村劳动力之所以能够接受较低水平的工资，主要是因为他们预期能够从城市正规部门工作机会中获得补偿，因此他们对城市内部新增就业岗位表现得十分敏感（李培，2009）。而城市失业率可以计算到人口流动的成本中，失业率越高，人口流动的预期成本就越高，自然会降低人口流动的概率（汪小勤、田振刚，2001；蔡昉、王德文，2002）。

（5）农村劳动力迁移流动与流入地的人均收入正相关。城乡收入差距不断扩大，农业剩余劳动力迁移的规模也在扩大，这种现象意味着农业剩余劳动力迁移与城乡收入差距的扩大同时存在（黄宁阳、龚梦，2010）。

7. 资本投入模型的应用与发展

从宏观的角度看，中国人口迁移流动受到经济发展水平、收入地区差异的影响，其中资本集中程度的不同是其主要原因之一。产业部门投资规模决定人口流动规模，固定资产投资决定人口流动地区间的流向变化，投资重点形成经济热点地区，成为人口流动的聚集点（原新等，2011）。

资本可以被分为国家资本、外商投资和民营资本三种形式。研究结果表明，这三种资本形式在中国的人口迁移过程中起不同的作用。国家资本只对受过义务教育的人口产生引导作用，并不对以务工为目的的流动人口产生显著作用。因此，国家资本尽管能够引导部分人口的迁移流向，但对于广大的流动人口而言，它的作用是失效的（周皓，2006）。

外向型经济的发展，外资的大量涌入，为中国人口流动提供了一种新的外部推动力量。外商投资主要集中于中小规模经济、劳动密集型产业及加工业，从而促进沿海地区中小企业和农村工业化的发展，吸收大量的农业剩余劳动力。外商投资明显地直接增加了当地的就业机会，由于乘数效应还带来了额外的就业机会。外商投资扩大了我国各省之间经济发展的不平衡，不仅能够吸收本地劳动力，还能对外省劳动力形成非常明显的拉力（朱农，2001；黄宁阳、龚梦，2010）。而且，由于外资企业的高技术含量，外资企业对雇员素质的要求很高，本地劳动力通常不能满足这些要求，于是吸引大量较高素质的劳动力流入（范力达，2002；鲍曙明等，2005）。民营资本对人口流动的引带作用同样显著，其作用机制同外商投资并没有区别，只是民营资本对受教育程度相对低的人口吸引力更强一些，对高技术人口的吸引作用弱于外商投资（周皓，2006）。

（三）社会理论的应用与发展

1. 移民网络理论的应用与发展

移民网络理论是研究人口迁移和流动的重要视角，它在流动信息的收集、流动决策的做出、流动过程的顺利进行以及在城市现代化背景环境下的生存乃至发展等方面都有着较好的解释力与运用（赵璐璐，2010；周大鸣、刘玉萍，2011）。社会网络影响着农村劳动力外出就业的决策，也大大降低了外出的风险和流动成本（胡金华，2010；林彭、张东霞，2004）。

（1）社会网络有利于流动人口获得就业信息。目前我国劳动力市场普遍存在信息不对称现象，致使流动人口就业“市场失灵”的问题比较突出，流动人口通过自己的社会网络关系获得就业信息，有利于比较全面地了解用人单位的情况，降低求职风险。因此，社会网络在一定程度上弥补了劳动力市场上信息不对称的缺陷，为流动人口提供了非正式的求职渠道，增加了流动人口进城就业的机会（蔡建明等，2007）。

（2）社会网络有利于降低流动人口寻找工作的成本。社会网络对流动人口工作搜寻成本的影响主要体现在以下两个方面。第一，节省了流动人口对信息进行甄别的时间和成本。在充斥着大量虚假或无用信息的不完善劳动力市场上，如果由流动人口自己一一收集信息然后再进行甄别，将消耗其高额费用和大量时间。第二，通过社会网络，流动人口可以直接和用人单位接触，降低工作搜寻成本，从而获得就业机会。即使所拥有的社会网络不能帮助他们直接获得工作，但利用社会网络间接提供的信息同样可以降低其工作搜寻成本，从而增强流动人口外出就业的意愿（胡金华，2010）。

（3）社会网络提高了流动人口被雇用的概率。对寻找工作的流动人口来说，通过已经找到工作的社会网络成员获得潜在的职位信息，是获取工作的一个必要条件。雇主面对众多同质的求职者，难以判断和选择，很多时候具有相当大的随意性。在此情况下，社会网络的帮助作用就显得相当重要，谁善于将社会网络信号转化为自己的一种强信号，从而区别于其他求职者，最终谁就更有机会获得工作机会（胡金华，2010）。

（4）社会网络有利于降低流动人口在城市的生活成本。社会网络为流动人口提供的帮助主要有以下三个方面：第一，先期进城的社会网络成员为初次外出的流动人口提供食宿等生活支援，帮助其适应新环境融入城市；第二，有城市工作经验的社会网络成员向初次外出务工的农村劳动力传授有关工作经验、技能，甚至提供一些资金帮助；第三，在正式组织保障相对缺乏的情况下，在应对各种困难与风险方面，关系网络是流动人口获得社会支持的重要来源（胡金华，2010）。

尽管不同的研究视角采用了不同的指标来度量社会网络，但所得的结论都相同，即迁移网络的存在将显著增强劳动力的迁移流动意愿。示范效应对人们的流动行为有很大的作用，很多人口就是受到先流出人口发财致富的激励而开始做出迁移流动决策的，这种示范效应的结果往往是：一个地区的人口定向性地流向某一个或几个特定的城市（张正河、谭向勇，1999）。而且，这种外出方式具有“滚雪球”式的特征。先流出者通过自己的社会关系网络把其他成员带出打工，而其他人又依次把与自己有关系的人引入城市工作，这样外出流动的人越来越多，其规模像滚雪球一样扩大。

2. 压力临界值模型的应用与发展

人口迁移流动是极为复杂的社会人口过程。它的产生既受科学技术进步、经济社会发展、历史文化传统、生态自然环境等众多因素的制约，又对上述因素产生逆效应，在相互作用中，各种因素之间还产生非线性交叉效应（陈冰、解书森，1986）。从人口角度来讲，只有当人口处于理想生态容量的时候，才能保证人口要素与其他要素之间的协调，才能保证社会系统的正常运行；相反，如果人口过多，必然会在社会系统内部产生一种对过剩人口的排斥力，推动人口向外迁移流动（谭文兵、黄凌翔，2002）。

（1）自然因素。一定的有利于人类生存的自然环境和自然资源分布是人们安居乐业的自然基础和物质前提。如果某一地区自然条件优越，自然资源丰富，就会吸引人们前往；如果某一地区自然条件恶劣，自然资源贫乏，就会迫使人口外流；严重的自然灾害更是造成人口流动的直接原因（杜守东，1992）。因此，如何合理地进行人口迁移，通过人口的流动缓解部分地区日益加剧的人口对生态环境的压力，是当前需要认真探索的重要问题。

（2）中国的现实是大量剩余劳动人口在农村，大大超出了目前农村经济、生活水平下的人口承载力，对农业生态系统构成了一种强大的压力，并不断影响着农业生态系统的良性运转。而由于城市化的不断加速，城市建设的迅速发展，文化、交通、生活等设施不断完善，城市的人口承载力有不断提高的趋势，城市生态系统所受到的压力相对较小。对于农村剩余劳动力来讲，无论是由于农业生态系统自身运行的规律性所产生的排斥力，还是人类所具有的追求更好生活环境的内在动力，都决定了这部分人必然会流向城市。这实际上也是人口城市化的生态学动力（谭文兵、黄凌翔，2002）。

（3）人口经济压力是衡量人口规模与经济规模是否相协调的指标，人口规模如果与经济发展规模相协调，人口经济压力就较小；如果两者不协调，人口经济压力就较大。人口流动与经济压力指标数值有以下关系，即人口经济压力比较小的地区，流入人口比例较大；人口经济压力较大地区，流入人口比例较小（陈楠等，2005）。

3. 梯次流动理论的应用与发展

在人口流动过程中，人员的流动不仅改变了地域空间，同时也引发了他们的社会地位和家庭结构的变动，因此人口流动实际上包含着三种梯次流动的混合（杜鹏、张文娟，2010）。

（1）地理空间流动。地理空间的变换是人口流动的基本意义所在，人们在流动的过程中倾向于选择经济收入高、生活环境好、发展机会多的地区作为流入地；在流动的过程中从经济收入低、生活环境和发展条件差的地区流向经济条件、生活环境和发展条件更加优越的地区。研究表明，随着收入水平的提高，流动人口选择迁往更大规模城市的倾向也在增加（杜鹏、张文娟，2010）。

（2）社会流动。如果说追求物质生活条件的改善是驱使人们在不同区域之间流动的重要力量，那么这种地理空间上的流动势必伴随着人们在不同社会经济地位之间的变动，例如，从收入和工作条件差的职业向好的职业流动。有研究表明，农民工的初次职业流动实现了职业地位的较大上升（杜鹏、张文娟，2010）。

（3）家庭梯次流动。目前中国人口迁移流动已呈现家庭化的趋势（周皓，2004）；家庭迁移发生概率逐年上升（段成荣、杨舸，2008）。开始时家庭成员并不是一同流动的，而是随着条件的成熟逐步团聚或者说梯次流动的，最终形成流动的家庭化。

梯次流动的实现需要一定的社会经济环境，中国40多年来的改革开放和社会经济发展创造了一些必要的条件，促成了梯次流动动机的形成和实现的可能。第一，社会经济的发展，使得产业升级与扩大，本地劳动力职业结构优化，产生对外来劳动力的需求。第二，开放的社会使流动人口通过奋斗向上流动成为可能，而社会政策强调和谐、融合，户口、就业和教育政策的发展方向使流动人口看到在流入地长久生活下来的希望和机会。第三，相对充分的信息获得。流动人口已经不是盲流，通过广播、电视、报纸和手机，加上与已经流出人口的联系或咨询，实际上在流动之前已经可以了解流入地的工作机会、条件、社会网络与生活情况，在比较现居住地的情况后会产生流动的新目标。第四，自身条件的改善。流动人口的受教育水平已经远远超过十年前的水平，在获得一定的工作技能和经验后，他们会重新调整流动目标（城市和职业），选择家庭的理想迁移地，从而逐步实现家庭迁移流动（杜鹏、张文娟，2010；杜鹏、张航空，2011）。

在社会和经济转型的背景下，中国的流动人口研究需要新的理论分析视角，笼统地描述流动人口的规模或流向的变化是不够的，需要对其流动过程细分，进一步反映内部结构的变化与趋势。在上述背景下，梯次流动理论的提出，对于分析中国城市化进程中的人口流动现象，特别是从个人流动到家庭流动的过渡过程具有重要作用。而从微观角度分析从个人流动到家庭流动的过渡过程，才能更好地认识中国人口流动现象的特殊性，并完善相应的政策与制度（杜鹏、张文娟，2010）。

（四）中国人口流动的特殊性

农村剩余劳动力到城市就业，农业劳动力向非农产业和城镇转移，是世界各国工业化、城市化的普遍趋势，也是我国实现现代化的必然要求。但我国农村人口流动表现出一些不同于发达国家的特殊性，其中最主要的差异就在于户籍制度不同（李强，2005）。

户籍制度是以户口登记与管理为基础而建立起来的一套社会管理制度，包括人口登记和上报制度、居民户口或身份登记管理制度以及与户口相关的就业、教育、保障和迁徙等方面的社会经济管理制度。户籍制度不仅是统计和管理人口的依据，也是控制人口流动的依据，还是一个权利和资源分配的操作系统。户籍制度包含许多社会福利，如住宅、劳动就业、社会保险、教育等都附着在户籍制度上，国家一般以户籍为标准依据不同的身份来进行社会福利的分配。城市居民可享有政府赋予他们的许多农村居民所没有的权益，如医疗卫生、文化教育、社会保障等。户籍管理制度在全国范围内对城乡人口和劳动力流动形成了约束、限制机制，使中国的人口流动出现了一些有别于西方人口迁移流动规律的新特点（熊光清，2010）。

（1）以户籍制度为基础的一系列社会管理制度使我国只能算是半自由的、有限度的人口流动体制。目前，虽然流动是许可的，但是限制非常多，如劳动力就业手续烦琐、不能进入正规劳动力市场、流动人口收入低于城市居民、缺少城市居民享有的城市福利保障等。

（2）户籍制度影响了劳动力资源的合理配置和人才的使用与开发。人才的使用与开发以及劳动力资源的合理配置是国民经济发展中最重要的因素，我国的户籍制度造成大量人口不能合理流动、劳动力市场开发举步艰难的局面，外来人口难以在流入地找到稳定职位，农村劳动力也不能进入城市正式部门工作（曹景椿，2001）。

（3）在户籍制度影响下，一般推拉因素发生“变形”甚至失效。首先，它改变了一般流动人口阻碍理论。一般流动人口阻碍理论认为，当劳动力在城市中遇到反向的阻碍因素时，劳动力会从城市返回农村。而对于中国农民工来说，被户籍锁定的生活目标是年轻时在城里挣钱，年纪大时才回到农村（李强，2003）。因此，他们在年轻时遇到再大的阻碍因素，也不会彻底返回农村。其次，推力－拉力理论认为，只要城市里有足够大的吸引力，农村中有足够大的推力，农民工就会留在城市。但是，在城市和农村拉力和推力都没有变动的情况下，那些“生命周期”到了应该回去的农民工，将按预期回到农村（李强，2003；骆华松等，2002）。

户籍制度是影响城乡人口流动的重要因素，但是随着时间的推移，制度因素对城乡人口流动的影响逐渐减弱（卢向虎等，2006）。同时，作为一种非永久性迁移现象，也有学者认识到，流动人口问题并非我国所特有，在我国的人口流动研究中，也应避免将中国过度“特例化”的现象。事实上，以非永久性为主要特征的循环流动及其研究在许多发展中国家占有十分重要的地位。而无论是从迁移的时间、空间和目的属性，还是从流动人口与流入地和流出地的双重归属等特征来看，我国的人口流动与其他发展中国家的人口迁移流动有着许多相似之处（朱宇，2004）。这就要求我们不仅关注以户籍制度为基础的中国人口流动的特殊性，也要从更为普遍、更为广阔的视角研究我国的人口流动理论和模式。

当然，不能忽视中国人口流动的特殊性也与我国特有的土地政策有关系。外出流动人口在家乡还都拥有土地，不存在很多发展中国家大批失去土地农民流入城市的问题。土地制度对于人口的迁移流动决策具有显著的影响。土地的拥有，使农民在选择进入城市，或是返回农村时都有一定的经济保障，减少了农民的许多后顾之忧，从而降低了迁移的心理成本。土地能够在经济发展减缓时成为农民生存保障的最后一道防线，还能成为农民养老和还乡的重要依托，家乡土地显然也是吸引外出农民工最终返乡的重要因素之一（姚从容，2003）。

人口流动是当今全球也是中国人口转变的一个十分重要的特点。随着流动人口规模不断扩大及其社会经济的影响不断增强，流动人口及其市民化问题渐渐成为各界关注的社会现象以及理论界研究和讨论的一个热点话题。现有研究数量众多，角度很广，且不乏创新见解，逐渐深化、拓展了学界和政府部门对人口流动现状、原因及后果的认识，也构成了进一步研究的起点和基础。然而，现有研究存在六多、六少、二不清现象。（1）从内容上看，对现象描述的研究多，对现象产生的深层原因分析的研究少。（2）从研究视角上看，对单个层面孤立研究的多，对不同层面综合研究的少。（3）从理论上看，对个别西方经典人口迁移流动理论运用的研究较多，对新发展的人口迁移流动理论、适合于中国人口迁移流动理论的探索及一般规律性的研究少。（4）从方法上看，描述和相关分析的研究多，独立关系的研究少；针对单个群体的研究多，针对不同群体比较的研究少；单独分析定量数据或定性数据的研究多，将二者进行整合、相互补足的研究少。此外，现有研究的一些基本概念不明、定义不清；一些重要指标的界定、属性、衡量方法等都不够明确，缺乏统一的标准。这些不足使目前学术界和政府部门对中国人口流动的形成原因、作用机制、影响因素、特点特征等方面的了解都不够深入和详细，从而影响到我们对中国大规模人口流动规律和趋势的正确把握和准确理解。

产生上述问题的原因是多方面的，既有认识上的问题，又有方法方面的局限，还有理论方面的问题。理论是实证研究的基础，合适的理论有助于研究思路的设计、实证研究的开展，从而有助于更好地厘清关系、把握重点，更准确地判断形势，提出更有针对性的对策。因此，本书将在现有理论的基础上，结合已有研究成果，构建农业转移人口市民化的理论分析框架，并在理论框架的指导下，进行数据分析和实践证明。

第三章 农业转移人口市民化推进机制的逻辑框架

事实的逻辑图像是思想。

——〔奥〕维特根斯坦

一　概念界定与辨析

厘清概念是任何一门学问的基础（徐书墨，2016），概念界定有助于描述研究问题、确定研究范围和明确研究意义，有利于研究思想的可测化、研究方法的操作化、研究内容的具体化，是理论与实证研究必不可少的一部分。

（一）农业转移人口的概念

从历史发展来看，农业转移人口的称谓发生了多次变化，历经了从盲流、流民、民工、农民工到农业转移人口的变化。使用最多的是“农民工”概念，但是很多研究者和相关专家认为这一称谓某种意义上带有歧视和贬低的意味，用其指称中国城镇化进程中由农村向城市转移的人口是不恰当的。在 2009 年 12 月召开的中央经济工作会议上，第一次用“农业转移人口”代替了“农民工”。农业转移人口的内涵比农民工更丰富，农业转移人口是指由农业向第二、三产业，由农村向城镇转移的人口（张方旭、文军，2016）。

（二）农业转移人口市民化的概念

2012年召开的党的十八大正式提出了要有序推进农业转移人口市民化（张方旭、文军，2016）。农业转移人口市民化是一个涉及经济学、政治学、社会学、人口学的综合术语（郑杭生，2005），是一个多维度、多阶段的过程。农业转移人口的市民化进程，实际上是转移人口由农村到城市的再社会化过程，农业转移人口改变或调整原有的世界观、价值观、人生观，在生活方式、思维方式、生存方式和身份认同等方面发生现代性转变，使之符合城市社会的规定和要求（王美琴、齐鹏，2015）。同时，市民化也是农业转移人口与城市原有居民双向互动、互相接受、相互融合的过程（王桂新、罗恩立，2007）。

（三）推进机制的概念及其辨析

制度、体制、机制三个概念在学术研究领域和社会实践应用中都存在概念混淆的问题，因此，厘清这三个概念的内涵与外延，辨析三者的区别与联系，是我们更好地理解推进机制的概念，更好地实施推进机制的基础和前提。

“制度”一词由来已久，《易传・节》中就有“节以制度，不伤财，不害民”，《尚书・周书・周官》中有“考制度于四岳”，元朝《西厢记》中有“用着几般儿生药，各有制度”（徐书墨，2016）。制度最初有两层含义：一则，法令礼俗的总称；二则，指规定、用法。《现代汉语词典》（第5版）中，对制度做出了比较全面的界定：“制度”一是要求大家共同遵守的办事规程或行动准则，如工作制度、财政制度；二是在一定历史条件下形成的政治、经济、文化等方面的体系，如社会主义制度、封建宗法制度（吴亚东、李钊，2010）。现代汉语对于制度这两个层次的界定存在一定的差别，可以把前者称为“狭义制度”，它是指用于具体国家机构、企事业单位、组织行业的具体规章制度；把后者称为“广义制度”，这个制度是宏观的，是在一定社会历史条件下形成的稳定的、系统的、规范的社会体系（徐书墨，2016）。制度是宏观的，侧重于整体与建构。任何一个社会、一个组织、一个政党、一个国家或者一件事物要想生存和永续发展或者良性运行，首先就要有制度的建构。制度中规定了这一社会、组织、政党、国家或者事物为何运行、如何运行，同时也显性或者隐性地规定着其运行的组织方式和执行主体等，也就是体制和机制。这是制度的本质或者初衷。

“体制”一词中，“体”的本义是指人的身体，后来又延伸为事物的存在形式，如物体、长方体、字体、文体等；“制”的含义在这里是指“式样”。将两个字联系起来，通常可以将体制定义为社会活动的组织体系和结构形式，包括特定社会活动的组织结构、权责划分、运行方式和管理规定等（赵理文，2009）。它是制度形之于外的具体表现和实施形式，是管理经济、政治、文化等社会生活各个方面事务的规范体系，例如，国家领导体制、经济体制、军事体制、教育体制、科技体制等。制度决定体制内容并由体制表现出来，体制的形成和发展要受制度的制约（吴亚东、李钊，2010）。譬如，经济体制是一定社会进行生产、流通和分配等经济活动的具体组织形式和管理体系，包括生产体制、流通体制、财政体制、金融体制、投资体制、监管体制、税收体制等（赵理文，2009）。

“机制”一词最早源于希腊文，中文词语最早出自清朝丘逢甲的《汕头海关歌寄伯瑶》：“西人嗜糖嗜其白，贱卖赤砂改机制。”机制原指机器的构造和工作原理。对机制的这一本义可以从以下两方面来解读：一是机器由哪些部分组成和为什么由这些部分组成，二是机器是怎样工作的和为什么要这样工作。把机制的本义引申到不同的领域，就产生了不同含义的机制。生物学和医学通过类比借用此词，指生物机体结构组成部分的相互关系，以及其间发生的各种变化过程的物理、化学性质和相互关系。在研究一种生物的功能（如光合作用、肌肉收缩）时，常说分析它的“机制”。后来，人们将“机制”一词引入经济学的研究，用“经济机制”一词来表示一定经济机体内，各构成要素之间相互联系和作用的关系及其功能（吴亚东、李钊，2010）。也将“机制”一词引入社会学的研究中，用“社会机制”一词来表示一定社会环境内，各构成要素之间相互联系和作用的关系及其功能。理解机制这个概念，最主要的是把握两点。一是事物各个部分的存在是机制存在的前提，因为事物有各个部分的存在，就有一个如何协调各个部分之间关系的问题。二是协调各个部分之间的关系的一定是一种具体的运行方式；机制是以一定的运作方式把事物的各个部分联系起来，使它们协调运行从而发挥作用的。

从广义上讲，制度、体制和机制都属于制度范畴，既相互区别，又密不可分。制度位于社会体系的宏观层面和基础层面，侧重于社会的结构；体制位于社会体系的中观层面，侧重于社会的形式；机制位于社会体系的微观层面，侧重于社会的运行（赵理文，2009）。简单地说，机制就是制度加方法或者制度化了的方法（徐书墨，2016）。举例来说，生产资料所有制的类型属于制度问题，生产资料所有制采取的形式（如股份制、承包制、国有制等）属于体制问题，生产资料在生产过程中如何运作、如何发挥作用，属于机制问题（赵理文，2009）。机制既离不开制度和体制，又有助于制度和体制的运行与实现。在机制内部，各组成部分和环节之间相互联系、相互制约、相互促进、相互作用。任何一个因素和环节的变化，都会引起或受制于其他因素和环节的变化；同样，其他因素和环节的变化，也会影响或受制于这个因素和环节的变化，从而使系统整体在一定时间和条件下保持相对的稳定性。当某一要素的变化不符合系统整体的要求及其功能的发挥时，系统就会借助自身机制自动进行调节，以确保系统目标的实现（赵理文，2009）。

二 推进机制的主体和客体

（一）推进机制的主体

推进机制的主体是机制系统的重要组成部分，是指具体制定与执行推进机制的政党、组织、团体与个人。推进机制的主体不仅参与和影响推进机制的制定，而且在推进机制的执行、评估和监控等环节都发挥着积极的能动作用。概括来讲，农业转移人口市民化推进机制的主体包括政府、就业单位、学校/教育机构、社会以及农业转移人口个体五个方面。

（1）政府。政府是指国家进行统治和社会管理的机关，是国家表示意志、发布命令和处理事务的机关，实际上是国家代理组织和官吏的总称。政府的概念一般有广义和狭义之分，广义的政府是指行使国家权力的所有机关，包括立法、行政和司法机关；狭义的政府是指国家权力的执行机关，即国家行政机关（李媛，2022）。总之，政府起到主导作用、舵手作用，指导和引导农业转移人口市民化的前进方向，也负责协调和配置市场、社会、个体等的力量。

（2）就业单位。单位是指能以自己的名义拥有资产、发生负债、从事经济活动并与其他实体进行交易的经济实体。单位分为政府单位、事业单位、企业单位三类，企业单位又分为国有、私营、股份制、外资、合资等类型。企业一般是指以营利为目的，运用各种生产要素（土地、劳动力、资本、技术和企业家才能等），向市场提供商品或服务，实行自主经营、自负盈亏、独立核算的法人或其他社会经济组织（马元驹、李晓冬，2022）。就业单位是市场活动的主体，是农业转移人口生产活动的主要载体，是农业转移人口市民化的主要推进主体。

（3）学校/教育机构。学校是指教育者有计划、有组织地对受教育者进行系统的教育活动的组织机构。学校教育是由专职人员和专门机构承担的有目的、有系统、有组织、有计划的以影响受教育者的身心发展为直接目标并最终使受教育者的身心发展达到预定目的的社会活动。学校和教育机构也是推进农业转移人口市民化的重要主体之一，特别是在“双元制”理念指引下，学校与企业共同构成推进农业转移人口市民化的“双核”驱动。

（4）社会。社会概念分为广义和狭义两种，广义的社会包括政治、经济、文化、人口、生产资料、生活方式等，是人类关系的总称；狭义的社会是指社会组织、社会团体、社会机构、社会群众等。农业转移人口生活、活动于社会之中，社会环境、社会组织、社会结构、社会氛围、社会态度等都对农业转移人口市民化具有重要影响。因此，社会也是推进农业转移人口市民化的重要主体之一。

（5）农业转移人口个体。农业转移人口本身是市民化推进机制的一个重要组成部分，虽然没有明确的组织，力量比较分散，但却是最为广泛、最有灵活性、最具活力的市民化主体。换言之，在农业转移人口市民化进程中，虽然他们自身并不独自承担主体责任，政府、社会、市场等是最为重要的推进力量，但他们自身也是不可或缺的一部分。

（二）推进机制的客体

所有农业转移人口市民化的推进机制都是主体与客体的结合。推进机制的客体是指推进机制发挥作用时所指向的对象。推进机制的客体包括机制所要改变的状态、机制直接作用的人与事、机制所要调节的公众利益三个层面的内容。推进机制的客体包括但不局限于以下方面：解决一定的经济社会问题，化解经济社会矛盾、解决经济社会争端，促使经济社会变得更加和谐与稳定；改变一定的经济社会状态，促使机制实施以前的经济社会状态发生改变或优化，使推进机制实施后的经济社会状态向人们期望的符合社会发展目标的理想状态转变；调整一定的经济社会利益关系，通过不同层次、不同范围的政策措施，减少或损害少部分人群所得的利益，增加或维护大部分人群所得的利益。制定与执行推进机制就是要改变机制客体系统的现有状态，或是将机制客体的现有状态向人们期望的符合社会发展目标的理想状态转变。客体系统的这一变化，从外因的角度看，是推进机制主体对推进机制客体作用的结果；如果从内因的角度来看，机制客体的变化，是机制主体的作用改变了机制客体系统内部物的方面和人的方面的关系的结果。

三　推进机制的内容

众所周知，农业转移人口市民化，是一个涉及政治学、经济学、管理学、地理学、社会学、人口学等众多学科的，复杂、艰巨、多维的动态进程。因此，农业转移人口市民化首先需要顶层战略设计机制，包括战略规划机制、立法法治机制、成本分担机制、分类有序机制、监督评估机制等。正如前文所述，农业转移人口市民化涉及经济社会多个维度，需要从中央政府角度发挥主导作用，统筹政府、市场、社会、学校、个体等多元主体力量，配置在就业、住房、社保、心理等多个方面。换言之，顶层设计机制是“统帅”，统领、统管市民化的全过程、全进度，也统管其他推进机制。

具体来说，基于农业转移人口市民化的基本需求和问题导向，农业转移人口市民化应当满足几个层面的基本条件。其一，稳定的就业与可靠的收入。就业是民生之本、稳定之基，而经济收入也是农业转移人口千里迢迢来到城市，背井离乡、拖家带口、辛勤劳动、吃苦耐劳的根本追求。农业转移人口只有拥有了稳定的工作、一定的经济收入，获得了像样的经济社会地位，才能在城市持久地生活下去，才有基础去考虑未来和发展。因此，就业能力提升机制是农业转移人口市民化的首要因素和前置条件。

其二，长期的居住与稳定的住房。安居才能乐业，有房才有家。由于中国社会几千年流传下来的传统，对于住房的需求是根深蒂固的。住宅于人，如同阳光、空气和水，须臾不可或缺，涉及每一个居民和家庭（陈志光，2016a）。因此，住房资源配置机制是解决农业转移人口住房困难的重要推进力量，也是市民化推进机制最为重要的一环。

其三，身心健康和病有所医。农业转移人口往往从事繁重艰辛的生产劳动，再加上背井离乡、人生地不熟，极易面临身心各种问题。但农业转移人口由于经济收入较低、家庭负担过重、区域衔接困难等，往往无法享受到应有的医疗保障。因此，享有流入地的医疗保险待遇是农业转移人口市民化的重要保障，医疗保险转移接续机制也成为关键因素。

其四，心理的融入融合。在做到安居乐业、身心健康的基础上，影响农业转移人口市民化程度的就是主观和心理因素了。只有当农业转移人口在流入地有很强的融入和市民化意愿时，只有当农业转移人口对流入地有很强的认同感和归属感时，只有当本地原居民对外来转移人口持接纳态度时，农业转移人口才真正融入了流入地的主流社会中（杨菊华，2009）。换言之，社会融合是农业转移人口市民化最高层次的要求，社会融合机制也成为最高层次的推进机制。

总而言之，农业转移人口市民化的推进机制包括顶层设计机制、就业能力提升机制、住房资源配置机制、医疗保险转移接续机制和社会融合机制五大方面，这五个机制之间是“总－分”的结构关系：顶层设计机制是“总”，是“头领”，是“屋顶”，统领其他四个机制；就业、住房、医疗、融合是“分”，是市民化的“四肢”，是四根“支柱”。但是，就业、住房、医疗、融合四个推进机制也不是完全平行的关系，也是有层次递进的关系：首先，就业能力提升机制最基础、最根本，乐业是安居、保障、融合的“地基”和“顶梁柱”；其次，住房和医疗是市民化推进机制的“两翼”，缺一不可；最后，社会融合是市民化的最高追求，是在安居乐业、身心健康前提下的高级追求。

四　推进机制的执行

什么是推进机制的执行？简而言之，所谓机制执行就是推进机制被采纳以后，机制执行者通过一定的组织形式，运用各种经济社会资源，经解释、实施、服务和宣传等行动方式将推进机制的内容转化为现实效果，从而使既定的推进机制得以实现的过程。查尔斯·琼斯认为，推进机制的执行是将一项推进机制付诸实施的各项活动，在诸多活动中，尤以解释、组织和实施三者最为重要。所谓解释，就是将推进机制的内容转化为民众所能接受和理解的指令；所谓组织，就是指建立机制执行机构，拟定执行的办法，从而实现政策目标；所谓实施，就是由执行机关提供例行的服务与设备，支付经费，从而完成议定的实施目标（李孔珍，2008）。

推进机制的执行需要相应的手段。人们习惯地把推进机制的执行手段分为行政手段、经济手段、法律手段和教育手段。（1）行政手段（以力服人）。行政手段是指通过各级政府的行政部门，依靠政府权威，采用行政管理的惯用方式（行政命令、指示、规定、规章等形式），按照系统、层次、区划来实施政策的方法。其特点是强制性、垂直性、无偿性和稳定性。优点是部署统一、资源集中、协调一致、实施迅速、便捷高效，但也容易产生与“人治”相关的一些弊病，影响横向联系及下级的积极性、创造性。（2）经济手段（以利服人）。经济手段是指根据客观经济规律和物质利益原则，利用各种经济杠杆，调节机制执行过程中的各种不同利益之间的关系，以促进机制顺利实施的方法（秦长江，2004）。其特点是间接性、有偿性、平等性和关联性。优点是比较适合于对市场活动的管理，侧重于对经济利益关系的调节，但它也有很大的局限，不能靠它去解决所有的问题。（3）法律手段（以律服人）。法律手段是指通过各种法律形式（法律、法规、行政立法、司法仲裁等）来调整机制执行活动中各种关系的方法。其特点是严肃性、权威性、规范性和稳定性，优点是能够使机制执行有法可依、有章可循、行为更规范、程序更合理，减少了主观随意性，提高了机制执行的效率。但法律手段不是包治百病的灵丹妙药，社会生活中许许多多的问题，不能单纯指望通过法律手段去解决，还必须考虑其他手段所能发挥的作用。（4）教育手段（以理服人）。平等与说理是教育手段最重要的特征。《孟子·公孙丑上》中有这样一段话：“以力服人者，非心服也，力不赡也；以德服人者，中心悦而诚服也。”大意是说用武力征服别人，别人并不是真心服从，只不过是力量不够罢了；用道德使人服从，别人才能心悦诚服。孟子的这段话，从以力服人说到以理服人，这不仅是方法上的转变，更是管理理念的提升，只有以德服人，攻心为上，才能做到长治久安。一般来说，教育手段多在常规状态下使用，遇有紧急情况，需要尽快统一行动，更多强调权威和强制，单靠循循善诱恐会贻误时机。

推进机制的执行，重点需要保障以下几点。首先，机制执行的权威性。推进机制都是由党和国家各级政府颁布实施的符合绝大部分人民群众利益的条文和措施，本身就带有不容置疑的强制性和直接性。其次，机制执行的时效性。推进机制的实现本来就是为了解决当前农业转移人口面临的问题或困难，要求执行的时候具有及时性、快速性和有效性，因此，时间的要求对于推进机制具有重要意义。再次，机制执行的规范性。推进机制的执行代表的是党和政府的公信力和掌控力，影响的是广大人民群众的切身利益，机制的执行特别需要严格按照特定的时间安排、地点安排、步骤、规范等进行。最后，推进机制的人本性。推进机制的核心目的是提升广大农业转移人口的幸福感和满足感，因此，特别注重在执行过程中以人民为中心，人民群众反对什么、痛恨什么，机制执行就要坚决防范和纠正什么。

五 推进机制的效果评估

推进机制的效果评估被认为是推进机制建立健全的一个重要环节。推进机制的确立、推进机制的合法化、推进机制的执行、推进机制的评估、推进机制的终结等环节齐备，才能构成推进机制运行的整体过程。从我国目前的机制制定和执行情况来看，“只讲耕耘，不问收获”的现象时有发生。这样一种不太负责的态度固然与多种因素有关，但缺乏对推进机制的评估和反思也是重要的原因。效果评估是检验推进机制绩效的必要手段。一项好的推进机制会得到农业转移人口的普遍拥护；一项不好的推进机制会引起农业转移人口的强烈不满；一项有缺陷的推进机制可能在解决一种问题的同时引发更多、更严重的问题；一项制定与执行有很大出入的机制，不但不能解决问题反而可能越发激化矛盾。因此，机制的好与坏、利大于弊还是弊大于利，无疑需要通过机制评估加以区分，有效的机制评估能够决定机制实施的正确走向，对缓和社会矛盾具有十分重要的意义。机制评估是决定推进机制未来走向的重要依据。推进机制的未来走向一般分为三种：一是延续，二是调整，三是终结。无论采取哪种走向，都不能想当然，必须做到有理有据，而道理和依据的取得则依赖于对推进机制的执行效果进行全面、系统的分析和科学、合理的评估。机制评估的方法主要包括以下几种。

1. “前－后”对比分析

对于农业转移人口市民化状况进行推进机制执行前后的对比研究，是衡量市民化推进机制是否起作用、作用的方向、作用的程度等的最简单的方法（见图 3－1）。这种评估方法的优点是简单、直接、明了；缺点是考虑得太简单，没有纳入经济社会变动、客观对象本身发展、外在影响因素、偶发突然事件等的影响和扰动。

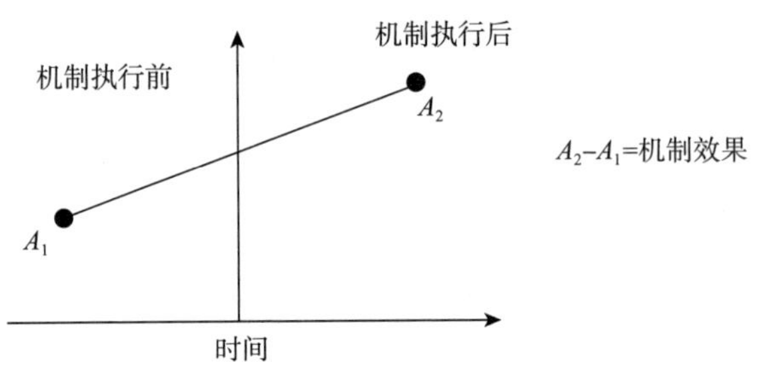

图 3－1　“前－后”对比分析

2. “趋势－实施”对比分析

“趋势－实施”对比分析方法比“前－后”对比分析方法进步的地方是考虑到了事物本身的发展趋势（见图 3－2）。举例来说明，假设 2000 年农业转移人口的平均月收入水平为 1000 元，2005 年上涨为 1500 元；到 2010 年如果没有其他因素作用，农业转移人口平均月收入水平按其本身的发展趋势应该上升为 2000 元；而由于政府就业能力提升机制的作用，事实上农业转移人口的平均月收入水平上升为 2200 元。因此，可以计算出就业能力提升机制的作用效果为 200 元（2200 - 2000）。

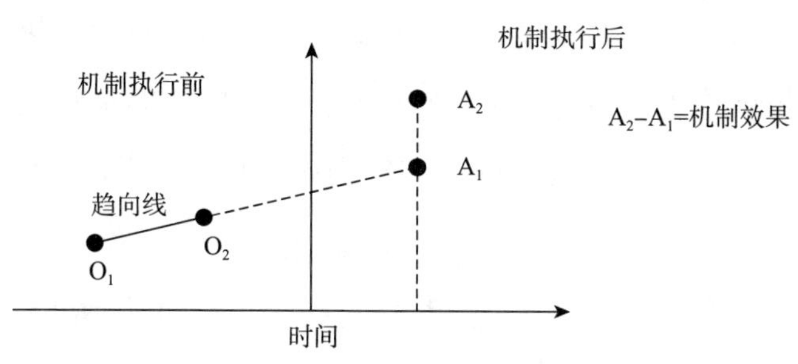

图 3 - 2　“趋势 - 实施”对比分析

3. “有 - 无”对比分析

“有 - 无”对比分析如图 3 - 3 所示。这种评估方法是在机制执行前和机制执行后这两个时间点上，分别就有机制和无机制两种情况进行前后对比，然后再比较两次对比结果，以确定机制效果。例如，农业转移人口和城市本地居民在 2000 年月收入水平分别为 1000 元和 2000 元，对城市本地居民实行就业能力提升措施，而农业转移人口不实施；到 2010 年时，农业转移人口月收入水平为 1500 元，城市本地居民月收入水平为 3000 元。由此评估就业能力提升机制的效果为（3000 - 2000）-（1500 - 1000）=500 元。

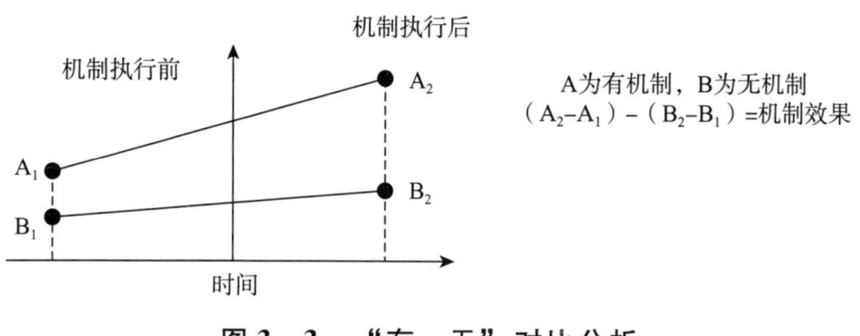

图 3 - 3　“有 - 无”对比分析

4. “控制－实验”对比分析

“控制－实验”对比分析如图3－4所示，它是社会实验法在推进机制评价中的具体运用。在运用这种评估方法时，评价者将推进机制执行前的同一评价对象分为两组，一组为实验组，即对其施加推进机制影响的组；一组为控制组，即不对其施加推进机制影响的组。然后比较这两组在机制执行后的情况，以确定机制效果。

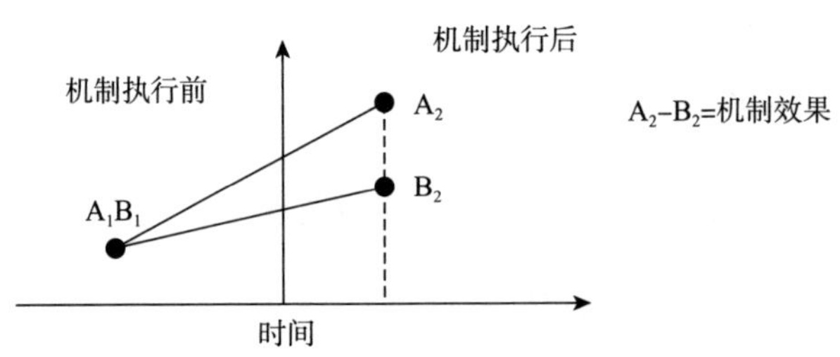

图3－4 “控制－实验”对比分析

第四章
农业转移人口市民化的顶层设计机制

不谋万世者，不足谋一时；不谋全局者，不足谋一域。

——（清）陈澹然

“顶层设计”是中央文件新近出现的名词，首见于“十二五”规划。2010 年 10 月，党的十七届五中全会通过《中共中央关于制定国民经济和社会发展第十二个五年规划的建议》，提出“更加重视改革顶层设计和总体规划”。这项建议经过 2011 年 3 月召开的十一届全国人大四次会议的审议和批准，转化为国家“十二五”规划纲要中的行政要求。“顶层设计”概念提出以后，立刻引起政治学、经济学、管理学、社会学、人口学等领域专家学者的高度关注和热烈讨论（王建民、狄增加，2013）。顶层设计是运用系统论的方法，从全局的角度，对某项任务或者某个项目的各方面、各层次、各要素统筹规划，以集中有效资源，高效快捷地实现目标。顶层设计有三个特点：一是顶层决定性，顶层设计是自高端向低端展开的设计方法，核心理念与目标都源自顶层，因此顶层决定底层，高端决定低端；二是整体关联性，顶层设计强调设计对象内部要素之间围绕核心理念和顶层目标所形成的关联、匹配与有机衔接；三是实际可操作性，设计的基本要求是表述简洁明确，设计成果具备实践可行性，因此顶层设计成果应是可实施、可操作的（王刚，2013）。农业转移人口市民化的顶层设计机制，就是从宏观、战略、国际视角看待、分析、应对农业转移人口市民化问题，是从最高层次对农业转移人口进行的全面设计，立足长远，是一切市民化工作的总体性、根本性、长期性依据（石国亮、刘晶，2011）。

社会理论是科学的社会知识，是研究社会运行和社会发展规律的一组方式，它帮助人们认识自我，认识社会，认识各种社会现象的原因、过程和结果。在社会学的经典研究中，大多数学者认可中层理论对于社会问题、社会现象的说服力和解释力。中层理论是由美国社会学家罗伯特·K. 默顿提出的一种社会学理论范式，强调理论的可验证、可观察性，要求从日常生活中找到理论的依据（郑杭生，2003）。本书的一个主要内容就是找到能够解释和指导市民化研究的中层理论，为全书研究提供特定的着眼视野和具体的分析思路，对研究问题进行全面、系统、深入的分析和应对。农业转移人口的市民化，涉及社会发展、社会结构、社会建设、社会工作、社会交往、社会融合等方面多种理论，对其的分析也使用到劳动力市场分割、公共服务均等化、资源转移接续、身份接纳认同等多类型理论。由于篇幅限制，本书不可能尽述这些理论，只选择了与市民化关系最为密切的几种基础理论进行介绍。

一　市民化推进机制的起始之基：政策过程理论

从词源上看，“政策”（policy）这一概念来源于希腊语的“polis”（城邦）和梵文“pur”（城市）以及拉丁语“politia”（国家），后来演化成中世纪英语中的“policie”，意指公共事务的管理或政府的管理；在德语和斯拉夫语中也可以发现这些多重含义，它们用同一个词（poltik，politika）指称政治和政策。因此，从词源上看，政策和国家、城市、政治、管理等词语同源近义，是政治学、公共行政、管理学等研究的重点。大约在公元前 18 世纪时制定的《汉穆拉比法典》（*Code of Hammurabi*）是最早有记录的政策分析的例子之一。托马斯·莫尔（Thomas More）的《乌托邦》（*Utopia*，1516）为社会思考（Social Contemplation）政策提供了一个处所；培根（Bacon）的《新大西岛》（*New Atlantis*，1627）将科学知识应用到了政策过程里。法国大革命时期，孟德斯鸠的《论法的精神》（*The Spirit of the Laws*，1748）就指出了政策的概念与内涵。卢梭的《社会契约论》（The *Social Contract*，1762）反映了社会哲学与政治参与互动的增长。美国的《联邦党人文集》（*The Federalist Papers*，1787～1788）详细阐述了国家统一的政策如何给社会带来秩序与稳定（德利翁、奥弗曼，2006：532）。之后，“政策”和“社会”作为两个相互联系的领域在德国哲学家黑格尔（Hegel）的《权利哲学纲要》（1821）中得到了清晰的表述，这两个领域之间的关系成为政策研究的根本问题之一。特别是英国的工业革命（the English Industrial Revolution）和美国的进步运动（American Progressive）都对社会福利政策产生了广泛的需求（德利翁、奥弗曼，2006：532～533）。

许多著名的社会学家都有意识地强调自己也是政策学家，比如奥古斯特·孔德（Auguste Comte）和埃米尔·迪尔凯姆（Émile Durkheim）认为，做社会学研究是政策体系的一部分——用科学和理性改善社会。赫伯特·斯宾塞（Herbert Spencer）和帕森斯（Talcott Parsons）认为，通过使用跨国家和历史的比较，他们已经开始理解“社会进化的规律”，因此可以告诉政府适当的政策是什么（陈志光、李兵，2022）。20 世纪 30 年代，卡尔·曼海姆（Karl Mannheim）的著作推动了对社会科学知识和政策行动之间联系的理性分析，为政策科学的学科建设迈出了决定性的一步。1951 年，拉斯韦尔（Harold D. Lasswell）正式提出“政策科学”的概念。拉斯韦尔和几位著名的合作者（Myres S. McDougal，Abraham Kaplan，Daniel Lerner）是政策科学的主要创立者（李兵，2021）。拉斯韦尔的《政策方向》（The Policy Orientation）一文明确描述了政策科学的原则和要发展的政策地图（policy map）。政策科学有三个主要的界定性特征：多学科视角（Multidisciplinary Perspective）、情境和问题导向（Contextual and Problem-oriented in Nature）以及明确的规范性（Explicitly Normative）。所谓多学科视角，拉斯韦尔指的是，政策科学应当突破关于政治机构和结构的狭隘研究范围，吸收诸如社会学、经济学、法学以及管理学等领域的研究成果（豪利特、拉米什，2006：5）。

政策过程在政策科学中通常被概念化为以下几个节点：议程设置，问题定义，政策制定，政策决定，政策执行，政策评估，和政策维持、继承或终止（Laswell，1958；Brewer，1974；Jenkins，1978）。而其中最为关键的步骤是政策制定、政策执行和政策评估。

政策的起点自然是政策本身。许多政策之所以失败，就是因为它们设计得不好。如果政策“一诞生就残破”，即使是“世界上最好的公共官僚机构也没有机会使它们成功”（Linder and Peters，1987：461）。政策制定是政策过程最为重要的环节，一些理论家已经认识到需要更密切地关注政策设计。政策制定应明确界定政策的应用领域、政策目标和特征、受益的社会成员以及解决问题的行动和战略。政策科学认为，政策制定的关键是建立在对政治目标的明确、经济基础的清晰和社会实在的匹配上（Ansell et al.，2017）。为了避免政策制定的失败，政策科学采取了原则一致的“民主决策”和“问题导向”。虽然政治概念的清晰性和市场经验的严密性是进行政策制定的重要目标，但同样重要的是，这种制定应以民主精神和公民参与为基础。政策科学最为重视“民主决策原则”，以民主方式制定政策是有必要的，更多的民主比更少的民主好，公民在行政活动中要“最大限度地参与”（DeLeon and DeLeon，2002）。例如，起草新中国第一部宪法，经历了全国1.5亿多人参加的大讨论，有代表性的8000多人的反复修改，并征求法律、语言等方面专家的意见。政策制定的关键是社会实在的影响，包括两个方面。（1）制度约束与政策框架。社会制度影响政策的制定和这些政策如何付诸实践；社会制度因素既可以为政策的有效实施提供机会，也可以为政策的无效执行提供限制。制度与政策的关系，在一定意义上讲是内容和形式的关系。政策是社会制度的“具象化”，社会制度是政策的实质和灵魂，产生“制度边界”。政策会因为社会制度的不同而呈现“差异化”，不同国家在相同或不同时期社会制度常常是不同的，因而形成了各自不同的政策模式；不同的社会制度有不同的政策执行效率；同样的政策，在不同的社会制度下，其表现形式和运作过程、方式也是不完全一样的。而政策系统又反过来影响社会制度的调适和变革。（2）结构基础与政策依据。中国正处于全面而深刻的社会转型过程中，社会结构是分析政策制定和政策执行最重要、最基本的工具之一，具有极为重要的理论意义和现实意义。政策本身是一个运动、发展的过程，它的制定原则和设计目标受到社会结构的影响，对社会结构产生“路径依赖”和“预期适应”。

政策执行在政策过程中占有重要位置，它是将政策目标（社会理想）转化为政策现实的唯一途径（王小兰，2021）。更具体地说，是“政策变现”，是将政策与行动联系起来的机制、资源和关系，也是执行和完成一项政策的过程。（1）政策执行的里程碑是由Pressman和Wildavsky（1973）提出的著名的自上而下路径，着眼于政治决策者制定的公共政策是如何传达给负责执行的较低级别的公共管理者的。决策者通过长长的执行链与当地基层机构联系在一起，这些执行链有许多否决点。在每一个否决点上，不明确的目标、政治冲突、相互竞争的义务、联合行动的复杂性，或缺乏资源、技能和承诺，都可能导致误差与偏离，从而减少成功执行的机会，增加失败的风险。自上而下的执行链越长，失败的风险就越大。因此，自上而下的路径常常需要各个执行层级的社会动员。社会公民的自发动员，志愿组织、利益集团和行业协会的积极动员通常能够在与政府的互动中提升政策的绩效（王诗宗、杨帆，2018）。（2）可以肯定的是，政策科学所研究的自上而下和自下而上的执行是由完全不同的民主概念激发的——自上而下的人以传统的间接民主原则为理由，自下而上的人则专注于更多的互动过程、对象参与和多方合作（O'Toole，2000）。几乎同时，Prottas（1979）和 Lipsky（1980）确立了低级别官员在政策如何影响他们接触的公民方面拥有广泛的自由裁量权和解释权。自下而上执行的理论家长期以来坚持认为，专业人士和社会组织拥有重要的技能和资源，并拥有实用的知识，可以支持决策者和政府官员更好地理解政策和解决问题。（3）由外而内的解释认为，执行问题也可能是由目标群体和私人利益相关者的意外和不可预见的行为造成的。传统的政府链假设公民和政策使用者将随时遵守规则和立法，并对公共政策提供的制裁和奖励做出反应。然而，一些政策对象，以及代表和维护他们利益的组织，可能会通过积极和直接的抵制，拒绝遵守特定的规则，操纵政策，或者在与监管机构和服务提供商的关系中以不合作和不参与的方式行事。即使政策对象符合官方要求，也没有人能保证公共政策能成功地消除执行问题。因为它可能是由自我循环的社会经济系统产生的，由外部动态驱动，几乎不可能通过中央政治和司法控制来影响。这些由外而内的解释让我们超越了街头官僚的自由裁量行为，找到了政府部门以外的行为反应和政策逻辑中社会主导的根源（Ansell，et al.，2017）。

大多数学者一致认为，项目评估是政策实施的关键（Mazmanian and Sabatier，1983；Browne and Wildavsky，1984）。执行和评估被认

为是两个不同的阶段，被称为同一枚硬币的两面，执行提供评估的经验，而评估提供情报，以理解正在发生的事情（Browne and Wildavsky，1984）。公共政策评估的“休谟问题”（Humean Problem）是：事实与价值是政策科学关注的焦点。政策评估是政策执行预期可以达到的目的、要求和结果。任何一种政策，都有自己特定的目标。如我国的文艺政策，目的就是“促使作家们创造出具有较高艺术价值的作品，满足广大人民群众的精神需求”，而这事实上就是一种政策目标的社会评估。政策评估具体包括：（1）合法性，政策的全过程要符合立法精神和法律规范；（2）明确性，政策目标要清晰、准确、具体和可界定，切忌笼统不清；（3）可行性，政策目标的完成是可以且可能实现的，不切实际、好高骛远，必然会导致公共政策难以完成；（4）效率性，政策体系能够高效、迅捷地完成预设目标；（5）公平性，公共政策是为人民大众谋取福利的工具手段，最为关键的就是能够惠及每一个群体和个体；（6）预测性，确定公共政策目标时要使其符合未来的发展需要，符合未来发展趋势和潮流。在讲究效率的社会环境下，成本控制和效益最大化成为每项政策关注的焦点问题。如何科学分析政策的各项成本构成及影响绩效的关键要素，找到成本控制的核心思路和关键环节成为政策评估的核心问题。成本控制绝对不仅仅是单纯的压缩经济费用，它需要与宏观社会环境、政策的整体目标、政策的社会导向、政策的执行模式等有效结合。需要建立起科学合理的社会分析与核算系统，让政策的制定者、执行者能够全面、清晰地了解影响政策评估的成本构架、盈利情况。而因果关系是一个事件（“因”）和另一个事件（“果”）之间的作用关系，其中后一事件被认为是前一事件的结果。政策科学越来越看重政策与事实之间的因果关系（Mazmanian and Sabatier，1983）。要对政策系统进行深层次因果分析，在调查数据、深度访谈、收集文献、选取模型的基础上，研究政策制定的基础、政策执行的工具、政策评估的价值，力求发现政策系统的新关系、新观点和新理论。常用的政策因果评估模型包括随机对照试验法、多元回归法、工具变量法、断点回归法、双重差分法、倾向值匹配法、合成控制法等。

二　农业转移人口顶层设计的历史与进程

农村劳动力流动是工业化、城镇化、现代化的必然要求，也与国家宏观政策和社会、经济发展水平密切相关，具有鲜明的历史特征。建立促进农业转移人口市民化的政策体系是构建新时代中国特色社会主义的一项重大战略部署。事实上，为保障农业转移人口的合法权益，党中央、国务院从新中国成立开始，就相继出台了若干政策文件，支持、鼓励农业转移人口在城市就业，保护其合法权益，这奠定了农业转移人口市民化的政策基础。一国的市民化政策是宏观政策体系中最重要的内容之一，关乎经济社会的稳定运行和亿万家庭的生存发展（薛华，2011）。新中国成立70多年来，市民化政策体现出鲜明的时代性、阶段性、规律性、法制化和体系化等特征。针对农业转移人口的内容也不断变化，可以细分为以下几个阶段。

（1）乡-城流动相对自由（1949～1952年）。从1949年10月中华人民共和国成立到1952年底，中央政府为了恢复和发展国民经济，采取了允许多种经济成分并存，允许农村土地、劳动力、资本等生产要素自由流动，允许城乡私营工商业自由发展的经济社会政策。1950年6月，颁布了《中华人民共和国土地改革法》，在农村实行土地改革，广大农民无偿分得了土地和其他生产资料，农业生产得以迅速恢复和发展。这一时期，城乡结构呈现开放的状态，城乡之间迁移相对比较自由，有较多的农村人口迁入城市。数据表明，城市人口的比重由10.64%上升到12.46%，数量从5765万人增加到7163万人，增加了1398万人（谢志强、姜典航，2011）。

（2）乡－城流动受到严格限制（1953～1977年）。由于国内外大环境的变化以及经济社会发展出现新的特征，1953年4月，政务院出台《关于劝止农民盲目流入城市的指示》；1955年6月，国务院出台了《关于建立经常户口登记制度的指示》；1957年，国务院发布了《关于制止农村人口盲目外流的指示》；1958年1月，全国人民代表大会常务委员会通过了《中华人民共和国户口登记条例》，标志着城乡分割的二元户籍制度以法律的形式正式建立（谢志强、姜典航，2011）。1964年，国务院批转的《公安部关于处理户口迁移的规定（草案）》中明确规定：对于从农村迁往城市、集镇，从集镇迁往城市的，要严加限制；从小城市迁往大城市，从其他城市迁往北京、上海两市的，要适当限制（段娟、叶明勇，2009）。特别是在1966～1977年，知识青年响应号召，纷纷上山下乡到农村去，甚至出现了逆城市化现象。

（3）农村劳动力转移重新起步阶段（1978～1988年）。1978年，中共中央提出了"以经济建设为中心"的指导方针，中国进入改革开放新时期。农村经济改革也成为城市化的重要推动力，农民"离土不离乡，进厂不进城"，形成了大批"农民工"。为顺应时代需求，1984年中央一号文件规定，允许务工、经商、办服装业的农民自带口粮在城镇落户。继而国务院又发出《关于农民进入集镇落户问题的通知》，公安部颁发《关于城镇暂住人口管理的暂行规定》，这些政策允许农民工进城落户，并确立了与城镇户口相衔接的流动人口管理制度，使农民工流动有章可循、有法可依。

（4）防止农村劳动力盲目流动阶段（1989～1992年）。1989年3月和4月，国务院办公厅和民政部、公安部先后发布《国务院办公厅关于严格控制农民工外出的紧急通知》和《民政部、公安部关于进一步做好控制民工盲目外流的通知》，要求各地人民政府采取有效措施，严格控制民工盲目外出就业。1990 年，国务院发出《关于做好劳动就业工作的通知》，强调“农村劳动力向城镇转移，要同建设事业的发展和城镇的承受能力相适应，对此必须加以合理控制和积极疏导”，要“使农村富余劳动力就地消化和转移，防止出现大量农村劳动力盲目进城找活干的局面”（段娟、叶明勇，2009）。

（5）农村劳动力大规模跨区域转移（1992～2001 年）。1992 年，随着邓小平同志南方谈话和党的十四大的召开，我国改革开放的进程加快，城镇化步入全面推进阶段，农村劳动力的活力重新被激发。1993 年，劳动部印发《农村劳动力跨地区流动有序化——“城乡协调就业计划”第一期工程》，标志着我国农业转移人口政策由控制阶段进入引导有序流动阶段。1994 年，国家取消户口以商品粮为标准划分为农业和非农业户口的“二元结构”，而按照居住地和职业划分为农业和非农业人口，建立以常住户口、暂住户口、寄住户口三种管理形式为基础的登记制度，并逐步实现证件化管理（谢志强、姜典航，2011）。一系列人口城镇化管理文件的发布，在一定程度上推动了农村剩余劳动力在城乡间与地区间有序流动（黄露霜、郭凌，2016）。

（6）农业转移人口市民化阶段（2002～2012 年）。2002 年，党的十六大明确提出，统筹城乡发展，逐渐取消对农业转移人口进城务工和就业的不合理限制，此时，我国农业转移人口才开始了真正意义上的市民化过程。事实上，为保障农业转移人口就业居住的合法权益，党中央、国务院从 21 世纪初开始，就相继出台了若干政策文件，支持、鼓励农业转移人口在城市就业生活，保护其合法权益，这奠定了农业转移人口市民化的政策基础。2003 年，党的十六届三中全会提出了“以人为本”，2007 年，党的十七大提出了“科学发展观”，要建立以工促农、以城带乡长效机制，形成城乡经济社会发展一体化新格局。

（7）农业转移人口市民化新阶段（2013 年以后）。2013 年中央一号文件明确指出：要有序推进农业转移人口市民化，加强农民工职业培训、社会保障、权益保护，推动农民工平等享有劳动报酬、子女教育、公共卫生、住房租购、文化服务等基本权益。2014 年中央一号文件再次强调：要促进有能力在城镇合法稳定就业和生活的常住人口有序实现市民化。2015 年中央一号文件指出：推动新型工业化、信息化、城镇化和农业现代化同步发展。2016 年中央一号文件又一次强调：进一步推进户籍制度改革，落实 1 亿左右农民工和其他常住人口在城镇定居落户的目标，保障进城落户农民工与城镇居民有同等权利和义务。2016 年 7 月，国务院印发了《关于实施支持农业转移人口市民化若干财政政策的通知》，破解了农民工市民化的资金难题，让农业转移人口享受同城市居民完全平等的公共服务和市民权利。2018 年中央一号文件再次强调指出：促进农村劳动力转移就业和农民增收；促进农民工多渠道转移就业，提高就业质量；深化户籍制度改革，促进有条件、有意愿、在城镇有稳定就业和住所的农业转移人口在城镇有序落户，依法平等享受城镇公共服务。2019 年 12 月，中共中央办公厅、国务院办公厅印发了《关于促进劳动力和人才社会性流动体制机制改革的意见》，以户籍制度和公共服务牵引区域流动。全面取消城区常住人口 300 万以下的城市落户限制，全面放宽城区常住人口 300 万至 500 万的大城市落户条件。完善城区常住人口 500 万以上的超大特大城市积分落户政策，精简积分项目。推进基本公共服务均等化，常住人口享有与户籍人口同等的生育教育、就业创业、社会保险、医疗卫生、住房保障等基本公共服务。

从以上政策梳理来看，党和政府一直十分重视农业转移人口市民化问题，可以认为相关政策体系还是非常充分和完备的，出台了从就业收入、居住住房、医疗保险、基础教育、公共服务，到农民权益保护、财力保障、城市发展等多个方面的具有可操作性的办法措施。

三　农业转移人口市民化的顶层设计机制

推进农业转移人口市民化是一项系统工程和政策性极强的工作，其内容不是由学科界限所决定的，而是由所处的时代及其环境与问题的特征所决定的。市民化既要注重制度设计和政策制定，又要兼顾农业转移人口个人、家庭和区域的差异，统筹考虑，多管齐下。因此，迫切需要国家层面加强顶层制度设计，制定一整套的推进农业转移人口市民化的政策体系。而且，顶层制度设计不能视野狭隘，而要博采各种研究方法和学科之长。

（一）顶层设计机制的主体

设计机制的最高层，即中央政府。顶层设计涉及由中央政府出发进行的、自上而下的系统化设计，既要解决好中央政府、地方政府、各利益团体与人民群众的关系问题，又要解决好政府与市场、国内与国外的关系问题。顶层设计就是强调这一切工作都是由最高层的中央政府开始的系统工程，而非“头疼医头，脚疼医脚”的零敲碎打（石国亮、刘晶，2011）。政府要注意发挥宏观调控、政策引领作用，实现有效干预。国务院已成立农民工工作领导小组，办公室设在人力资源和社会保障部。县级以上地方人民政府也要成立农民工工作领导小组，加强统筹协调和工作指导。各级人民政府要把农民工工作列入经济社会发展总体规划和政府目标考核内容，建立健全考核评估机制，落实相关责任。

（二）顶层设计机制的客体

顶层设计机制的客体是一切工作的总体性、根本性、长期性依据，是从最高层次进行的全面设计，立足长远，不同于某个地区、某级政府或是自下而上式的改革思路。它强调的是最关键、最根本、最基础、最重要的制度性变革，是其他改革工作的指导和前提（石国亮、刘晶，2011）。农业转移人口顶层设计机制的客体主要包括法律法规和政策措施两个主要部分。

法律法规，是指中华人民共和国现行有效的法律、行政法规、司法解释、地方法规、地方规章、部门规章及其他规范性文件以及对于这些法律法规的不时修改和补充。其中，法律有广义、狭义两种理解。广义上讲，法律泛指一切规范性文件；狭义上讲，仅指全国人大及其常委会制定的规范性文件。在与法规等一起谈时，法律是指狭义上的法律。法规则主要指行政法规、地方性法规、民族自治法规及经济特区法规等。

政策措施，是指国家政权机关、政党组织和其他社会政治集团为了实现自己所代表的阶级、阶层的利益与意志，以权威形式标准化地规定在一定的历史时期内，应该达到的奋斗目标、遵循的行动原则、完成的明确任务、实行的工作方式、采取的一般步骤和具体措施。

（三）顶层设计机制的主要内容

强化顶层设计、系统设计，整体谋划发展战略规划机制，立法法治机制，成本分担机制和自愿、分类、有序推进机制，建立谋划、决策、执行、治理、监管之间上下衔接、相互配套、系统完备、形成闭环的机制体系，打造战略引导力、统筹整合力、治理服务能力和执行创造力“四个力”的能力体系。

1. 战略规划机制

英国军事理论家利德尔·哈特提出“大战略”（Grand Strategy）这一概念（Hart，1967）。推进农业转移人口市民化，也需要“大战略”，即用总揽全局的战略眼光，着眼未来，从宏观上考虑问题，综合政治、经济、社会、人口、文化、信息、技术等力量，规划市民化的大方向、总目标及其主要步骤、重大措施等，实现农业转移人口的安居乐业、身心健康、社会融合。像邓小平所说的基本路线一百年不动摇一样，市民化的“大战略”也要规划到五十年、一百年。

首先，要坚持以农业转移人口的合法权益为根本出发点。农业转移人口是推动我国经济社会发展的重要力量，实现好、维护好、发展好农业转移人口的利益是我们发展的根本目的之一。坚持以人民为中心的发展思想，把增加农业转移人口福祉、促进农业转移人口的全面发展作为战略规划机制的出发点和落脚点。以人的城镇化为核心，合理引导人口流动，保障农业转移人口的平等发展权利，帮助农业转移人口解决最关心、最直接、最现实的利益问题，使包括农业转移人口在内的全体居民共享现代化建设成果。

其次，要坚持总揽全局，充分调动各方力量共同推进农业转移人口市民化。在人类社会中，一切事物都存在千丝万缕的联系，共同组成了多层次复杂系统，在经济社会系统中，各方力量相互联系，彼此协调，形成了具有一定结构、层次、功能的开放性系统体系。统筹中央和地方形成合力，中央政府负责制定法律法规、制度原则、组织结构、战略布局，加强指导、监督和评估；地方政府凝聚各方共识，遵守规则、令行禁止、不骄不躁、积极稳妥、因地制宜、循序渐进抓好贯彻落实。统筹政府和市场两种力量形成合力，政府在农业转移人口市民化进程中起主导和核心作用，制定总体规划、发展原则、前进方向，提供基本公共服务，营造制度政策环境；市场在农业转移人口市民化进程中起主体和决定作用，充分发挥自主性、平等性、竞争性、开放性、有序性的优势，合理高效配置市民化资源。统筹国内和国外两种力量形成合力，农业转移人口市民化的主导力量来自国内，需要政府、市场、社会、个体等多元主体的共同努力；但也不能忽视国外力量，一方面，国外发达国家人口迁移流动的经验教训能为我们的市民化提供有益的借鉴；另一方面，外资企业、国外资金等也是农业转移人口市民化的重要推进力量。

最后，要坚持长远战略布局，摒弃短期利益，放眼未来。市民化是一个渐进复杂的过程，不能一蹴而就，也不只是简单地改变转移人口的户籍，一改了之。户籍不是市民化的唯一标志。有了户籍，不能享有公共服务，不是市民化；没有户籍，能享有城市基本公共服务，也是市民化（辜胜阻等，2014）。顶层设计实际上是一门综合性、交叉性、应用性极强的政策科学。制定政策依据的是所获取的过去和现在的有关行为和结果的参数和变量，但政策又是发生效用于未来的。顶层设计政策的长远机制可以说是对未来行为所做的一种设想，是在事情发生之前的一种预先分析与选择，所以，制定长远机制具有明显的预测性。而且，顶层设计的长远布局应遵循科学的规律，按照科学的原则和方法来进行。历史经验证明，正确的长远布局能带来经济社会的稳定与进步；相反，一项违背了科学原则的错误政策会对社会产生负面影响，甚至导致灾难性的后果。

2. 立法法治机制

依法治国是党领导人民治理国家的基本方略，依法推进农业转移人口市民化进程也是对我们的根本要求。国外经验也表明，无论是发达的欧美国家还是不发达的亚非国家，均依法进行迁移流动人口的经济社会保障。在欧洲，国家迁移流动立法具有 100 多年历史，经过不断的补充和调整已经形成完整的法律体系。完善的社会保障法律是农业转移人口市民化的坚强后盾，国家、企业和个人责任明确，各个环节有法可依、有章可循。因此，加快迁移流动立法，建立健全农业转移人口依法保障制度，修订完善有关法律法规，建立全国统一的、可规范操作的、符合转移人口特点的立法制度，增加保障农业转移人口权益的实质性内容，完善法规，强化法制维护，是从根本上解决农业转移人口权益保护问题的关键。以《宪法》《民法典》《刑法》《经济法》《劳动法》等法律法规为根本依据，保障农业转移人口基本的人身权、财产权、劳动权、家庭权，维护农业转移人口的一切合法权益。

3. 成本分担机制

目前造成农业转移人口基本公共服务权益缺失的原因是多方面的，其中财政资金保障机制不健全是导致农业转移人口基本公共服务权益缺失的重要因素。农业转移人口医疗保障范围的扩大、子女教育的普及等，都需要资金支持。虽然近年来国家对农业转移人口基本公共服务问题逐步重视，中央财政对农业转移人口的有关投入逐年增多，但总体来看，中央财政对农业转移人口的投入不足。主要原因如下。第一，中央政府将农业转移人口基本公共服务均等化的事权下移到了地方政府。第二，农业转移人口的流入地往往是发达地区，农业转移人口基本公共服务均等化的有关财政支出也发生在发达地区，而作为流入地的发达地区比作为流出地的不发达地区财力更加充裕，因此中央没有向作为流入地的发达地区投入充裕的实现农业转移人口基本公共服务均等化的财政资金。第三，在目前我国的城乡分治和地区分治的户籍制度和财政税收制度下，地方政府对农业转移人口的承接和吸纳缺乏内在的动力机制。同时，由于没有上位规划的指导和具体项目的带动，各地对农业转移人口服务和管理的经费投入很难足额纳入正常的财政预算支出范围。

因此，要改革现行财政体制，充分考虑人口城镇化因素，完善与公共服务均等化相配套的政府财政制度政策，实行市民化成本政府、企业和个人分担，建立财政转移支付同农业转移人口市民化挂钩机制。中央和地方财政部门要按照推进基本公共服务均等化的要求，统筹考虑农业转移人口培训就业、社会保障、公共卫生、随迁子女教育、住房保障、公共文化等基本公共服务的资金需求，加大投入力度，为农业转移人口平等享受基本公共服务提供经费保障。农业转移人口基本公共服务是具有全国性属性的“纯公共产品”，其事权应主要由中央承担，而经费主要由地方承担。由于目前中央对地方财政转移支付制度缺乏均等化的因素，应加大中央和省级财政对农业转移人口基本公共服务均等化的转移支付力度，通过完善转移支付制度，调整优化转移支付结构以改善农业转移人口基本公共服务。在明确划分中央和地方政府间农业转移人口基本公共服务事权的基础上，明确中央和地方各级财政为农业转移人口提供不同类型公共服务的责任和作用，通过纵向、横向的财政转移支付，将农业转移人口基本公共服务经费纳入财政预算范围予以保障。在纵向上，中央和地方政府应当在公共服务均等化上建立与事权相匹配的财权，建立起合理的纵向财政转移支付制度；在横向上，完善区域财政投入的均衡机制，通过转移支付、对口援建等方式促进公共服务在区域间的均等化。对于一些较为落后、社会保障力度不足的地区，国家财政适当予以倾斜。通过中央和地方的共同投入，为实施农业转移人口基本公共服务均等化提供资金保障。深化政府和社会资本合作。进一步放宽准入条件，健全价格调整机制和政府补贴、监管机制，广泛吸引社会资本参与城市基础设施和市政公用设施建设和运营。

4. 自愿、分类、有序推进机制

农业转移人口是一个规模庞大、异质性很强的群体，特别是在北京、上海、广州、深圳等超大城市里面，农业转移人口内部更是阶层分明、千差万别。因此，农业转移人口市民化的推进不可能简单采取“一刀切”措施，要从农业转移人口的综合状况、现实特征

和心理意愿等方面全盘考量，对不同层次的农业转移人口采取不同的、差序的市民化推进措施，自愿、分类、有序提高农业转移人口市民化程度。

坚持底线公平、机会均等、量力而行，全面覆盖农业转移人口，根据不同阶段制定相应的工作标准，实现梯度推进，逐步缩小与户籍人口的基本公共服务差距。把满足农业转移人口的新期待、保障农业转移人口共享社会发展成果、推进农业转移人口社会融合，作为实施农业转移人口基本公共服务均等化的出发点和落脚点。从现实角度出发，按照自愿、分类、有序的要求，因地制宜、存量优先，尽力而为、量力而行，重点促进长期在城镇居住、有相对稳定工作的农业转移人口有序融入城镇，循序渐进地推进农业转移人口市民化。可以根据农业转移人口的性别、年龄、受教育程度、职业特征、单位类型、就业身份、流动范围、流入时间、现居住地等特征，对农业转移人口的生产生活情况、生存发展状况进行统一标准的评估和划分，在此基础上采取自愿、分类、有序的推进措施。其一，意愿融入群体。针对 80 后、90 后青壮年，受教育程度较高、正规就业、经济收入较高、有固定住所、有社会保障、在流入地生活时间较长、有较强社会融入意愿的这部分农业转移人口，流入地社会应在就业、住房、社保、教育、医疗等基本公共服务方面把他们作为户籍人口给予同等待遇，满足他们长期居住、迁入户口、将来养老的各种需求。其二，意愿徘徊群体。人力资本较少、受教育程度中等、职业类型一般、经济社会状况“凑合”的群体，他们在“落叶归根”还是“落地生根”这方面具有不确定性和不稳定性。针对这些融入居留意愿徘徊、未来预期不确定的群体，流入地社会应在基本公共服务等方面给予他们更优厚的待遇，吸引他们使其更愿意留在城市居住和生活。其三，意愿返乡群体。年龄较大、受教育程度较低、流入时间较短、没有稳定的就业单位、职业声望较低、经济收入很少、缺少稳定的居住场所、没有参加流入地社会保障的农业转移人口，他们社会融入意愿很弱，返乡意愿很强。针对这些返乡意愿强烈的转移群体，一方面，城市社会要为他们做好服务与管理工作，提供基本的公共服务，保障他们的生存发展权利；另一方面，也要在工资发放、子女教育、住房安全、土地权益等方面给予更加公平的发展权利，为他们返乡发展创造良好的条件。

（四）顶层设计机制的效果评估

顶层设计机制最需要效果评估和过程监督的环节。一套好的顶层设计机制，除了稳定规范的推进内容和及时有效的政策执行以外，还需要对机制实施过程中的效果进行监督、评估、调整，以确定政策执行后的价值，并及时反馈。要想全面、正确地检验一个机制的执行效果，包括在机制调适对象范围内外产生的正、负影响，必然要进行系统、全面的评估。推进机制的执行效果作为一种客观状态，要想转变为人们主观范畴的正确认识，必然要对执行情况进行科学评估。没有效果评估过程，便不能形成人们对顶层设计机制的正确认识。绩效评估是检验顶层设计机制优劣、考察政策执行过程的必要手段。顶层设计机制的效果好坏，取决于推进机制的优劣和行政执行系统的工作过程。因此，绩效评估在检验推进机制效果的同时，必然要同时检验政策方案和行政执行过程。

加强对农业转移人口市民化顶层设计机制的监督检查。政府相关部门、监督检查机构、第三方组织、其他社会组织与个人都要加强对农业转移人口市民化政策的跟踪调查和动态监测，确保各项政策举措得到真正的实施。例如，国务院农民工工作领导小组每年要针对重点工作和突出问题进行督察，及时向国务院报告农民工工作情况，积极稳妥地将国家出台的和地方制定的基本公共服务项目全面覆盖到农业转移人口。此外，要对现有与农业转移人口市民化有关的经济社会各项政策开展效果评估。设立评估机构，挑选评估人员，确定评估对象，制订评估方案，阐述评估目的，建立评估标准，选择评估方法，落实评估条件。分解并下达评估任务，做好人、财、物方面的资源配置，建立和健全有效的管理措施。利用多种调查手段，全面收集相关信息，并在此基础上进行必要的加工整理。运用合适的评估技术和方法，对市民化顶层设计机制做出公正合理的评价。

评估顶层设计机制的实行效果，主要包括以下几个方面。首先，评估顶层设计机制预定目标的完成程度。预定目标是顶层设计机制的初衷和初心，它们的完成程度是检验推进机制是否起到应有效果的最为显著指标。其次，评估农业转移人口市民化顶层设计机制对经济社会环境的影响程度。顶层设计机制的执行，会对经济发展、社会转型、环境保护等外部因素产生显著或隐藏的影响，必须通过专业的分析方法检测其作用大小和作用方向。再次，评估顶层设计机制推行的成本与收益。推行机制花费几何、直接成本是多少、间接成本是多少、直接效益是什么、间接效益是什么、成本与效益的比率是多少等问题是评价市民化效果的最为有效因素。最后，评估顶层设计机制实行的非预期影响。农业转移人口市民化政策的执行除了带来可以预期的影响以外，还常常带来不能预期的一些影响，这也需要重点监督和评估。

第五章
农业转移人口就业能力提升机制

天行健，君子以自强不息；地势坤，君子以厚德载物。

——《周易》

一方面，农业转移人口是宝贵的劳动力和人才资源，是工业化、城镇化、现代化建设的最重要力量，是实施制造强国战略的核心因素。然而，当前农民工群体普遍存在受教育程度较低、缺乏职业资格、动手能力不强、专业技术不精、创新能力不足、心理素质较差等问题（薛峰，2019），使得农业转移人口很难进入城市正规劳动力市场，而大量聚集于次级劳动力市场，一般从事脏、累、苦、差、重、险的工作（王桂新、罗恩立，2007；甘满堂，2001），其所在岗位工资低、工作条件差、工作不稳定、晋升机会少（曹永福等，2013）。

另一方面，2015 年 5 月 19 日，国务院正式印发《中国制造业发展纲要（2015—2025）》，部署全面推进实施制造强国战略。这是我国实施制造强国战略第一个十年的行动纲领，被誉为“中国版工业 4. 0 规划”。制造强国战略对制造工人的生产技术水平和职业综合素质提出了更高的要求。但是，“好钳工比博士还难找”，“月薪 8000 元难聘数控技工”，“年薪 10 万元招不到模具技工”等已成为制造行业的整体困扰问题。“我们可以引进外资，可以引进先进技术，甚至

可以移植先进的管理模式，但我们不能引入大批的技术工人，技术工人队伍还要靠我们自己培养。”（陈志光，2016b）

本章基于农业转移人口职业发展的问题和特征，借鉴国际、国内成功经验，研究如何尽快提高农业转移人口的职业技能水平，探讨多元制造技能提升模式，力求形成有序的、多层次的、立体架构的职业技能提升体系，促进我国先进制造业国际竞争力的提高和制造强国战略的加快实施。

一　市民化推进机制的发力之源：人力资本理论

人力资本理论创立60多年来，其缜密的理论、翔实的方法、新颖的视角在学术研究中得到了广泛应用，推动了诸多领域的发展（赖德胜、苏丽锋，2020）。最早的人力资本思想可以追溯到古希腊思想家柏拉图，柏拉图在著名的《理想国》中论述了教育和训练的经济价值（宁先圣，2006）。第一次正式提出“人力资本”这个概念的，是美国经济学家沃尔什，他于1935年出版了《人力资本观》（张丹，2016）。但真正形成比较完善的人力资本理论是在20世纪60年代，代表人物是舒尔茨（Theodore W. Schultz）。舒尔茨被西方学术界誉为“人力资本之父”（杨明洪，2001），是公认的人力资本理论的提出者（杜育红，2020）。舒尔茨认为，个人收入的增长和个人收入差别缩小的根本原因是人们受教育水平的普遍提高，是人力资本投资。因为通过教育可以提高人的知识和技能水平，提高生产的能力，从而增加个人收入，使个人工资和薪金结构发生变化（王敏，2011）。舒尔茨指出，提升劳动者生产能力的活动包括五个方面：与劳动者健康相关的活动；公司的在职培训；正式的学校教育；成人学习项目；个人和家庭为工作机会而进行的迁徙（杜育红，

2020）。加里·贝克尔（Gary S. Becker）是另一位对人力资本理论做出里程碑式贡献的学者。他运用微观经济学的概念体系分析人力资本投资，构建了人力资本微观的行为分析体系，在微观层面将人力资本理论纳入了经济学的核心领域，对人力资本理论的后续研究产生了深远的影响（杜育红，2020）。后来，罗伯特·卢卡斯（Robert E. Lucas）、保罗·罗默（Paul M. Romer）以不同的方式把人力资本作为独立的生产要素纳入经济增长模型，进一步挖掘了人力资本的内涵、增长机制及其对经济增长的作用机制（杜育红，2020）。卢卡斯强调通过各种学校教育、培训及“干中学”的实践活动获得的专业化人力资本是促进经济增长的真正动力（罗光洁，2015）。詹姆斯·赫克曼（James Heckman）建立了从人的生命周期动态分析人力资本投资的理论框架，他认为，人力资本的生产是家庭、学校、公司共同作用的结果，不同的能力形成有不同的关键期，学前教育收益率最高，学校教育、在职培训依次递减。由此，他提出越早投资越有利，应该将人力资本投资更多地投向年轻人而不是年龄大的人（杜育红，2020）。

尽管从诞生之时起，人力资本理论就受到了许多不同理论的挑战，但是人力资本理论不断地得到充实、发展和完善，已经成为目前世界经济发展理论的核心要素。不论是经济学家还是政治家，不论是教育学家还是战略思想家，社会上的有识之士几乎一致认为人力资本是当今时代促进国民经济增长的主要动力。大力发展教育事业和培训工作，通过多种途径提升农业转移人口人力资本的数量和质量，已经成为世界各主要国家和世界银行等相关国际机构制定促进经济发展政策的重要理论基础（闵维方，2020）。

二　就业能力提升机制的国际经验

“他山之石，可以攻玉。”农业转移人口的就业能力提升是世界性的难题。美、英、德、日等西方发达国家历来重视农业转移人口就业能力的教育和培养，他们普遍关注包括分析思考能力、写作能力、阅读能力、理解能力、口头表达能力、调查研究能力、演讲能力、社交能力、自我管理能力、规划与组织能力、创新与创业能力、团队合作能力等在内的多维就业资本。

美国农业转移人口的教育培训已经有100多年的历史（王春林，2011），历来重视“通识”教育培养基本知识和基本技能，倡导培养具有广博坚实的通用知识（励骅、房利，2011）。1862年，美国就通过了《摩雷尔法》，规定了教学课程和培训科目面向包括农业转移人口在内的大众居民（王春林，2011）。从20世纪50年代起，美国政府制定了多种加速农业人口转移的计划和立法，对进行职业转型的农民工实行免费培训，使农民工职业转型培训进入了一个新的历史阶段（王春林，2011）。1963年颁布《职业教育法》，提出所有公民有平等接受高质量培训的权利；1964年制定《就业机会法》，规定了为农民和妇女提供训练和使其受教育的计划；1976年颁布《终身学习法》，提出不论年龄有多大，都必须有机会学习新的技能（王春林，2011）。2012年，美国国家科学技术委员会发布了《先进制造业国家战略计划》的研究报告，该报告突出强调了要为工人提供教育和培训，提高劳动力的职业素养（左世全，2012）。

德国1845年就颁布了《普鲁士手工业规章》，成立跨企业的实训来帮助员工学习基础知识和专业知识。1883年颁布《商条例》，1938年颁布《帝国学校义务教育法》，1969年颁布《职业教育法》，

1981 年制定《职业教育促进法》，并辅之以《培训者规格条例》《职业培训章程》《考试规则》等规章制度（王春林，2011），形成了“双元制”的就业能力提升体系。“双元制”是指企业和学校形成双元联合育人的职业教育模式，一元是职业学校，二元是企业等校外实训场所。其职业教育阶段的学习主要分为两个部分，70% 的时间是在企业接受实践和技能方面的教育，而仅有 30% 的时间是在职业学校学习与职业相关的专业知识，完成对企业学习的补充（董毅、顾莹，2019；袁洪志，2009）。“工业 4.0”是德国提高制造业竞争力的最新战略。在“工业 4.0”中，具有知识与技能的劳动者显得尤为重要，实际上成为“工业 4.0”战略取得成功的关键（丁纯、李君扬，2014）。

英国职业学校也讲究积极与各类企业、社区保持密切的合作，为学生提供实习实践、就业的机会，同时随时了解企业的动向和需求，相对应地培养学生的能力（唐银，2015）。英国数百所高校实行校企合作计划，学生可以到合作企业中实习，进而获得工作岗位。英国不少高校邀请企业高层管理人员参与学校的专业设置和课程开发，确保专业与课程适应社会的要求。同时，高校还请企业高管亲自授课、举办讲座，传授人际沟通、时间管理、工作技能等知识，提供与就业相关的实用技巧。许多高校的教师也与企业进行频繁的互动合作，教师参与企业的发展项目，参与经营活动，参加就业和创业培训，既能增加教师对社会和市场的了解，也能提高其就业和创业教育能力，更好地在学校为学生提供就业服务（唐银，2015；励骅、房利，2011）。

从明治维新时期起，日本出现了农民进城工作现象。日本政府特别重视农民工的教育培训，1958 年颁布《职业训练法》，推进公共职业训练和企业职业培训，强调校企协作关系；1985 年颁发的《职业能力开发促进法》及《职业能力开发促进法实施细则》，进一步强调职业训练长期化、广泛化和弹性化；1990 年制定《终身学习振兴法》，全力推展终身学习活动，提出职业教育是终身教育的办学理念（王春林，2011）。日本就业培训以“培养具有创造性的实践型技术人才”为教育目标，为日本社会培养了大批具有较强实践技能的就业人员（李战军，2010）。基于实践教育为主的专业素质教育、基于课外活动的身体心理素质教育、基于问题发现解决型训练和科技竞赛的创新素质教育、基于职业生涯教育和就业体验的就业能力素质教育等措施是日本就业能力提升能够取得成功的关键保障（李战军，2010）。

三 就业能力提升政策的历史进程

新中国成立伊始，全国经济基础极为薄弱。就业走到哪里，就业能力建设工作就跟到哪里。1950 年出台《救济失业工人暂行办法》，实行了转业训练等救济方案；1951 年出台《政务院关于改革学制的决定》，规定在初、中、高等教育阶段都设立补习和训练机构；之后，国家相继出台《技工学校暂行办法（草案）》《工人技术学校标准章程（草案）》等，确立了我国技工教育的基本制度（赵泽众，2019）。

1979 年，国家劳动总局颁布了《技工学校工作条例》和《关于进一步搞好技工培训工作的通知》，强调必须有计划地开办新的技工学校，培训包括农业转移人口在内的技术工人。1981 年，发布《关于加强职工教育工作的决定》《关于加强和改进学徒培训工作的意见》，1982 年发布《关于切实搞好青壮年职工文化、技术补课工作的联合通知》，1987 年发布《国家教育委员会关于改革和发展成人教育的决定》。1994 年《中华人民共和国劳动法》和 1996 年《中华人民共和国职业教育法》的颁布，标志着农业转移人口的职业培训事业进入依法治教的新阶段（王书柏、胡祎，2020），明确了政府机构、教育机构、企业和社会团体开展农业转移人口职业培训的义务和责任，为职业能力建设的深层次改革和发展提供了法律依据和保障（赵泽众，2019）。

2001 年，教育部发布了《关于中等职业学校面向农村进城务工人员开展职业教育与培训的通知》，要求中等职业学校简化程序、降低收费，重点面向农民工展开非农技能培训（王书柏、胡祎，2020）。2003 年，农业部等部门联合发布《2003—2010 年全国农民工培训规划》，出台了多项政策推动农民工培训工作，有效地提高了农民工在城市的就业能力，加快了农村富余劳动力向城市的转移进程（王书柏、胡祎，2020）。2008 年，国务院办公厅发布了《关于切实做好当前农民工工作的通知》，要求加大对农民工职业培训工作的投入，努力提高农民工技术技能水平，增强农民工就业和自主创业能力（王书柏、胡祎，2020）。教育部办公厅、教育部分别于 2008 年、2009 年发布了《关于中等职业学校面向返乡农民工开展职业培训工作的紧急通知》和《关于切实做好返乡农民工职业教育和培训等工作的通知》。2009 年，人力资源和社会保障部、财政部发布了《关于进一步规范农村劳动者转移就业技能培训工作的通知》，对中等职业学校等机构培训农民工的规模、形式、内容和补贴方式做出了安排（王书柏、胡祎，2020）。

2010 年，国务院发布《关于加强职业培训促进就业的意见》，要求构建面向全体劳动者的职业培训制度。2014 年，人力资源和社会保障部印发了《农民工职业技能提升计划——“春潮行动”实施方案》，2016 年，教育部和中华全国总工会印发了《农民工学历与能力提升行动计划——“求学圆梦行动”实施方案》等，这些计划极大地提高了农业转移人口的就业能力。2018 年，国务院发布《关于推行终身职业技能培训制度的意见》，提出在全国范围内推行终身职业培训制度。2019 年，国务院印发《国家职业教育改革实施方案》《职业技能提升行动方案（2019—2021 年）》。2019 年，人力资源和社会保障部印发《新生代农民工职业技能提升计划（2019—2022 年）》，提出到 2022 年末实现新生代农民工职业技能培训“普遍、普及、普惠”的目标（王书柏、胡祎，2020）。

四　就业能力提升机制的实证数据

理论一般是普遍的、抽象的，理论往往意味着特定的描述性或因果性假设。就一个研究问题来说，理论必须与已获得的证据一致。“理论不能忽视证据。就像试图颁布法规要求广告必须诚信一样，忽视证据的‘理论’不能被称为理论。”（Lieberson，1992；Woods and Walton，1982）。谋求理论的发展通常被视作研究的开始，而理论的发展来源于实践。社会科学理论是对研究问题的答案做出一种合理且准确的猜测，同时还要提供可以证明答案正确性的相关证据。本章在之前理论分析和理论假设的基础上，介绍检验上述假定的数据来源，解释变量的定义及其量化，并详细介绍所用的研究方法和分析模型。

需要指出的是，到目前为止，几乎没有任何一个数据包含完整、系统、全面、具有代表性、相容的有关农业转移人口市民化的数据。虽然与农业转移人口相关的调查数据并不少见，但现存的调查或访谈数据多是区域性的，样本量小，缺乏代表性，提供的信息不全面，数据之间也不相容，从而造成分析结果的相悖。要真正了解农业转移人口多方面的状况，必须有高质量、权威性、具有多层次特征的数据。当然，良好数据的缺失或不足并不意味着我们将一筹莫展、束手无策。通过对现存数据的分析，我们依然可以对农业转移人口某些方面的现状、特征及影响因素有一定的了解。基于这样的思路，本书采用三种不同来源的调查数据分析农业转移人口的现实状况，不同来源数据的不同刻画有助于从不同角度、不同侧面描述农业转移人口的特征，克服模型分析中的多重共线性、内生性带来的误差偏误，得到更为准确的结果，为推进机制的构建提供更为坚实的基础。

（一）资料与数据来源

1. 2017 年全国流动人口卫生计生动态监测调查

本书所用数据主要来自 2017 年国家卫生计生委流动人口司开展的全国流动人口卫生计生动态监测调查 A 卷内容。调查对象是在本地居住一个月及以上，非本区（县、市）户口的男性和女性流动人口。共包括农业转移人口有效问卷 110014 份。使用动态监测调查数据进行农业转移人口市民化的分析（包括就业特征的分析），具有以下优势。

其一，数据的典型性与代表性。以全国数据为基本抽样框，采取分层、多阶段、与规模成比例的 PPS 方法进行抽样。将 31 个省（区、市）和新疆生产建设兵团作为子总体，子总体内根据省会城市、计划单列市、重点城市或地区进行了分层。在计算全国指标时，需要根据各层的比例进行加权，各层内为自加权样本。将省会城市、计划单列市以及个别重点城市或地区作为必选层，其他城市作为一层。在每个层内按城市行政区划、乡（镇、街道）属性排序，进行内隐分层。在抽中的乡（镇、街道）内，按村（居）委会及流动人口的居住形态，即“分散居住”“集中居住”“工棚、临时住所居住”排序，进行内隐分层。将劳动年龄人口未婚比例、劳动年龄人口就业比例和未来居住本地比例三项调查指标的相对误差，在 95%

置信度条件下，控制在3%以内；各省（区、市）相关指标相对误差限控制在5%～15%。根据这一设计目标，2017年全国流动人口卫生计生动态监测调查样本量为17万人。

其二，数据的全面性和丰富性。如前文所言，农业转移人口市民化是一个多维度、多层面的复杂工程，包含经济整合、社会交往、主观意愿等众多方面，而2017年动态监测调查内容，很好地满足了这些要求。这次调查主要包括五项内容。第一，家庭成员情况。主要调查本人、配偶和子女以及与同住家庭成员的基本情况，包括：性别、出生年月、民族、受教育程度、户口性质、婚姻状况等。第二，就业情况。包括：是否做过有收入的工作、未工作的主要原因、最近是否找过工作、主要职业、在哪个行业工作、单位性质、就业身份、是否签订劳动合同等。第三，流动及居留意愿。主要包括：流动范围、现居住地、流动时间、流动原因、户籍所在地、和谁一起流动、总共流动过多少个城市、现住房类型、和谁来往最多、是否愿意迁入户口、是否愿意居留本地、居留本地的原因等。第四，健康与公共服务。主要包括：健康状况、是否建立居民健康档案、是否接受过健康教育、去哪里看病，是否有医疗保险等。第五，社会融合。主要包括：社会组织参与情况、社会行为、心理意愿等。

2. 2016年天津市农业转移人口调查

本书还使用天津社会科学院社会学研究所开展的“天津市农业转移人口调查”数据进行研究补充和建议完善。调查时间为2016年5～6月；调查对象为15～59岁的农业转移人口；调查范围涉及河西区、南开区、滨海新区、津南区等多个农业转移人口集中的区域。调查内容包括农业转移人口的个体特征、就业收入、住房居住、社会保障、子女教育、社会交往、心理意愿等多个方面的内容以及深度访谈资料。每个区域设置一个调查组，每组8名工作人员，包括1名执行督导、1名助理督导、2名拦截员、4名访问员。问卷经过整理、复核、编码、录入（双录纠错）等程序，共收集有效样本1028份。调查对象是“外省（区、市）农村户口，15～59岁，在天津市居住一个月以上”。调查地区：河西区（150人）、南开区（200人）、津南区（200人）、北辰区（150人）、滨海新区（300人）。性别比为男∶女是5∶5到6∶4。年龄：70前、70后、80后、90后分别为15%、30%、40%、15%。受教育程度：小学、初中、高中、大学分别为10%、60%、20%、5%～10%。辅助资料：拍一些生活环境、工作环境和被访者的照片；是否具有典型性和特殊性，如特别差、特别好等。如发现特别有意义、有代表性的人和事，可直接在问卷上做些记录。

3. 2019年中国社会状况综合调查

中国社会状况综合调查（Chinese Social Survey，CSS）是中国社会科学院社会学研究所于2005年发起的一项全国范围内的大型连续性抽样调查项目。CSS 2019的研究主题是“社会质量与社会阶层变迁”，调查内容涵盖家庭、就业、经济状况、生活状况、社会保障、社会价值观和社会评价、社会参与和政治参与、志愿服务等模块。在全国149个县/市/区的596个村/居共访问11000多个城乡家庭，回收有效问卷10283份，形成1160万个数据项。本书选择其中的农业转移人口样本，共计812份作为分析对象。

为了获得高质量的调查数据，CSS调查从多个层面保障调查的科学严谨。在抽样环节，CSS调查利用第五次全国人口普查和第六次全国人口普查分县/市/区资料设计抽样框；在调查点采用地图地址抽样方式以涵盖更多的流动人口。在执行管理环节，CSS调查依托全国各地高校和科研机构，建立了地方调查团队；开设了为期3～5天的督导员、访问员培训课程和多样的访问模拟训练；制定了“现场小组工作方法”；设计了调查管理的系列流程；配有高效的后勤支持。在质量监控环节，各调查点、省级、全国不同层面都会进行一定比例的问卷复核以确保问卷质量，全部问卷进行双次录入。此外，项目组会对数据信息做匿名化处理，以确保受访者不会因为参与调查而受到任何负面影响。

（二）数据分析方法

不论是定量研究还是定性研究，都同时包含描述性及解释性目标。一部分学者致力于描述世界，而另一部分学者则致力于解释世界。两种类型的研究都很重要：缺乏好的描述，研究者就无法建构出一个有意义的因果解释；如果与因果解释毫无关系，单纯的描述就会显得索然无味。描述通常在先，因为如果我们不清楚这个世界中哪些特征需要去解释，或者对这个世界一无所知的话，解释也就无从谈起了。当然，描述和解释是相互作用的：解释能够引导研究者观察世界的其他方面；同时，描述也会带来全新的因果解释。不管是描述还是解释，都需要遵从科学的推论规则。

1. 描述性分析

描述性分析方法是社会科学实证研究中最常用的方法。描述性分析是数据分析的第一步，也是必不可少的一步。它帮助研究者熟悉、认识和了解数据的基本特征、分布规律、趋势以及变量之间的相互关系，从而决定是否有必要对数据做进一步的处理和分析。因此，准确、全面地描述数据是实证分析的基础和前提。若不能清楚地描述数据，或对数据的描述存在偏差，则模型分析结果是值得怀疑的（杨菊华，2008b：18）。描述性工作既不是机械的也不是简单的，它需要研究者从近乎无限的事实中做出细致的挑选。科学的描述包含一些基础性特点。第一，描述包含推论。描述性工作的任务之一是从那些已经被观察到的事物中获取事实去推论那些没有被观察到的事物中的信息。第二，通过科学的描述区分观察事物中的系统性部分和非系统性部分。对于贬低纯粹描述工作的观点我们并不认同。即使研究的最终目标是因果探索的解释工作，描述在其中发挥的作用也是不可或缺的。不能用描述和解释来区分科学研究，真正区分的标准在于它们是否通过有效的程序得到系统性的推论。描述性分析主要包括单变量分析和相关分析两种方法。

（1）单变量分析。单变量分析描述变量的均值（和标准差）、比例（或百分比）等基本统计量。其结果将为我们提供农业转移人口多方面的特征。单变量分析的结果将告诉我们，各变量是否存在变异以及变异的程度。变异是数据分析的基础，模型分析的目的之一就是要找到变异的原因。如果数据缺乏变异或缺乏足够的变异，则数据的同质性太强而无法进行模型分析，也无须进行模型分析。

（2）相关（交互）分析。在描述了数据的基本特征后，我们就各影响因素与农业转移人口之间的关系进行一系列的相关分析。相关分析将为我们提供自变量与因变量之间是否存在关联和存在怎样关联的信息。自变量和因变量之间的关联性是进行多元分析的基础。如果交叉表的两个变量是独立的，则没有必要将其中的自变量置于模型中。然而，值得注意的是，这是一般原则，数据的情况往往比一般原则更为复杂。比如，当变量之间的关系是非线性的时候，二者之间可能出现相互独立的现象，但实际情况是，它们之间并不独立。因此，在对数据进行模型分析时，纳入什么变量需要在理论的指导下，视具体情况而定。换言之，即便变量之间似不显著相关，但若从理论来看，二者的确应该是相互关联的，则依旧需要将自变量置于数据分析中。①

2. 解释性分析

系统地收集事实当然是很重要的工作，离开它科学就无从谈起，但它并不是全部内容。不管是描述还是解释，定性还是定量，获得

① 由于篇幅原因，本书没有展示相关分析的结果。

推论才是那些高质量社会科学研究的最终目标。而获得推论的良好工具之一就是回归分析，回归分析是社会科学研究中最基本的工具。回归模型的选定依赖于研究目的和数据的特点，本章主要使用多元线性模型（Multiple Linear Model）。

设因变量为 y，n 个自变量分别为 x_1，x_2，x_3，…，x_n。描述因变量 y 如何依赖自变量和误差项而异的方程称为多元回归方程（Multiple Regression Model），写作：

$$y = \beta_0 + \beta_1 x_1 + \beta_2 x_2 + \beta_3 x_3 + \cdots + \beta_n x_n + \varepsilon$$

β_0，β_1，β_2，β_3，…，β_n 为模型的参数，ε 为误差项，x_1，x_2，x_3，…，x_n 是 n 个可以精确测量并可控制的自变量。该等式表达的意义是：y 是 x_1，x_2，x_3，…，x_n 的线性函数加上误差项 ε。误差项反映除了 x_1，x_2，x_3，…，x_n 对 y 的线性关系影响之外的随机因素对 y 的影响，是不能由 x_1，x_2，x_3，…，x_n 与 y 之间的线性关系所解释的变异性。参数估计 β_1 的数值表示，在其他自变量不变的情况下，自变量 x_1 一个单位的变动引起因变量 y 的平均变动单位。其他回归系数的含义类似（杨菊华，2008b：382）。

多元回归分析是应用广泛的多变量分析方法，其所采用的 OLS 在使用样本估计总体参数时，每个观察值到均值的离差（variance）最小，且有 BLUE（Best Linear and Unbiased Estimate）的特性——自变量与因变量呈线性关系；所有变量都得到正确衡量，没有系统误差；随机误差符合几个基本假定（杨菊花，2008b：402～403）。

如前所言，多元线性方程属理论方程，方程的成立必须满足一系列条件，包括：

（1）$E(\varepsilon_i) = 0$　（随机扰动项均值为零）；

（2）$Var(\varepsilon_i) = \sigma^2$　（同方差）；

（3）$Cov(x, \varepsilon_i) = 0$　（随机扰动项与解释变量 x 不相关）；

（4）随机扰动项服从正态分布；

(5) Cov (ε_i , ε_j) =0　　(随机扰动项无自相关);

(6) 自变量之间不高度相关(相关系数低于0.80)(无多重共线性)(杨菊华,2008b:403)。

然而,在实际问题中,一些基本假定往往不能满足,使OLS方法失去BLUE性质。一般情况下,随机扰动项均值等于0的假设条件基本能够得到满足,即便不满足也不会影响解释变量的系数,只会影响截距项。同样,随机扰动项正态分布假设通常也能够成立。即便不成立,在大样本的情况下也会近似成立。然而,自变量之间不相关的假定有时得不到满足,造成多重共线性现象:在纵向数据中,随机扰动项可能自相关,造成由序列自相关引起的多重共线性;在截面数据中,可能出现异方差,从而使分析结果产生偏差(杨菊华,2008b:403)。

多重共线性是指一些自变量或全部自变量高度相关(相关系数在0.80以上),即自变量之间有近似线性关系。不仅出现于线性回归分析中,也适用于非线性多元回归(杨菊华,2012:176)。多重共线性分为完全和不完全两种。若是前者,则会引起以下两种情形:(1) 参数估计值不确定;(2) 参数估计值的方差无限扩大。若是后者,就可能导致以下现象:(1) 虽然参数估计仍是无偏估计,但不稳定;(2) 参数估计的方差随共线性程度的增强而增大;(3) t 检验失效,区间估计失去意义(杨菊华,2012:176)。这是因为,存在多重共线性时,参数估计值的方差与标准差变大,t 统计量的拒绝域变小(临界值增大),使通过样本计算的 t 值小于临界值,从而使我们错误地做出参数为0的推断。若自变量之间的相关程度太大,在进行回归分析的过程中,一个因素对因变量的影响可能取代另一个因素的影响,或相互抵消各自对因变量的作用,使原本具有显著性的解释因素变得无显著性意义,从而将重要的解释变量排除在模型之外。存在严重多重共线性时,参数估计的符号与其预期意义相反，使分析结果难以解释，得出完全错误的结论。因此，估计参数时，必须检验基本假定是否满足，并针对基本假定不满足的情况，采取相应的补救措施或者新的方法。同时，在多元回归分析中，若对变量的条件不加任何考虑，盲目地将所有变量纳入模型中，往往得不到理想的结果，甚至导致错误的结论（杨菊华，2012：176～177）。

（三）变量的设置与操作化

变量是科学研究的基础和工具，只有使用明确的、可观察的变量作为语言，社会科学才能进行有效的经验研究（袁方，1997）。而变量必须被充分明确地加以定义和量化才使研究能够进行（默顿，2006）。本部分重点讨论使用的变量和它们的量化形式，变量主要分为因变量和自变量两类。一般来说，"因变量"（dependent variable）也被称作"结果变量"（outcome variable）；"自变量"（independent variable）常被称为"解释变量"（explanatory variable）。我们将解释变量进一步区分为"关键因果变量"（key causal variable）［也称作"原因"（cause）或"介入变量"（treatment variable）］和"控制变量"（control variable）（King et al.，2021）。

1. 因变量的设置及其分布

本书选择农业转移人口的月均收入水平作为衡量他们就业能力的因变量。表5－1的数据结果表明，不同来源的调查数据之间农业转移人口的月均收入水平存在较大的差异，2017年全国数据和2016年天津市数据都为4000元左右，但2019年中国社会状况综合调查数据为8600元左右。不同数据之间月均收入水平差距巨大主要有以下几个方面的原因。其一，调查问题的问法不同。2017年全国流动人口卫生计生动态监测调查提问的是"工资收入"，2016年天津市农业转移人口调查提问的是"平均收入"，2019年中国社会状况综合调查提问的是"多少收入"，提问的不同可能带来被访者不同角度的回答。其二，调查时间不同。最早的是 2016 年，最晚的是 2019 年，年份的不同可能带来收入水平的不同。其三，调查误差。由于数据来源的不同，问卷抽样的不同，可能存在系统误差和调查偏差。尽管不同数据来源之间存在调查结果的差异，但正是差异的存在，才更系统、全面、多样地反映了农业转移人口的现实状况。同时，由于不同数据之间是各自单独研究的，它们之间的差异不影响自身的独立分析。

表 5-1 因变量的基本分布

单位：元

数据来源	问卷问题	月均收入
2017 年全国流动人口卫生计生动态监测调查	您个人上个月工资收入/纯收入为多少元	4112
2016 年天津市农业转移人口调查	您每个月的平均收入是多少元	4038
2019 年中国社会状况综合调查	非农工作平均每月给您带来多少收入	8632

2. 自变量的设置及其分布

（1）自变量的设置。一方面取决于数据来源的支撑，另一方面取决于前文理论和文献研究的指引。

其一，个体特征，包括年龄和性别。很多研究表明，生命历程和年龄特征是影响农业转移人口市民化进程的显著因素（李培林、田丰，2011；叶鹏飞，2011；董延芳等，2011；刘传江，2010；侶传振、崔琳琳，2010；蔡禾、王进，2007）。由于所处生命阶段和所经历的经济社会背景不同，农业转移人口可能发生明显的需求差异和意愿差异。但也有研究认为，不管是从生存发展状况还是心理融入意愿等方面来看，在控制了其他因素以后，代际并不存在显著的差别（杨菊华，2010）。换言之，代际的差异是由其他因素引起的，并不是代际本身的差异。总之，代际差异是否显著存在还争论不休。

众所周知，女性农业转移人口在流入地的生存发展状况和社会融入程度都不如男性农业转移人口（Morrison and Lichter，1988；苏群、刘华，2003）。而且，迁移流动带来的不利因素会进一步减少她们的工作机会，降低她们的就业收入（Shauman and Noonan，2007），她们只能找到脏、累、险、重、差的工作，获取微薄的薪酬，甚至由于在流入地工作难度的增大而放弃工作。而且，由于女性农业转移人口更低水平的受教育程度，更狭窄的社会交往范围，特别是年龄较大人员，她们在进入城市以后，普遍存在语言交流不通、风俗习惯不同、落后自卑心理（顾栋、羌怡芳，2005），因此，她们的社会融入程度可能更低（Cooke and Speirs，2005）。

其二，人力资本特征。在人力资本理论的观点中，受教育程度是人力资本最为显性的因素之一，也是影响农业转移人口市民化程度的最有效的因素之一（田丰，2010）。农业转移人口所具有的人力资本、知识技能和受教育程度是他们就业能力的决定性因素之一，能够显著影响他们的就业机会、工资收入和社会交往状况（任远、陈春林，2010；邓曲恒，2007；赵延东、王奋宇，2002）。第一，人力资本越多，农业转移人口视野越开阔、收集信息能力越强，越能把握住好的就业机会；第二，人力资本越多，本身储备的知识和内容就越多，越能够为相关工作提供更高的劳动生产率和更好的技术服务。第三，人力资本多的农业转移人口往往领悟能力更强，接受新事物速度更快，更能适应流入地的法律法规和风俗习惯，也更能与老乡、同事、本地居民进行交流和交往，增强身份认同感和提高社会融入程度（李楠，2010；黄乾，2008；熊波、石人炳，2007）。

其三，家庭特征。众多研究表明，已婚人群的工资显著地高于单身人群，这一现象被称为婚姻溢价（marriage premium）现象。流入地家庭规模的大小对农业转移人口的市民化进程具有十分复杂的影响。一方面，家庭规模越大，家庭结构越完整，农业转移人口介入流入地生产生活的程度越高，就业、住房、消费、交往等方面缺一不可，对流入地社会的认同感就越高；另一方面，家庭规模越大，生活成本就越高，住房需求就越难以满足，社会交往也越容易集中在初级群体里面，反而容易形成区域隔离，阻碍农业转移人口的社会融入。因此，家庭规模的具体影响还有待实证数据的检验。

其四，就业特征。就业是民生之本，稳定之基，是其他一切工作的根基和前提。就业和提高收入也是农业转移人口千里迢迢、背井离乡到陌生城市奋斗的根本追求。因此，就业特征成为影响农业转移人口市民化进程的最为显著因素。职业是农业转移人口在城市生活的立身之本、养家之源，职业类型是农业转移人口市民化进程的显著影响因素。首先，职业类型是影响农业转移人口就业能力的基础因素，因为工作的类型不同，制造业、建筑业、服务业等行业的不同职业锻炼出了不同的就业能力，也就带来不同的工资收入。其次，职业类型是影响农业转移人口住房类型的决定因素，例如，管理技术人员往往收入较高，能够购买商品房；制造业工作人员、建筑业工作人员往往集中居住在厂房、工地等处；而商业、服务业人员更倾向于租房居住。最后，职业类型的不同会影响农业转移人口的社会融入和心理意愿，管理技术人员、商业/服务业人员等由于工作要求往往与本地居民交往更多，从而提高了社会融入程度；而制造业、建筑业等行业的就业人员往往集聚在初级群体内，与外界接触很少，阻碍了他们的社会融入（孟兆敏，2009；黄乾，2008；李春玲，2007）。

劳动力市场分割理论认为，不同单位性质之间产生显著的情况差异和状态分割。政府部门、事业单位、外资企业等单位中就业稳定、收入较高、条件优越、管理规范，有较多的培训、学习、出差等职业提升机会，对于能力培养具有重要的作用。而私营企业、个体工商户等单位工作不稳定、待遇收入低、管理不规范、居住条件差，缺乏职业能力培训和地位上升渠道（巨文辉，2005）。因此，农业转移人口的市民化进程因单位性质而发生明显差异，他们的居住类型、保险接续等各项市民化内容都发生改变，他们的社会交往对象、心理融入程度等都各不相同。

国内外许多相关研究的结果表明，农业转移人口市民化进程因他们的就业身份而发生显著的不同，特别是自雇者和受雇者之间的差异更是明显（李树茁等，2014）。有研究认为，农业转移人口的自雇用是他们无法进入正式劳动力市场的一种替代方案（王美艳，2005），他们自雇用的身份往往仅是小商贩、小买卖和小老板，在创业过程中面临很多的困难和困境，包括户籍限制、行政烦琐、经营困难、资金短缺等问题，他们的境遇并不一定好于受雇人员。当然，更多的学者认为，自雇用是更有能力的农业转移人口的就业选择，自雇者拥有更加向上的职业规划，更加自由的发展前途，社会交往范围更加广阔，收入水平更高，社会地位也更高（叶静怡、王琼，2013）。

其五，流动特征。区域是农业转移人口生存与发展的载体，也是他们经济社会生活的具体环境。十里不同音，百里不同俗，由于不同区域之间经济社会差异巨大，农业转移人口跨越不同的区域障碍，也要面临艰巨的再社会化问题，面临政治经济、地理历史、生产生活、文化风俗、人情世故等各个方面的巨大调整和重新适应。因此，流动范围是影响农业转移人口市民化状况的显著因素。特别是跨省转移人口，他们面临的环境变化可能比欧洲跨越不同国家的差异还大，所以他们在职业搜寻、寻求安居、保险接续、身份认同等方面都面临比省内转移人口更为巨大的困难，社会融入程度也就更低。

时间是良好的“除颤仪”和“润滑剂”，随着农业转移人口在流入地居留时间的不断延长，他们的生活状况发生明显的变化。第一，随着工作时间的增长，转移劳动力掌握了职业所需的劳动技能，通过培训和学习就业能力不断增强，劳动生产率越来越高，从而收入水平不断提高。第二，随着生活时间的变长，农业转移人口对流入地越来越熟悉，他们或租或买，更可能居住到合适的住房中，得到安居的效果。第三，随着生活时间的延长，农业转移人口将更多地符合社会保障的要求，满足其工作年限、居住年限、纳税年限，而且流入时间越长，其对社会保障的需求也越强烈，需要享受医疗、养老等待遇，因此，流入时间越长，社会保障的参保率也将越高。第四，随着流入时间的延长，农业转移人口的交际范围不断扩大和深入，由最初的以血缘、亲缘、地缘为主的初级群体逐渐向友缘、业缘等次级群体转变，他们对当地的生活方式、风俗习惯越来越适应，价值观念、言行举止都逐渐发生改变，社会融入意愿越来越强烈。

流入地区宏观经济社会背景的差异是农业转移人口市民化差异的根源之一。城市等级不同，农业转移人口面临的环境截然不同。像北京、上海、广州、深圳等超大城市，以及杭州、青岛、苏州、南京等一线城市，尽管公共资源更为丰富、基础设施更为健全，就业机会多、工资收入高，但买房租房压力也大，社会保障转移接续更为困难，相对地，农业转移人口的身份认同程度反而不高；而中西部的一些中小城市，公共资源较少，就业相对困难、收入较低，但买房压力小，社会互动多，身份认同程度可能还较高（蔡秀云等，2012；杨昕，2008；吴业苗，2012；韩福国，2016；郑秉文，2008；陈云松、张翼，2015）。

（2）自变量的分类。

年龄：根据问卷问题“出生年月”设置，选项调整为“15～29岁、30～39岁、40～49岁、50岁及以上”几个类别。

性别：根据问卷问题“性别”设置，选项包括“1 男性，2 女性”两个类别。

受教育程度：根据问卷问题“受教育程度”设置，选项调整为“1 小学及以下，2 初中，3 高中/中专，4 大学专科，5 大学本科及以上”五个类别。

职业证书：根据问卷问题“有无职业技术职称”设置，2016 年天津市调查数据包括“1 没有，2 有”两个选项；2019 年中国社会状况综合调查数据包括“1 不适用，2 没有，以后可能评定，3 技术等级，4 专业职称”等选项。

技术水平：根据问卷问题“您工作的技术水平怎么样?”设置，包括“1 很高，2 较高，3 较低，4 很低”等选项。

婚姻状况：根据问卷问题“婚姻状况”设置，选项调整为“1 未婚，2 已婚等”两个类别。

家庭规模：根据问卷问题“与您在本户同住的家庭其他成员共有几口人?”设置，选项调整为“1 人，2 人，3 人，4 人、5 人及以上”等类别；三个数据来源的选项稍有不同。

职业类型：根据问卷问题“您现在的主要职业是什么?”设置。2017 年全国调查选项调整为“1 负责技术办事人员；2 经商、商贩；3 餐饮；4 家政、保洁、保安、装修、快递；5 其他商业、服务业人员；6 生产、建筑、运输等；7 其他职业”。2016 年天津市调查和 2019 年中国社会状况综合调查的选项包括“负责技术办事人员，商业、服务业人员，生产、建筑、运输等人员”。

单位性质：根据问卷问题“您现在就业的单位性质属于哪一类?”设置。选项包括“1 机关事业单位；2 国有、集体、外资企业；3 私营企业；4 个体工商户；其他”。

就业身份：根据问卷问题“您现在的就业身份属于哪一种?”设置，选项包括“1 雇员，2 自营劳动者，3 雇主”。

流动范围：根据问卷问题“本次流动范围”设置，选项包括“跨省流动，省内跨市，市内跨县”。

流入时间：根据问卷问题“本次流动时间”设置。选项调整为“1 年及以内，2 ~ 3 年，4 ~ 5 年，6 ~ 10 年，10 年以上”五个类别。

（3）自变量的数据分布。从自变量的基本情况来看（见表 5 – 2），农业转移人口的年龄分布主要集中在 15 ~ 39 岁，占比在 60% 左右；2019 年数据和 2017 年、2016 年数据之间存在较大的差距，2019 年数据中 50 岁及以上农业转移人口占比在 20% 以上。从三个数据来源的性别分布来看，农业转移人口基本能够做到性别平衡，男女比例在 44% : 56% 到 58% : 42% 之间。从受教育程度来看，农业转移人口以初中文化程度为主，次之的为高中/中专文化程度；三种数据来源的分析结果都表明，农业转移人口也有一部分受教育程度较高的人员，大学专科及以上文化程度的在 10% 以上。2016 年数据和 2019 年数据一致反映出，农业转移人口有职业技术资格的比例仅在 17% 左右，剩余八成左右农业转移人口并无任何职业技术资格。从农业转移人口的实际技术水平来看，两个调查数据之间存在显著差异，2016 年数据很高、较高、较低、很低的比例分别为 17.2%、44.8%、33.2%、4.9%；而 2019 年数据分别为 6.7%、16.8%、41.0%、35.6%。从婚姻状况来看，农业转移人口在婚的有 80% 左右，未婚的有 20% 左右。家庭规模以 3 人家庭和 4 人家庭为主。从职业类型来看，以商业、服务业人员为主，占比在 50% 左右；次之的是生产、建筑、运输等人员，占比不到 30%。从单位性质来看，以私营企业和个体工商户为主，两者占比在 70% 左右。从就业身份来看，农业转移人口以雇员为主，自营劳动者次之，雇主最少。从流动范围来看，以跨省流动为主，次之的是省内跨市，最少的是市内跨县。从流入时间来看，农业转移人口在流入地长时间居住的比例较高，有 20% 以上的农业转移人口在流入地居住时间超过 10 年。

表 5－2　自变量的基本分布

单位：%

2017 年全国流动人口卫生计生动态监测调查		2016 年天津市农业转移人口调查		2019 年中国社会状况综合调查	
分类	比例	分类	比例	分类	比例
个体特征		**个体特征**		**个体特征**	
年龄		年龄		年龄	
15～29 岁	33.9	15～29 岁	32.1	15～29 岁	29.2
30～39 岁	32.0	30～39 岁	37.7	30～39 岁	28.6
40～49 岁	25.2	40～49 岁	25.5	40～49 岁	20.7
50 岁及以上	9.0	50 岁及以上	4.8	50 岁及以上	21.6
性别		性别		性别	
男性	57.5	男性	58.0	男性	44.2
女性	42.5	女性	42.0	女性	55.8
人力资本特征		**人力资本特征**		**人力资本特征**	
受教育程度		受教育程度		受教育程度	
小学及以下	18.3	小学及以下	4.9	小学及以下	25.7
初中	49.1	初中	45.8	初中	36.7
高中/中专	21.1	高中/中专	29.7	高中/中专	17.9
大学专科	8.0	大学专科	13.7	大学专科	10.1
大学本科及以上	3.6	大学本科及以上	5.9	大学本科及以上	9.6
		职业证书		职业证书	
		没有	83.0	不适用	57.5
		有	17.0	没有，以后可能评定	25.5
				技术等级	7.6
				专业职称	9.3
		技术水平		技术水平	
		很高	17.2	很高	6.7
		较高	44.8	较高	16.8
		较低	33.2	较低	41.0
		很低	4.9	很低	35.6
家庭特征		**家庭特征**		**家庭特征**	
婚姻状况		婚姻状况		婚姻状况	
未婚	16.4	未婚	26.8	未婚	19.0

续表

2017年全国流动人口卫生计生动态监测调查		2016年天津市农业转移人口调查		2019年中国社会状况综合调查	
分类	比例	分类	比例	分类	比例
已婚等	83.7	已婚等	73.2	已婚等	81.0
家庭规模		家庭规模		家庭规模	
1人	12.1	1人	27.7	1~2人	9.2
2人	12.8	2人及以上	72.3	3人	22.0
3人	35.0			4人	24.4
4人	30.3			5人	17.9
5人及以上	9.8			6人	14.4
				7人及以上	12.1
就业特征		**就业特征**		**就业特征**	
职业类型		职业类型		职业类型	
负责技术办事人员	8.1	负责技术办事人员	23.0	负责技术办事人员	21.7
经商、商贩	28.1	商业、服务业人员	47.8	商业、服务业人员	51.4
餐饮	10.2	生产、建筑、运输等人员	29.3	生产、建筑、运输等人员	26.9
家政、保洁、保安、装修、快递	8.6				
其他商业、服务业人员	14.4				
生产、建筑、运输等	23.2				
其他职业	7.4				
单位性质		单位性质		单位性质	
机关事业单位	1.8	机关事业单位	4.6	机关事业单位	4.4
国有、集体、外资企业	11.6	国有、集体、外资企业	27.4	国有、集体、外资企业	9.0
私营企业	27.1	私营企业	39.0	私营企业	38.7
个体工商户	43.4	个体工商户	29.0	个体工商户	29.5
其他	16.1			其他	18.5
就业身份		就业身份		就业身份	
雇员	58.3	雇员	77.9	雇员	64.8
自营劳动者	36.3	自营劳动者	17.4	自营劳动者	24.2
雇主	5.4	雇主	4.7	雇主	11.1

续表

2017 年全国流动人口卫生计生动态监测调查		2016 年天津市农业转移人口调查		2019 年中国社会状况综合调查	
分类	比例	分类	比例	分类	比例
流动特征		**流动特征**		**流动特征**	
流动范围		流动范围		流动范围	
市内跨县	16.7	跨省流动	100.0	省内跨县	58.7
省内跨市	31.1			跨省流动	41.3
跨省流动	52.3				
流入时间		流入时间		流入时间	
1 年及以内	17.2	1 年及以内	15.5	1 年及以内	21.3
2~3 年	22.3	2~3 年	19.5	2~3 年	14.8
4~5 年	15.4	4~5 年	12.6	4~5 年	9.0
6~10 年	23.9	6~10 年	25.9	6~10 年	20.6
10 年以上	21.1	10 年以上	26.5	10 年以上	34.3

（四）数据分析结果

新古典经济学中的人力资本理论认为，劳动力市场中就业过程与结果的差异，在很大程度上取决于劳动者自身人力资本的多寡。许多研究已经发现，正规教育和技能培训是农民工提高自身劳动素质、提升就业层次的关键要素（王超恩、符平，2013；展进涛、黄宏伟，2016；王建，2017）。本书的研究结果进一步验证了这些结论，农业转移人口的收入水平与受教育程度之间呈现正向的关系，也就是说，农业转移人口的就业能力随着受教育程度的提高而不断提升（邢春冰等，2013；王建，2017）。2016 年和 2019 年调查的人力资本特征数据表明，在控制了其他因素以后，有无职业证书并不显著影响农业转移人口的收入水平。但模型分析结果表明，农业转移人口的技术水平能够显著提高他们的收入水平，技术水平越高，收入水平越高（见表 5-3）。

从控制变量来看，个体的人口学特征对人们的收入水平往往会造成一定的影响（王胜今、许世存，2013）。本书收入水平模型结果也印证了这一观点，农业转移人口的收入水平因年龄不同而发生变化，30～39 岁、15～29 岁人群的收入水平最高。换言之，这些人群正是当前的青壮年劳动力，他们年富力强、精力充沛、富有经验，正是就业能力最强的时候。众多研究表明，由于生育子女、家庭负担和性别社会化等因素，女性往往就业能力较弱，处于劳动力市场的劣势地位（王胜今、许世存，2013），本书研究结果也进一步验证了同样的结论，从性别来看，女性收入水平比男性低。研究发现，从 2017 年农业转移人口的收入水平来看，在控制了其他因素以后，已婚等人群的收入水平显著高于未婚人群。从家庭规模的影响来看，1 人家庭的收入水平最高，5 人及以上家庭的收入水平最低。职业是群体身份客观且最易观察的标识。2017 年数据表明，农业转移人口中蓝领职业，例如，餐饮，家政、保洁、保安、装修、快递等人员的收入水平要明显较低。单位制对城市就业人口社会经济地位获得具有显著影响（吴晓刚、张卓妮，2014），从本书的研究数据来看，农业转移人口在国有、集体、外资企业和私营企业工作的收入水平明显要高。从就业身份来看，雇主的收入水平要显著高于雇员，自营劳动者的收入水平也高于雇员。2017 年全国调查数据表明，从流动范围来看，跨省流动的收入水平最高，次之的是省内跨市人口，最低的是市内跨县人口。从流入时间来看，刚流入 1 年及以内的人群收入较低。

在模型的最后本书添加了遗漏变量的检验，以消除内生性问题的影响。检验结果表明，2017 年数据没有添加“职业证书”和“技术水平”两个变量，是没有通过遗漏变量检验的；而 2016 年和 2019 年数据添加了这两个变量，通过遗漏变量检验。换言之，2016 年和 2019 年模型分析不存在遗漏变量问题，内生性误差得到部分克服。

从表 5－4 农业转移人口收入水平线性模型的多重共线性检测结果来看，三个模型平均 VIF 结果都在 10 以下，不存在明显的多重共线性问题。

表 5－3　农业转移人口收入水平的线性模型分析结果

2017 年全国流动人口卫生计生动态监测调查数据				2016 年天津市农业转移人口调查数据				2019 年中国社会状况综合调查数据			
	系数	标准误	P > z		系数	标准误	P > z		系数	标准误	P > z
主要自变量				**主要自变量**				**主要自变量**			
人力资本特征				**人力资本特征**				**人力资本特征**			
受教育程度				受教育程度				受教育程度			
小学及以下（参照组）				小学及以下（参照组）				小学及以下（参照组）			
初中	0.12	0.00	0.000	初中	0.02	0.07	0.745	初中	0.04	0.11	0.746
高中/中专	0.21	0.01	0.000	高中/中专	0.05	0.08	0.471	高中/中专	0.17	0.14	0.221
大学专科	0.30	0.01	0.000	大学专科	0.11	0.08	0.193	大学专科	0.20	0.16	0.212
大学本科及以上	0.43	0.01	0.000	大学本科及以上	0.07	0.09	0.441	大学本科及以上	0.82	0.19	0.000
				职业证书				职业证书			
				没有（参照组）				不适用（参照组）			
				有	0.05	0.04	0.234	没有，以后可能评定	-0.04	0.09	0.654
								技术等级	0.27	0.15	0.071
								专业职称	0.05	0.15	0.724
				技术水平				技术水平			
				很低（参照组）				很低（参照组）			

续表

2017 年全国流动人口卫生计生动态监测调查数据				2016 年天津市农业转移人口调查数据				2019 年中国社会状况综合调查数据			
	系数	标准误	P > z		系数	标准误	P > z		系数	标准误	P > z
				较低	0.30	0.07	0.000	较低	0.35	0.09	0.000
				较高	0.37	0.07	0.000	较高	0.31	0.13	0.015
				很高	0.54	0.07	0.000	很高	0.47	0.17	0.007
控制变量				**控制变量**				**控制变量**			
个体特征				**个体特征**				**个体特征**			
年龄				年龄				年龄			
15～29 岁（参照组）				15～29 岁（参照组）				15～29 岁（参照组）			
30～39 岁	0.02	0.00	0.000	30～39 岁	0.09	0.04	0.032	30～39 岁	0.24	0.12	0.049
40～49 岁	-0.07	0.01	0.000	40～49 岁	0.06	0.05	0.199	40～49 岁	0.11	0.14	0.435
50 岁及以上	-0.25	0.01	0.000	50 岁及以上	-0.05	0.09	0.573	50 岁及以上	-0.17	0.16	0.270
性别				性别				性别			
男性（参照组）				男性（参照组）				男性（参照组）			
女性	-0.27	0.00	0.000	女性	-0.16	0.03	0.000	女性	-0.40	0.08	0.000
家庭特征				**家庭特征**				**家庭特征**			
婚姻状况				婚姻状况				婚姻状况			
未婚（参照组）				未婚（参照组）				未婚（参照组）			
已婚等	0.23	0.01	0.000	已婚等	0.01	0.04	0.742	已婚等	-0.09	0.13	0.503

续表

2017 年全国流动人口卫生计生动态监测调查数据				2016 年天津市农业转移人口调查数据				2019 年中国社会状况综合调查数据			
	系数	标准误	P > z		系数	标准误	P > z		系数	标准误	P > z
家庭规模				家庭规模				家庭规模			
1 人（参照组）				1 人（参照组）				1～2 人（参照组）			
2 人	-0.12	0.01	0.000	2 人及以上	-0.01	0.04	0.863	3 人	0.00	0.15	0.976
3 人	-0.11	0.01	0.000					4 人	-0.03	0.15	0.847
4 人	-0.11	0.01	0.000					5 人	0.04	0.15	0.794
5 人及以上	-0.14	0.01	0.000					6 人	-0.04	0.17	0.799
								7 人及以上	-0.10	0.17	0.551
就业特征				**就业特征**				**就业特征**			
职业类型				职业类型				职业类型			
负责技术办事人员（参照组）				负责技术办事人员（参照组）				负责技术办事人员（参照组）			
经商、商贩	-0.08	0.01	0.000	商业、服务业人员	-0.20	0.04	0.000	商业、服务业人员	-0.12	0.12	0.352
餐饮	-0.11	0.01	0.000	生产、建筑、运输等人员	-0.09	0.04	0.035	生产、建筑、运输、等人员	-0.01	0.13	0.916
家政、保洁、保安、装修、快递	-0.08	0.01	0.000								
其他商业、服务业人员	-0.10	0.01	0.000								
生产、建筑、运输等	-0.01	0.01	0.280								

续表

2017 年全国流动人口卫生计生动态监测调查数据				2016 年天津市农业转移人口调查数据				2019 年中国社会状况综合调查数据			
	系数	标准误	P > z		系数	标准误	P > z		系数	标准误	P > z
其他职业	-0.24	0.01	0.000								
单位性质				单位性质				单位性质			
机关事业单位（参照组）				机关事业单位（参照组）				机关事业单位（参照组）			
国有、集体、外资企业	0.22	0.01	0.000	国有、集体、外资企业	0.07	0.08	0.389	国有、集体、外资企业	0.29	0.23	0.214
私营企业	0.23	0.01	0.000	私营企业	0.03	0.08	0.712	私营企业	0.37	0.20	0.066
个体工商户	0.15	0.01	0.000	个体工商户	0.02	0.08	0.800	个体工商户	0.46	0.22	0.039
其他	0.09	0.01	0.000					其他	0.40	0.22	0.071
就业身份				就业身份				就业身份			
雇员（参照组）				雇员（参照组）				雇员（参照组）			
自营劳动者	0.12	0.01	0.000	自营劳动者	0.09	0.04	0.034	自营劳动者	-0.02	0.11	0.862
雇主	0.56	0.01	0.000	雇主	0.30	0.07	0.000	雇主	0.45	0.14	0.001
流动特征				**流动特征**				**流动特征**			
流动范围								流动范围			
市内跨县（参照组）								省内跨县（参照组）			
省内跨市	0.08	0.01	0.000					跨省流动	0.12	0.08	0.119
跨省流动	0.20	0.00	0.000								
流入时间				流入时间				流入时间			

续表

2017 年全国流动人口卫生计生动态监测调查数据				2016 年天津市农业转移人口调查数据				2019 年中国社会状况综合调查数据			
	系数	标准误	P > z		系数	标准误	P > z		系数	标准误	P > z
1 年及以内（参照组）				1 年及以内（参照组）				1 年及以内（参照组）			
2～3 年	0.03	0.01	0.000	2～3 年	0.12	0.05	0.020	2～3 年	0.07	0.13	0.578
4～5 年	0.02	0.01	0.001	4～5 年	0.08	0.06	0.162	4～5 年	0.14	0.15	0.377
6～10 年	0.01	0.01	0.009	6～10 年	0.06	0.05	0.195	6～10 年	−0.18	0.13	0.152
10 年以上	0.01	0.01	0.052	10 年以上	0.11	0.05	0.034	10 年以上	−0.20	0.12	0.090
截距	7.78	0.02	0.000	截距	7.95	0.13	0.000	截距	8.32	0.35	0.000
样本量	108463			样本量	727			样本量	491		
Prob > F	0.0000			Prob > F	0.0000			Prob > F	0.0000		
R^2	0.1879			R^2	0.2695			R^2	0.3019		
Adj. R^2	0.1876			Adj. R^2	0.2434			Adj. R^2	0.2515		
遗漏变量的检验				遗漏变量的检验				遗漏变量的检验			
H_0：模型没有遗漏变量				H_0：模型没有遗漏变量				H_0：模型没有遗漏变量			
F（3，108428）＝20.51				F（3，698）＝2.38				F（3，454）＝0.91			
Prob > F ＝ 0.0000				Prob > F ＝ 0.0684				Prob > F ＝ 0.4360			

表 5－4　农业转移人口收入水平线性模型的多重共线性检验

2017 年全国流动人口卫生计生动态监测调查数据			2016 年天津市农业转移人口调查数据			2019 年中国社会状况综合调查数据		
	VIF	1/VIF		VIF	1/VIF		VIF	1/VIF
主要自变量			**主要自变量**			**主要自变量**		
人力资本特征			**人力资本特征**			**人力资本特征**		
受教育程度			受教育程度			受教育程度		
小学及以下（参照组）			小学及以下（参照组）			小学及以下（参照组）		
初中	2.1	0.475	初中	6.8	0.146	初中	2.2	0.461
高中/中专	2.1	0.483	高中/中专	6.2	0.161	高中/中专	2.2	0.458
大学专科	1.7	0.597	大学专科	4.1	0.246	大学专科	2.0	0.507
大学本科及以上	1.4	0.703	大学本科及以上	2.6	0.385	大学本科及以上	2.2	0.455
			职业证书			职业证书		
			没有（参照组）			不适用（参照组）		
			有	1.3	0.803	没有，以后可能评定	1.2	0.854
						技术等级	1.2	0.805
						专业职称	1.4	0.696
			技术水平			技术水平		
			很低（参照组）			很低（参照组）		
			较低	5.3	0.188	较低	1.5	0.658
			较高	5.8	0.173	较高	1.6	0.619

续表

2017 年全国流动人口卫生计生动态监测调查数据			2016 年天津市农业转移人口调查数据			2019 年中国社会状况综合调查数据		
	VIF	1/VIF		VIF	1/VIF		VIF	1/VIF
			很高	3.9	0.259	很高	1.4	0.718
控制变量			**控制变量**			**控制变量**		
个体特征			**个体特征**			**个体特征**		
年龄			年龄			年龄		
15~29 岁（参照组）			15~29 岁（参照组）			15~29 岁（参照组）		
30~39 岁	1.8	0.573	30~39 岁	2.3	0.442	30~39 岁	2.4	0.414
40~49 岁	2.0	0.512	40~49 岁	2.4	0.423	40~49 岁	2.7	0.378
50 岁及以上	1.6	0.644	50 岁及以上	1.3	0.752	50 岁及以上	2.5	0.400
性别			性别			性别		
男性（参照组）			男性（参照组）			男性（参照组）		
女性	1.1	0.927	女性	1.1	0.903	女性	1.2	0.805
家庭特征			**家庭特征**			**家庭特征**		
婚姻状况			婚姻状况			婚姻状况		
未婚（参照组）			未婚（参照组）			未婚（参照组）		
已婚等	2.9	0.344	已婚等	2.1	0.489	已婚等	2.0	0.513
家庭规模			家庭规模			家庭规模		
1 人（参照组）			1 人（参照组）			1~2 人（参照组）		
2 人	3.3	0.302	2 人及以上	1.3	0.768	3 人	3.1	0.325

续表

2017 年全国流动人口卫生计生动态监测调查数据			2016 年天津市农业转移人口调查数据			2019 年中国社会状况综合调查数据		
	VIF	1/VIF		VIF	1/VIF		VIF	1/VIF
3 人	5.7	0.176				4 人	3.0	0.329
4 人	5.4	0.184				5 人	2.8	0.355
5 人及以上	2.9	0.349				6 人	2.3	0.427
						7 人及以上	2.3	0.435
就业特征			**就业特征**			**就业特征**		
职业类型			职业类型			职业类型		
负责技术办事人员（参照组）			负责技术办事人员（参照组）			负责技术办事人员（参照组）		
经商、商贩	5.4	0.186	商业、服务业人员	2.1	0.486	商业、服务业人员	2.9	0.347
餐饮	2.5	0.395	生产、建筑、运输等人员	1.8	0.552	生产、建筑、运输等人员	2.6	0.393
家政、保洁、保安、装修、快递	2.2	0.462						
其他商业、服务业人员	2.7	0.372						
生产、建筑、运输等	3.5	0.284						
其他职业	2.1	0.485						
单位性质			单位性质			单位性质		
机关事业单位（参照组）			机关事业单位（参照组）			机关事业单位（参照组）		
国有、集体、外资企业	7.0	0.144	国有、集体、外资企业	6.3	0.159	国有、集体、外资企业	3.4	0.295
私营企业	12.5	0.080	私营企业	7.0	0.144	私营企业	7.4	0.136
个体工商户	16.4	0.061	个体工商户	6.3	0.159	个体工商户	7.5	0.133

续表

2017 年全国流动人口卫生计生动态监测调查数据			2016 年天津市农业转移人口调查数据			2019 年中国社会状况综合调查数据		
	VIF	1/VIF		VIF	1/VIF		VIF	1/VIF
其他	9.2	0.108				其他	5.4	0.184
就业身份			就业身份			就业身份		
雇员（参照组）			雇员（参照组）			雇员（参照组）		
自营劳动者	2.7	0.364	自营劳动者	1.2	0.854	自营劳动者	1.7	0.602
雇主	1.4	0.715	雇主	1.1	0.880	雇主	1.4	0.699
流动特征			**流动特征**			**流动特征**		
流动范围						流动范围		
市内跨县（参照组）						省内跨县（参照组）		
省内跨市	2.0	0.505				跨省流动	1.1	0.922
跨省流动	2.0	0.494						
流入时间			流入时间			流入时间		
1 年及以内（参照组）			1 年及以内（参照组）			1 年及以内（参照组）		
2～3 年	1.8	0.551	2～3 年	1.9	0.540	2～3 年	1.7	0.604
4～5 年	1.7	0.602	4～5 年	1.7	0.583	4～5 年	1.5	0.663
6～10 年	2.0	0.512	6～10 年	2.3	0.443	6～10 年	2.0	0.513
10 年以上	2.0	0.502	10 年以上	2.5	0.403	10 年以上	2.4	0.423
Mean VIF	3.6		Mean VIF	3.2		Mean VIF	2.5	

五 农业转移人口市民化的就业能力提升机制

上文模型分析结果表明，受教育程度、技术水平等人力资本特征是影响农业转移人口收入水平的显著因素。换言之，人力资本的增多、就业能力的提升是推进农业转移人口市民化的最为关键因素之一。

党的十九大报告中指出，人才是实现民族振兴、赢得国际竞争主动的战略资源，并提出加快建设人才强国的目标任务。要求努力形成人人渴望成才、人人努力成才、人人皆可成才、人人尽展其才的良好局面，让各类人才的创造活力竞相迸发、聪明才智充分涌流。从20世纪中后期开始，就业能力（employ ability）受到政府、社会、企业的广泛关注和重视；就业能力是决定就业问题的核心与本质问题。就业能力是一种社会的产品，一种谈判的身份：一个有就业能力的工人是难以替代和不可或缺的；一个无就业能力的工人则是可替代或可有可无的（华正新，2009；DeCuyper et al.，2009）。大规模开展职业技能培训，已成为保持就业稳定、缓解结构性就业矛盾的关键举措。就国情而言，我国农业转移人口就业能力的提升应尽快提上重要议程。应学习借鉴工业发达国家成熟经验，建立“政府主导、院校为主、企业实施、社会辅助、个体参与”的职业能力提升机制，为我国新型工业化道路提供坚实支撑（李珂、张善柱，2017）。

（一）就业能力提升机制的主体

农业转移人口就业能力的提升不仅取决于他们自身，还可能受到经济社会大背景的影响，政府、市场、教育机构、社会组织等都是农业转移人口就业能力提升的主体。

（1）各级政府及相关行政部门。新中国成立70多年来就业政策的历史经验表明，农业转移人口就业状况的改善和收入水平的提高涉及面广、管理难度大，应该重点依靠政府来进行制度变革、政策扶持与财政支持。

（2）职业院校。职业院校面向农业转移人口广泛开展职业培训，既有利于支持和促进就业创业，也有利于学校提升人才培养质量和办学能力，是深化职业教育改革发展的重要内容。

（3）企业/用人单位。企业/用人单位是用人的主体，更是职业培训的主体。充分调动企业/用人单位积极性、主动性是职业技能提升行动的关键。

（4）社会组织。社会组织是基于某种共同价值、共同利益、共同态度或某种职业和行业而形成的正式、非正式团体和群体。其目的在于建设、维持、增进共同利益和共同态度所蕴含的行为模式；其职责是实现利益聚合功能，以保障或增进其成员的利益作为最高目标。

（5）个人。农业转移人口是一个充满活力、充满激情、充满信心的群体，他们干劲十足、努力拼搏，迫切希望改善自身和家庭的生存发展状况，《周易》中讲道："天行健，君子以自强不息；地势坤，君子以厚德载物。"农业转移人口只有自强不息、努力学习，不断提升自己，才能发展得越来越好。

（二）就业能力提升机制的客体

农业转移人口就业能力的主要载体：学历与技术。

（三）就业能力提升机制的主要内容

1. 政府做好农业转移人口就业能力提升的服务管理工作

（1）法律支撑。严格落实《中华人民共和国宪法》《中华人民共和国劳动法》《中华人民共和国就业促进法》《中华人民共和国劳动合同法》《中华人民共和国劳动争议调解仲裁法》《劳动保障监察条例》《中华人民共和国工会法》《中华人民共和国妇女权益保障法》等法律法规，贯彻落实《新时期产业工人队伍建设改革方案》《乡村振兴战略规划（2018—2022 年）》《国务院关于推行终身职业技能培训制度的意见》《新生代农民工职业技能提升计划（2019—2022 年）》等文件要求，消除农村劳动力进城就业户籍限制，继续清理和取消农业转移人口进城就业的歧视性规定、不合理限制和乱收费行为。进一步加强劳动力和人力资源市场管理，规范市场秩序，依法保障市场双方合法权益。改革劳动就业制度，尊重劳动者和用人单位的市场主体地位，建立健全相关法律制度，消除影响城乡劳动者平等就业的制度性障碍，切实保障农业转移人口获得与城镇职工平等的就业待遇。拓宽城乡就业渠道，着眼于城乡一体化发展，统筹城乡就业，打破城乡分割和户籍界限，建立健全城乡统一平等竞争的劳动力和人力资源市场，维护劳动者平等就业权利，促进劳动力在地区、行业、企业之间自由流动。

（2）政策落实。完善和落实农业转移人口就业创业政策，完善城乡均等的公共就业服务体系，为农民工提供政策咨询、职业指导、职业介绍等公共就业服务。组织开展农民工就业服务“春风行动”，有针对性地帮助进城求职的农村劳动者尽快实现就业。做好跨区域劳务合作的组织协调工作，加强农业转移人口输出地和输入地之间的劳务合作和供需对接。输入地可到来源地相对集中的地区开展专场招聘活动，并设立专门的就业服务工作站。依托乡镇、街道、社区等基层公共就业服务平台，深入本地农村、社区和各类用人单位，开展求职招聘信息的集中采集活动，准确收集进城务工人员求职需求和企业节后用工需求。有创业要求和培训愿望、具备一定创业条件的人员，可以选择参加创业意识教育、创业项目选择指导等方面的培训，如“产生你的企业想法”（Generate Your Business，GYB）、“创办你的企业”（Start Your Business，SYB）等培训。处于创业初期的人员，可结合区域专业市场对企业发展的需求，参加创业企业经营管理等方面的培训，如“改善你的企业”（Improve Your Business，IYB）等培训。已经成功创业的人员，可参加产业组织形式、经营管理方式等方面的培训，把小门面、小作坊等升级为特色店、连锁店、品牌店，如“扩大你的企业”（Expand Your Business，EYB）等培训。

（3）合同规范。加强劳动合同法规制度建设。劳动合同的签订有利于规范劳动力市场，增强劳动者就业的稳定性，提高劳动者的收入并提升劳动者社会保险的参保率，进而有助于规避劳动者在工作与生活中面临的压力与风险，从而有助于其经济立足和其他方面的社会融合，劳动合同是保障农业转移人口劳动权益的重要法律依据。进一步完善与就业、劳动合同等领域相关的法律法规，加强对用人单位普遍的制度性压力约束，消除或减少就业中存在的户籍歧视。人力资源和社会保障部会同住房和城乡建设部、工商总局、全国总工会，规范使用农民工的劳动用工管理。指导和督促用人单位与农民工依法普遍签订并履行劳动合同。调整现行的劳动合同管理制度，允许短期劳动合同采取多种形式，在务工流动性大、季节性强、时间短的农业转移人口中推广简易劳动合同示范文本。依法规范劳务派遣用工行为，清理建设领域违法发包、分包行为。加强分类指导，充实劳动合同实质性内容，提高劳动合同签订率和实效性。

2. 职业院校全面开展职业培训，提升农业转移人口就业能力

模型分析结果表明，受教育程度对农业转移人口的收入水平和就业能力具有显著影响。而对于农业转移人口来说，职业教育的收益甚至大于高中教育（Arriagadar and Ziderman，1992；诸建芳等，

1995；吉利，2003），它是实现农村剩余劳动力转移和推进农业转移人口就业能力提高的重要举措（房风文，2014）。作为教育体系中不可缺少的重要部分，职业教育在中国现阶段更具有特殊的意义，发展职业教育是推动经济发展、促进就业、改善民生、解决“三农”问题的重要途径，是缓解劳动力供求结构矛盾的关键环节。应把职业教育纳入经济社会发展和产业发展规划，切实履行《中国教育现代化2035》《加快推进教育现代化实施方案（2018—2022）》《国家职业教育改革实施方案》等政策措施。职业教育和普通教育是两种不同的教育类型，职业教育具有自己鲜明的特点和特色。

（1）学历教育与培训教育并重。加快形成学历教育与培训教育并举并重的办学格局，使“人人有知识，个个有技能”，为实现更高质量和更充分就业提供有力支持。各地职业院校要高度重视农业转移人口的培训工作，切实将职业培训摆在与学历教育同等重要的地位。积极招收农民工等接受中等职业教育，使城乡新增劳动力更多接受高等教育。开展1+X证书制度试点的院校要发挥示范引领作用，主动承担有关培训任务。坚持统筹资源，协同推进，结合实际制订落实方案、年度计划，逐级分解任务、明确目标、落实责任，确定时间表和任务书。加大对培训工作的宣传力度，通过职业教育活动周、全民终身学习活动周等，面向农业转移人口加大对培训有关政策、项目的宣传力度，帮助企业、劳动者了解熟悉政策，用足用好政策。要积极运用各种媒体，广泛宣传介绍职业院校开展的各类培训项目，特别要加强对重点人群的宣传。

（2）建立健全教学培训体系。职业院校要深入开展培训需求调研，提升培训项目设计开发能力，增强培训项目设计的针对性。院校要认真培养农业转移人口的创新创业动力，开展技术创新、产品创新、品牌创新、服务创新、模式创新、管理创新、组织创新、市场创新、渠道创新。根据农业转移人口的就业特点、受教育程度、流动背景及生活习惯，在授课时间上可以采用整天班、半日班、假期班、晚间班等，授课方式可以使用面授讲课、远程教育、网络视频、电视教学、实践培训、自学考试等，坚持短期培训与学历教育相结合，培训与就业相结合，增强培训的针对性和实效性，逐步实现就业需求和人才培养的有机衔接（吴积雷，2011）。公共实训基地要面向农业转移人口提供技能训练、技能鉴定、创业孵化、师资培训等服务。

（3）将“工学结合”贯穿职业教育全过程。首先，借鉴国际“双元制”等模式，职业教育学校和用工企业联合制订学员培养计划，统一规划、紧密合作、资源互补、信息共享、标准统一、与时俱进，理论和实践相结合，共同推进农业转移劳动力的职业素养和就业能力提升。其次，借鉴现代学徒制和企业新型学徒制成功经验，提高职业教育教学培育能力。加强制度和技术学习，使用严谨、统一、有效的教材资料，及时将新理论、新模式、新条例纳入培养体系和学习计划，保证教学的高标准、严要求。最后，将“工学结合”贯穿职业教育教学全过程，加强职业能力、技术能力和实践能力教育，强化学生实验、实践、实训、实习。把课堂教学、理论讲解搬到工厂、企业的机器面前，学生从入学开始就接受相应的动手和实践课程，以掌握技术、操作仪器、亲自动手作为校企合作培养人才的核心目标和关键环节。

3. 企业/用人单位搭建职工成长成才平台

前文计量统计分析显示，职业类型是影响农业转移人口收入水平和就业能力的显著因素，换言之，就业机构是作用到农业转移人口就业能力的显性因素。特别是对于商业、服务业、生产业、运输业、建筑业等行业来说，更是较多地依靠用人单位扶持。农业转移人口较多的企业/用人单位必须适应国内外经济形势的新变化，增强各类企业/用人单位的社会责任意识，搭建职工成长成才平台。

（1）建立技能人才评价体系。符合条件、经备案的企业可面向本企业农业转移人口组织开展职业技能水平评价工作，实施职业技能等级认定，并将人才评价与培养、使用、待遇有机结合。企业可结合生产经营主业，依据国家职业分类大典和新发布的职业（工种），自主确定评价职业（工种）范围。对国家职业分类大典未列入但企业生产经营中实际存在的技能岗位，可按照相邻相近原则对应到国家职业分类大典内职业（工种）实施评价。企业可以国家职业技能标准设置的五级（初级工）、四级（中级工）、三级（高级工）、二级（技师）和一级（高级技师）为基础，自主设置职业技能岗位等级，形成具有自身特色的评价等级结构，建立农业转移人口成长通道。企业可设置学徒工、特级技师、首席技师等岗位等级，并明确其与国家职业技能标准相应技能等级之间的对应。建立以农业转移人口职业能力为导向、以工作业绩为重点、注重工匠精神和职业道德养成的技能人才评价体系。坚持把农业转移人口的思想品德作为评价的首要内容，重点考察劳动者执行操作规程、进行安全生产、解决生产问题和完成工作任务的能力，并注重考核岗位工作绩效，强化生产服务结果、创新成果和实际贡献。

（2）创新职业技能培训内容和模式。把农业转移人口的职业技术培训纳入单位发展规划和经费支出中，有效保障农业转移人口的职业培训权利，并使用多种多样的方式，例如，长期学历教育、短期培训专班、假期培训班、周末培训班、夜校培训班、集中学习班等；同时采用高级技师带徒、一徒一师制度、头脑风暴法、背对背打分法、职业技能竞赛等方式方法，提高员工职业技能。加强规范性和条理性，强化品质观念和工作责任心。注重生产服务的精细化管理，提高生产服务的效率和能效，树立责任意识、质量意识、效率意识，真做实干，把工作服务落实到每个细节。最后，加强农业转移人口思想观念教育，树立遵规守纪、爱岗敬业、真抓实干、科学民主、团结群众、互帮互助的优良作风。大力开展企业职工技能提升和转岗转业培训，科学设计培训内容，将职业道德、质量意识、法律意识、安全生产、卫生健康及就业创业指导等综合性培训内容贯穿培训全过程。将新技术、新工艺、新规范纳入教学标准和教学内容，强化实习实训。大力发展“互联网 +”等现代培训方式，鼓励建设智能化培训平台，运用现代信息技术改进教学方式方法，推进虚拟工厂等网络学习空间建设和普遍应用。探索利用现代信息技术，创新技能评价方式。贯通企业技能人才职业发展，适应人才融合发展趋势，建立职业技能等级认定与专业技术职称评审贯通机制，破除身份、学历、资历等障碍，搭建企业人才成长立交桥。要把技能人才评价工作融入日常生产经营活动过程中，灵活运用过程化考核、模块化考核和业绩评审、直接认定等多种方式。

4. 社会形成尊重工人、尊重技术的良好氛围

在美国、德国、日本等制造业发达的国家，工人处于比较受人尊重、社会地位也相对较高的阶层。例如，欧美许多国家在设计生产第一线的硕博士也称为 worker，而日本大学生有 30% 在制造业生产第一线当工人。因此，我们也应采取多种措施，改变原有的社会观念，做一名工人并不是“没出息”“没有前途”，而是“三百六十行，行行出状元”，工人一样为国家富强、经济进步、社会发展做出了巨大的贡献，一样能够获得大家的认可和尊重。因此，要形成良好的社会氛围和尊重农业转移人口的社会环境，为农业转移人口的职业技能提升提供良好的社会基础和社会保障。要进一步加大宣传力度，在全社会营造重视农业转移人口、尊重技能人才的良好氛围，增强他们的职业荣誉感和自豪感。通过书籍报纸、电视网络、微博微信等多种宣传工具和宣传方式，播放农业转移人口先进事迹、技术突破、取得成就等；通过开展先进事迹报告会、技术竞赛分享会、

班组讨论会、流动红旗等多种具体行动，促进优秀工人事迹的宣传与推广；通过对有突出贡献的技术工人进行重奖，推荐当劳动模范、先进典型、优秀党员等方式，切实提高农业转移人口的社会地位（陈志光，2016b）。

5. 职工自身的学习与提升

首先，加强理论知识和科学文化学习。农业转移人口大多文化程度较低，初中、小学毕业。受教育程度较低限制了他们理解知识、学习技术、创新发明的能力。应不断加强主动学习意识和终身学习意识，更加努力、更加勤奋、更加有效地接受新思维，学习新知识，掌握新技能。必须不断加强理论知识和科学文化的学习和练习，做到主动学习、及时研读，同时坚持逐步深化、不断学习，做到深学深悟、常学常新。其次，加强技术学习和职业能力提高。在先进制造业和先进服务业的工作要求中，技术是核心，是生产之本，农业转移劳动力只有掌握了一技之长，才能在企业和单位中立得住脚，才能稳定就业，取得高收入、高福利。农业转移人口要学练真本领，技术过得硬，突破薄弱点，操作好又准，全面提升职业技术水平。

就业职工的心理素养和精神状态也是他们职业技能的重要组成部分之一。当前主要有三种心理问题阻碍了农业转移人口职业素养的建设和职业技能的提高。一是“怕吃苦”心理。职工中80后、90后是其“主力部队”，他们中很多是独生子女，从小缺乏吃苦耐劳的经历；而从事的却是一个苦活累活，没有肯吃苦、爱劳作的精神很难取得技术进步和技能提高。二是“随大流”心理。工作时间长了以后，很多职工就变得随遇而安，既不拔尖，也不突出，失去了敢于争先、刻苦钻研的精神。三是“畏挫折”心理。现在职业有很多复杂、尖端的技术和工艺，需要就业人员不断探索、试验、改进，中间充满了困难、挫折和失败。很多年轻职工害怕这样的挫折和失败，也就失去了提高技术、钻研技能的信心和干劲。因此，在工作中要保持自信乐观的态度，情绪稳定、意志坚定、努力工作、积极进取，理性辨别诱因，积极地看待挫折，辩证地对待得失。

第六章
农业转移人口住房资源配置机制

甘其食，美其服，安其居，乐其俗。

——《老子》

自20世纪90年代以来，我国人口流动迁移呈现一个显著特征，就是农业转移人口的家庭化流动迁移增多，并呈持续上升趋势。农业转移人口在流入地实现家庭团聚之后，最要紧的就是获得基本的住房条件，这是农业转移家庭在流入地实现家庭稳定发展的先决条件。住房问题是农业转移人口进城后面临的首要难题。在城市有一个稳定的居所，是农业转移人口进入城市、寻找就业岗位，在城市生活并扎下根来的重要基础和基本条件。居无定所、飘荡不定，不仅会造成农业转移人口就业困难、生活没有着落，也会为城市管理和社会治安带来隐患和风险。如果数以亿计农业转移人口的住房问题长期积累又得不到妥善解决，不仅会对城镇化健康发展造成深刻影响，也势必会给经济社会发展带来负面影响，不利于社会和谐稳定。农业转移人口居有其屋、安居乐业，是保持社会安定团结、完善社会治理、形成良好社会秩序、构建安定有序和谐社会的重要方面。解决好农业转移人口住房问题意义重大。但是，目前农业转移人口在城市面临定居难、居住条件较差等诸多问题。解决好农业转移人口住房问题，不仅可以有效改善城市农业转移人口的民生，而且对探索建立现代住房制度具有重要的现实意义。

一　市民化推进机制的关键之钥：资源配置理论

（一）资源配置理论

1. 中国古代资源配置理论

在人类社会经济发展的历史长河中，出现了两种最基本的资源配置方式，一种是市场方式，另一种是政府方式（史忠良、郭旭红，2005）。中国古代有着悠久的政府历史，也就早早产生了国家干预主义思想和市场配置思想。《尚书·禹贡》将整个统治范围按土地肥瘠、灾害大小、交通便利与否等情况分为上、中、下三等，每等又分为三级，号为华夏九州，并以此作为制定赋役标准的依据。《礼记·王制》中不仅提到土地资源的分级，还涉及人力资源的管理，强调政府控制粮食的重要性。《周礼》记载，生产工具的生产和配置也纳入了官府管理范畴，官府设立“司市”一职，负责管理市场与价格，甚至对市场交易的商品种类和交易时间也做出限制（史忠良、郭旭红，2005）。《论语·季氏》提出“有国有家者，不患寡而患不均”。《礼记·礼运》讲“大道之行也，天下为公。选贤与能，讲信修睦……矜、寡、孤、独、废疾者皆有所养”。《孟子·告子上》中生动地提出资源的稀缺性与选择问题，“鱼，我所欲也；熊掌，亦我所欲也。二者不可得兼”。《孟子·滕文公上》谈到私人拥有资源配置权的好处，“民之为道也，有恒产者有恒心，无恒产者无恒心”。荀况在《荀子·王制》和《荀子·富国》等篇章中讨论了政府在资源配置中的作用。《管子·乘马》中指出，市场反映了商品的数量多寡与价格高低，“市者，货之准也”；《管子·国蓄》讨论了价格与供给的关系，“夫物多则贱，寡则贵，散则轻，聚则重”（史忠良、郭旭红，2005）。

2. 西方资源配置理论

古典经济学首次提出了资源配置的概念，强调“看不见的手”——市场对资源的配置。对资源配置问题的经典性论述，可追溯到1776年亚当·斯密的《国民财富的性质和原因的研究》，亚当·斯密认为，市场作为资源配置的动力机制，通过利益诱导实现对社会资源的配置，从而有利于资源配置效率的提高（党建民，2017；刘玲利，2007）。新古典经济学家认为，由于资源稀缺性的存在，人类面临“资源有限而欲望无限”的矛盾境地，优化资源配置从而成为经济社会发展的核心议题。意大利边际学派的帕累托（Pareto）首先提出了衡量资源配置是否处于最优状态的标准，这一标准在经济学中被称为“帕累托最优”。帕累托最优状态要求社会成员任何个人利益的增加都不能以牺牲其他人的利益为代价，因而这种状态虽具有理论上的可行性，但在现实经济中很难实现。因为变革往往会使一部分人受益，同时就不可避免会使另一部分人遭受损失。因而，卡尔多、希克斯根据现实中一部分人福利增加而另一部分人福利减少的状态，提出了“补偿原理”，又称“潜在帕累托最优状态”（党建民，2017；刘玲利，2007）。

3. 马克思资源配置理论

马克思在《资本论》中科学地分析了市场经济资源配置的形式，强调了其客观的必然性、重要性，也指出了市场机制的不足。他不止一次地尖锐指出：资本主义社会的根本缺陷之一就在于它对社会资源配置及经济活动缺乏有意识的调节。我们既要认识到市场对资源配置的基础性作用（这是市场经济的本质内涵），又要看到单纯市场调节有其自身固有的弱点和消极作用。因此，建立社会主义市场经济体制，必须把充分发挥市场机制的作用与加强国家宏观调控相结合，二者缺一不可，真正使市场在国家的宏观调控下对资源配置起基础性作用，促进社会主义经济的发展（肖启庆，1999）。党的十八届三中全会通过的《中共中央关于全面深化改革若干重大问题的决定》，将市场和政府在资源配置中的作用表述为“使市场在资源配置中起决定性作用和更好发挥政府作用”。2014 年，习近平在主持中共中央政治局第十五次集体学习时强调：“在市场作用和政府作用的问题上，要讲辩证法、两点论，‘看不见的手’和‘看得见的手’都要用好，努力形成市场作用和政府作用有机统一、相互补充、相互协调、相互促进的格局，推动经济社会持续健康发展。”（刘学梅等，2015）

（二）住房资源配置

对于农业转移人口来说，无论是购房还是租房，都主要依赖于房地产市场的运作和作用的发挥，而房地产市场从本质来看就是需求和供给两方面。房地产需求类型主要包括：生产性需求，指物质生产部门和服务部门为满足生产经营需要而形成的对房地产商品的需求，其需求的主体是各类企事业单位和个体工商业者；消费性需求，指由人们的居住需要形成的房地产需求，主要是住宅房地产需求，其需求的主体是居民家庭；投资性需求，指人们购置房地产不是为了直接生产和消费，而是作为一种价值形式储存，在合适的时候再出售或出租，以达到保值增值的目的（覃肖响等，2007；马启升、吴奇，2013；张永岳等编著，2018：90）。房地产供给一般分为三个层次，即现实供给层次、储备供给层次和潜在供给层次，这三个供给层次是动态变化的：现实供给层次是指已经进入流通领域，可以随时出售或出租的房地产产品；储备供给层次是指房地产生产者出于一定的考虑将一部分可以进入市场的房地产产品暂时储备起来不上市；潜在供给层次是指已经开工和正在建造以及竣工但未交付使用等的尚未上市的房地产产品，还包括一部分过去属于非商品房地产，但在未来可能改变其属性而进入房地产市场的房地产产品（王刚，2011；张永岳等编著，2018：96）。供给与需求之间常常出现不均衡甚至失衡的情况，主要包括：其一，总量性供不应求状态，这种状态是指房地产市场中商品房供给总量小于需求总量的一种房地产供求格局，通常把这种处于总量性供不应求状态的房地产市场称为卖方市场；其二，总量性供过于求状态，这种状态通常出现在市场经济体制下，微观经济层次盲目扩大投资、宏观经济层次缺乏有力调节的时期和地区；其三，结构性供求失衡的状态，结构性供求失衡有供给结构失衡和需求结构失衡两种情况，主要是商品房供给结构与需求结构变化趋势不相适应（张永岳等编著，2018：102～103）。

二　住房资源配置机制的国际经验

多数发达国家在完成工业化与城市化的过程中都经历过住房问题的困扰。在快速城镇化阶段，以农业转移人口为主的中低收入家庭住房问题更是一个重大的社会经济与政治问题。从发达国家已趋于成熟的住房保障体系中不难发现，其对于中低收入群体已探索并形成了多层次、多样化的住房保障体系。为此，本书选取了美洲、欧洲和亚洲在住房保障方面最有代表性和典型性的美国、英国、德国和新加坡等进行分析，对这些国家在中低收入群体住房保障方面的做法进行梳理，总结其住房保障政策、方式、资金来源、立法等方面的经验教训，为我国农业转移人口住房保障的优化提供参考（方蔚琼，2015）。

（一）美国解决中低收入群体住房问题的做法

在西方发达经济体中，美国是对住房市场干预最少、住房市场化程度最高的国家。即便如此，美国联邦政府通过公共住房供给政策、住房补贴政策、商品房融资政策为城市中低收入家庭提供了多样化的住房支持，成功地满足了困难群体的住房需求，极大地提升了城市经济社会发展的质量和效益（熊景维，2013）。美国在大萧条结束后的1934年就制定了第一部住房保障法案，即《临时住房法案》，该法案为美国公共住房的发展提供了整体性的政策框架。1937年，该法案被修订后的《公共住房法》取代，修订后的住房法案规定了公共住房的融资和建设模式，即由联邦政府出资、地方政府负责建造并管理、向城市贫困家庭低价出租的住房保障体制。在《公共住房法》的推动下，截至1982年，全国共新建这样的公租房130多万套，为400多万中低收入者解决了住房问题。在该法案实施期间，政府为补充公租房建设资金的不足，通过低息贷款引导市场资本进入公共住房开发，到1980年共增加此类住房供应160万套。这些举措大大缓解了美国城市中低收入群体的住房短缺状况，改善了他们的住房条件和生存质量（熊景维，2013）。

（二）英国解决中低收入群体住房问题的做法

英国是工业革命的发源地，也是最早迈上工业化、城市化进程和最早开展公共住房保障的国家。在工业革命的驱动下，“圈地运动”迫使大量失地农民融入城市，伴随着农村人口大规模转移形成了巨大的住房需求，一时间城市住房短缺问题异常突出，极大地阻碍着英国工业化的进一步发展。为化解人口转移带来的住房压力，英国政府主动介入住房市场，开启了政府承担居民住房保障责任的先河（熊景维，2013）。在19世纪末，英国已经开始出现现代意义上的住房政策。1919年，政府颁布了《住房与城镇规划法》，该法将住房发展归于公共事务，规定新建住房应主要由政府投资建设；同时指出政府有责任向住房困难居民提供公共住房，明确了政府在住房保障和发展方面的法定义务。根据此法，英国确立了以公营住宅为核心的住房政策，其主要内容是由政府投资建设公房，然后以低租金租给居民居住（熊景维，2013）。公租房建设以地方政府为责任主体，中央允许地方以财产税作为建设资金来源。社会建房权收归政府后，政府开始着手大规模兴建公共住房。此外，在伦敦，针对私人租房高价盘剥的现象，政府采用行政手段强制减租，规定出租房房租由政府确定，房主无权自行确定租金。政府建房和房租管制成为英国城市化早期阶段政府解决转移人口住房问题的显著特征（熊景维，2013）。第一次和第二次世界大战的战火都让大量住房化为废墟，英国住房总量在战后出现了较大幅度下降。为弥补战争创伤、安置遗属和无家可归者，政府加大了住房的建设力度，公租房数量快速增长，至二战后政府已成为社会出租房的主要提供者。在1946～1976年的30年中，英国地方政府平均每年建造14万多套公房，租住对象由最初的低收入户扩展到所有家庭。公共住房计划得到工党和保守党的支持，尤其是工党，在其1965～1970年执政时期，每年的公房新建量几乎占到新建房总量的50%。1945～1980年英国住宅总竣工数为1000万多幢，其中一半左右为政府所建（熊景维，2013）。

（三）德国解决中低收入群体住房问题的做法

二战后，由于战争的破坏，德国住房供给严重不足。战争毁坏了西德近80%的房屋，使得战后住房出现严重短缺。为解决这一严峻问题，西德政府被迫采取住房配给制度，房屋由政府负责分配，严禁私人出租或售卖。统计资料显示，20世纪50年代，西德共有1700万个家庭，但住房仅有1000万套。为弥补住房供需的巨大差距，政府以增加住房的有效供给为目标，开始大规模建设公共住房（方蔚琼，2015）。1950年，德国政府颁布了《住宅建设法》，以法律条文形式明确了“社会住房计划”。该法规定了德国政府有责任向低收入家庭或因宗教信仰及孩子数量多等原因买不起住房的家庭提供公共住房，将其以成本租金出租给低收入家庭，租金约为市场租金的一半。德国相关法律严格规定了公共住房的建设标准、申请条件、租金水平以及退出机制等内容，对于承租公共住房但已经不符合申请公共住房标准的租户则按照市场水平收取租金。很快，德国的公共住房建设有效缓解了许多低收入家庭的住房问题。据统计，1950 年，德国有一半的人口居住在政府提供的公共住房，1949 ~ 1979 年，德国总共建成公共住房 780 万套，接近同期新建住宅总数的一半（方蔚琼，2015）。

（四）新加坡解决中低收入群体住房问题的做法

新加坡是世界著名的花园城市国家，亦是成功解决住房问题的国家中较为典型的一个。其在住房领域大力发展公共组屋，通过近半个世纪的努力，成功实现了“居者有其屋”（方蔚琼，2015）。1960 年，建屋发展局成立并负责公共住宅发展与运营管理工作。1964 年，开始推行“居者有其屋”计划，由建屋发展局统一规划在国家免费提供的土地上建设“组屋”。20 世纪 90 年代，居住在组屋的新加坡人口所占比重保持在大约 86%，到了 2007 年和 2008 年，大约有 82% 的新加坡人口居住在政府组屋中。

让中低收入居民也能拥有住房产权是新加坡住房保障的一大特色。1964 年，政府开启了“居者有其屋”计划（HOS），帮助中低收入居民以政府补贴的低价格购买住宅产权。为了解决中低收入者住房支付首付款不足的难题，1968 年作为配套的住房公积金制度出台，支持居民使用中央公积金（CPF）支付首付款。1971 年，政府允许居住满 3 年的公共住房以市场价格卖给有资格购买公共住房的居民，公共住房的交易市场随之产生。从 90 年代开始，公共住房上市交易规则进一步放松，私人住宅拥有者也可以购买二手公共住房，在公共住房居住满 5 年的居民则可以使用中央公积金购买私人住宅。住房公积金制度的推行帮助 90% 的居民获得了住房产权。这些措施既改善了居民居住环境，也促进了新加坡住房市场的繁荣。由于“居者有其屋”计划和住房公积金制度两大福利住房制度的实施，新加坡在短短数十年内解决了房荒问题，有效改善了中低收入居民的住房条件，提升了居民住房水平。新加坡政府普惠性的政策思路，有效地推动了政府履行对于中低收入群体的住房保障职责，积累了大量可供借鉴的成功经验（方蔚琼，2015）。

（五）国外解决城市住房问题的启示

第一，发达国家的实践表明，在城市化加速发展时期，城市住房问题主要表现为住房数量短缺；在此阶段，解决农业转移人口的住房问题应主要靠政府集中兴建公共住房，以低价向低收入者出租（熊景维，2013）。第二，发展住房金融市场，建立健全居民住房融资服务体系，满足包括农业转移人口在内的城市低收入群体购置住房的资金需求。美国发达的金融市场为政府筹集住房保障资金提供了便利，低收入家庭通过政府住房抵押贷款为购房融资，实现了“住有所居”（熊景维，2013）。第三，引导和培育以公共企业、非营利组织为核心的社会力量承接政府保障性住房发展职能，提高公共住房开发运营的专业化程度和效率。美国非营利组织开发的低租金房、英国住房协会提供的社会住房都是两国公共住房保障的重要组成部分。非营利组织在承接政府住房建设管理职能方面发挥了积极作用，在英国，住房协会已成为替代政府实施住房保障的核心（熊景维，2013）。

三 住房资源配置政策的历史进程

从 1949 年至 1978 年，我国城镇住房保障制度是一种以国家和企事业单位统包、低租金为特点的实物福利分房制度。这种住房制度有以下特征：一是住房投资建设的公共性，二是住房分配的实物福利性，三是住房经营的非营利性，四是住房管理的行政化（宋士云，2009）。独特的制度环境影响了流动人口的住房选择，流动人口基本上被置于主流的住房分配体制之外（吴维平、王汉生，2002），也无法获得土地自建房屋（蒋耒文等，2005）。

1980 年 6 月，中共中央、国务院在批转《全国基本建设工作会议汇报提纲》时提出，“准许私人建房、私人买房，准许私人拥有自己的住房”，正式宣布实行住房商品化政策，自此拉开了城镇住房制度改革的序幕。1994 年 7 月，国务院发布了《关于深化城镇住房制度改革的决定》，提出要建立以中低收入家庭为对象、具有社会保障性质的经济适用住房供应体系。2006 年，国务院颁布《关于解决农民工问题的若干意见》，提出多渠道改善农民工居住条件。2007 年，国务院颁布《关于解决城市低收入家庭住房困难的若干意见》，要求逐步改善农民工及其他城市住房困难群体的居住条件。

2012 年，党的十八大报告提出：建立市场配置和政府保障相结合的住房制度，加强保障性住房建设和管理，满足困难家庭基本需求。2014 年，中央密集出台多项政策，一是《国家新型城镇化规划(2014—2020 年)》，要求采取廉租住房、公共租赁住房、租赁补贴等多种方式改善农民工居住条件；二是《关于进一步推进户籍制度改革的意见》，提出把进城落户农民完全纳入城镇住房保障体系，采取多种方式保障农业转移人口基本住房需求；三是《关于进一步做好为农民工服务工作的意见》，提出将解决农民工住房问题纳入住房发展规划，积极支持符合条件的农民工购买或租赁商品住房，将符合条件的农民工纳入住房保障实施范围，逐步将在城镇稳定就业的农民工纳入住房公积金制度实施范围（孟星，2016）。党的十九大报告提出：坚持房子是用来住的、不是用来炒的定位，加快建立多主体供给、多渠道保障、租购并举的住房制度，让全体人民住有所居（李宏、闫坤如，2019）。

四　住房资源配置机制的实证数据

（一）数据来源

本部分同样使用2017年全国流动人口卫生计生动态监测调查数据、2016年天津市农业转移人口调查数据和2019年中国社会状况综合调查数据。

（二）变量设置

因变量为农业转移人口的住房来源，具体设置及分布如表6－1所示；自变量的设置及其分布详见前文表5－2。

表6－1的数据分析结果表明，农业转移人口的住房主要是靠市场方式解决，而单独依靠政府的保障房解决的比例很小。

表6－1　农业转移人口的住房来源

单位：%

数据来源	购买商品房	租赁商品房	获得保障房	单位房/就业场所等
2017年全国流动人口卫生计生动态监测调查	21.2	60.8	1.8	16.2
2016年天津市农业转移人口调查	15.9	46.1	7.3	30.6
2019年中国社会状况综合调查	45.0	25.6	10.7	18.7

（三）模型分析方法及结果

1. 模型分析方法

农业转移人口的住房状况分为不能排序的多种情况，合适的分析方法是多项 Logit 模型分析。迄今为止，线性回归依旧是社会科学领域应用最广的统计方法之一（王济川、郭志刚，2001）。然而，该方法也有局限。最常见的情形是，因变量不能满足定距（或定比）测量的要求（Aldrich and Nelson，1984；DeMaris，1992；Liao，1994；Menard，1995；Greene，2000）。事实上，社会科学领域的许多数据为定性而非定距或定比数据，研究者感兴趣的因变量是分类变量，而不是连续变量。当仅有两个或少数几个正整数取值的变量为因变量时，若使用线性回归模型，就会面临许多问题。比如，线性回归模型的一些基本假定（如因变量必须是连续变量）得不到满足，从而导致回归估计的推断存在严重误差，使得进行假设检验、计算置信区间都失去了合理性；又如，在因变量为 0、1 或其他分类变量的情况下，不管自变量如何变化，因变量也不可能有太大的变化，从而损伤多元回归的效力。可见，对非连续数据采用线性回归模型进行分析是不合适的（杨菊华，2012：223）。

因此，当因变量为分类变量时，必须使用其他回归分析方法。在社会科学领域，应用最广的是 Logistic（Logit）回归分析（王济川、郭志刚，2001）。二分类 Logit 回归分析是比较常见的非线性回归，也是 Logit 回归中比较简单的一种形式。但在现实中，因变量的分类有时候多于两类，这就要求使用多分类模型。多分类 Logit 回归分析比二分类模型复杂一些，但基本思路是一致的，多因素分析策略也都相似，但结果的解释则有所不同，需要结合实际给出合理的专业解释。多分类 Logit 模型包括序次（ordered or ordinal）Logit 模型和多项（multinomial）Logit 模型两大类。在这两类模型中，因变量的性质不同，分析目的也有差别。前者的多个分类是有序的，后者的多个分类是无序的（杨菊华，2012：223～224）。本部分主要介绍多项 Logit 模型。

多项 Logit 模型应用于因变量是多分类且缺乏序次关系的场合（如初婚、再婚、离异、丧偶）。换言之，当因变量的多个分类为无序时，就需要采用无序的多项 Logit 模型（Polynomial Logit Model 或 Multinomial Logit Model）（杨菊华，2012：274）。多项 Logit 模型至少有两种连接函数（Link Function）。连接函数指的是，使用哪一种方法对因变量进行转换。Stata 默认的是 Logit 连接函数，即$f(x) = \log[x/(1-x)]$。当因变量分类之间的距离比较接近时，往往使用该模型。输出结果包括发生比（影响大小的测量），易于解释。另一种连接函数是 Probit 连接函数，它也是常用的连接方式，即$f(x) = (F-1)(x)$，其中的 $F-1$ 是标准正态累积分布函数的倒数。在因变量的分类呈正态分布时，往往使用 Probit 模型（杨菊华，2012：276）。

设因变量具有 M 个类别，这需要计算 $M-1$ 个方程，每个类别相对于参考类别，来描述因变量和自变量之间的关系。除了参考类别，因变量的每个类别，我们可以写成：

$$g_h(X_1, X_2, \cdots, X_k) = e^{(a_{h_0} + b_{h_1}X_1 + b_{h_2}X_2 + \cdots + b_{h_k}X_k)}$$

其中，$h=1, 2, \cdots, M-1$。下标 k 是指特定的 X 自变量，下标 h 指 Y 因变量的特定值，参考类别 $g_0(X_1, X_2, \cdots, X_k) = 1$。$Y$ 等于 h 的任何值，除 h_0外的概率等于：

$$P(Y = h \mid X_1, X_2, \cdots, X_k) = \frac{e^{(a_{h_0} + b_{h_1}X_1 + b_{h_2}X_2 + \cdots + b_{h_k}X_k)}}{1 + \sum_{h=1}^{m-1} e^{(a_{h_0} + b_{h_1}X_1 + b_{h_2}X_2 + \cdots + b_{h_k}X_k)}}$$

不包括 $h_0 = M$ 或 0，

$$P(Y = h_0 \mid X_1, X_2, \cdots, X_k) = \frac{1}{1 + \sum_{h=1}^{M-1} e^{(a_{h_0} + b_{h_1} X_1 + b_{h_2} X_2 + \cdots + b_{h_k} X_k)}}$$

2. 模型分析结果

从表 6－2 中 2017 年农业转移人口住房类型的多项 Logit 模型分析结果可以看出，农业转移人口的居住状况受到多重因素的复杂影响。有研究从不同代际的差异角度进行了分析，1980 年或 1990 年后出生的农业转移人口正步入婚育高峰期，这会产生大量独立租房和购房的现实需求（周滔、吕萍，2011；王宗萍、邹湘江，2013；杨菊华，2018）。从本书数据的分析结果来看，也印证了众多文献的观点，30～39 岁农业转移人口购房比例最高，次之的是 15～29 岁人口和 40～49 岁人口。模型分析结果还表明，50 岁及以上人口获得保障房的比例明显降低。从性别差异来看，女性农业转移人口获得保障房的比例要显著高于男性农业转移人口。从保障住房情况来看，女性处于优势地位。从受教育程度来看，受教育程度越高，购买、租赁商品房，获得保障房的比例越高；受教育程度越低，居住在就业场所、单位房的比例越高。换言之，受教育程度越高，住房状况越好；受教育程度越低，住房状况越差。从婚姻状况来看，已婚等人口购房、租房的比例要高于未婚人口；已婚等人口获得保障房的比例也明显高于未婚人口。家庭规模是影响农业转移人口在流入地是否拥有住房的最为显著因素，家庭规模越大，拥有住房的概率就可能增大；家庭规模越小，拥有住房的概率越小。研究表明，农业转移人口的职业地位较低，职业隔离明显（杨菊华，2014），这些职业因素显著影响到农业转移人口的居住状况。本书多项 Logit 模型数据表明，餐饮、生产、建筑、运输等行业从业人员购买住房的比例明显降低，他们更多地居住在工地厂房、集体宿舍、工作单位等。从单位性质来看，国有、集体、外资企业，个体工商户，私营企业获得保障房的比例明显降低。而从就业身份的影响来看，雇主和自营劳动者购买、租赁商品房和获得保障房的比例明显高于雇员。从流动范围来看，跨省流动人员无论是购买商品房，还是获得保障房的比例都处于劣势地位，换言之，他们更多居住在工地厂房、集体宿舍等就业场所。流入时间是影响农业转移人口是否拥有住房的最为显著因素，流入时间越长，农业转移人口购买商品房、租赁商品房的比例越高；流入时间越短，农业转移人口购买商品房、租赁商品房的比例越低（见表6－2）。

表6－2　2017年农业转移人口住房类型的多项Logit模型分析结果（参照组：单位房/就业场所等）

2017年全国流动人口卫生计生动态监测调查数据									
	购买商品房			租赁商品房			获得保障房		
	系数	标准误	P＞z	系数	标准误	P＞z	系数	标准误	P＞z
个体特征									
年龄									
15～29岁（参照组）									
30～39岁	0.08	0.03	0.014	0.01	0.03	0.709	0.06	0.07	0.389
40～49岁	－0.09	0.04	0.010	－0.23	0.03	0.000	－0.07	0.08	0.392
50岁及以上	－0.39	0.05	0.000	－0.61	0.04	0.000	－0.29	0.10	0.005
性别									
男性（参照组）									
女性	0.03	0.02	0.192	0.00	0.02	0.951	0.18	0.05	0.000
人力资本特征									
受教育程度									
小学及以下（参照组）									
初中	0.23	0.03	0.000	0.05	0.03	0.064	0.07	0.07	0.303
高中/中专	0.64	0.04	0.000	0.12	0.03	0.000	0.35	0.08	0.000
大学专科	1.42	0.05	0.000	0.32	0.04	0.000	0.68	0.11	0.000
大学本科及以上	1.82	0.07	0.000	0.54	0.06	0.000	0.99	0.14	0.000
家庭特征									
婚姻状况									

续表

	购买商品房			租赁商品房			获得保障房		
	系数	标准误	P > z	系数	标准误	P > z	系数	标准误	P > z
未婚（参照组）									
已婚等	0. 57	0. 05	0. 000	0. 33	0. 04	0. 000	0. 28	0. 10	0. 008
家庭规模									
1 人（参照组）									
2 人	1. 83	0. 07	0. 000	0. 54	0. 04	0. 000	1. 23	0. 14	0. 000
3 人	2. 19	0. 06	0. 000	0. 56	0. 04	0. 000	1. 39	0. 13	0. 000
4 人	1. 91	0. 06	0. 000	0. 44	0. 04	0. 000	1. 09	0. 13	0. 000
5 人及以上	2. 26	0. 07	0. 000	0. 41	0. 05	0. 000	1. 50	0. 14	0. 000
就业特征									
职业类型									
负责技术办事人员（参照组）									
经商、商贩	-0. 04	0. 06	0. 517	0. 36	0. 05	0. 000	-0. 34	0. 13	0. 007
餐饮	-0. 30	0. 06	0. 000	0. 28	0. 04	0. 000	-0. 22	0. 12	0. 070
家政、保洁、保安、装修、快递	0. 16	0. 05	0. 003	0. 59	0. 05	0. 000	0. 03	0. 12	0. 763
其他商业、服务业人员	0. 45	0. 05	0. 000	0. 56	0. 04	0. 000	0. 25	0. 10	0. 011
生产、建筑、运输等	-0. 44	0. 04	0. 000	-0. 04	0. 04	0. 302	-0. 21	0. 09	0. 020
其他职业	0. 46	0. 06	0. 000	0. 06	0. 05	0. 253	0. 59	0. 11	0. 000
单位性质									
机关事业单位（参照组）									
国有、集体、外资企业	-0. 30	0. 08	0. 000	-0. 42	0. 07	0. 000	-0. 44	0. 14	0. 001
私营企业	-0. 15	0. 08	0. 055	0. 02	0. 07	0. 747	-0. 70	0. 13	0. 000
个体工商户	0. 01	0. 08	0. 922	0. 34	0. 07	0. 000	-0. 76	0. 15	0. 000
其他	0. 74	0. 09	0. 000	1. 00	0. 07	0. 000	0. 19	0. 15	0. 198
就业身份									
雇员（参照组）									
自营劳动者	0. 71	0. 04	0. 000	0. 59	0. 04	0. 000	0. 24	0. 09	0. 006
雇主	1. 41	0. 07	0. 000	0. 68	0. 06	0. 000	0. 85	0. 14	0. 000
流动特征									
流动范围									
市内跨县（参照组）									
省内跨市	-0. 20	0. 03	0. 000	0. 13	0. 03	0. 000	0. 43	0. 07	0. 000
跨省流动	-1. 08	0. 03	0. 000	-0. 02	0. 03	0. 395	-0. 49	0. 07	0. 000

续表

	购买商品房			租赁商品房			获得保障房		
	系数	标准误	P > z	系数	标准误	P > z	系数	标准误	P > z
流入时间									
1 年及以内（参照组）									
2～3 年	0.74	0.04	0.000	0.31	0.02	0.000	0.83	0.09	0.000
4～5 年	1.16	0.04	0.000	0.44	0.03	0.000	1.40	0.09	0.000
6～10 年	1.49	0.04	0.000	0.53	0.03	0.000	1.04	0.09	0.000
10 年以上	2.00	0.04	0.000	0.54	0.03	0.000	1.53	0.09	0.000
截距	-3.31	0.10	0.000	-0.30	0.08	0.000	-4.13	0.20	0.000
样本量	110014								
Prob > chi^2	0.0000								
Pseudo R^2	0.1148								

2016 年农业转移人口住房类型的多项 Logit 模型分析结果表明，年龄是影响农业转移人口住房状况的显著因素，年龄越大，购买商品房、获得保障房的比例越高；年龄越小，购买商品房、获得保障房的比例越低。天津市住房数据没有表现出明显的性别差异，换言之，男性和女性在住房状况上没有显著差别。但受教育程度是影响天津市农业转移人口是否购买商品房的显著因素，受教育程度越高，购买商品房的比例越高；受教育程度越低，购买商品房的比例越低。家庭规模是影响天津市农业转移人口住房状况的显著因素，家庭规模越大，购买商品房、获得保障房的比例越高；家庭规模越小，购买商品房、获得保障房的比例越低。从职业类型来看，天津市生产、建筑、运输等人员购买商品房的比例要明显降低。从就业身份来看，自营劳动者和雇主购买商品房的比例要高于雇员，这也是与我们的常识相符合的（见表 6－3）。

表 6－3　2016 年农业转移人口住房类型的多项 Logit 模型分析结果（参照组：单位房/就业场所等）

2016 年天津市农业转移人口调查数据									
	购买商品房			租赁商品房			获得保障房		
	系数	标准误	P > z	系数	标准误	P > z	系数	标准误	P > z
个体特征									
年龄									
15～29 岁（参照组）									
30～39 岁	0.78	0.43	0.068	0.49	0.27	0.075	1.54	0.67	0.021
40～49 岁	1.17	0.47	0.013	0.54	0.32	0.086	1.43	0.71	0.044
50 岁及以上	2.40	0.88	0.007	0.92	0.70	0.189	3.34	1.01	0.001
性别									
男性（参照组）									
女性	0.17	0.29	0.557	0.17	0.20	0.396	0.50	0.38	0.190
人力资本特征									
受教育程度									
小学及以下（参照组）									
初中	1.73	0.89	0.053	0.75	0.45	0.093	1.52	0.91	0.093
高中/中专	2.91	0.91	0.001	1.16	0.47	0.014	1.51	0.95	0.111
大学专科	2.76	0.94	0.003	0.46	0.52	0.377	0.65	1.10	0.554
大学本科及以上	3.02	1.01	0.003	0.76	0.57	0.182	－13.32	977.23	0.989
职业证书									
没有（参照组）									
有	－0.40	0.33	0.222	－0.97	0.25	0.000	－0.09	0.46	0.846
技术要求									
很低（参照组）									
较低	0.78	0.85	0.360	0.56	0.41	0.179	0.10	0.79	0.904
较高	1.14	0.82	0.169	0.25	0.41	0.536	－0.50	0.78	0.522
很高	1.70	0.86	0.047	0.27	0.47	0.570	0.80	0.81	0.319
家庭特征									
婚姻状况									
未婚（参照组）									
已婚等	0.68	0.47	0.145	－0.03	0.27	0.907	0.57	0.75	0.442
家庭规模									

续表

	购买商品房			租赁商品房			获得保障房		
	系数	标准误	P > z	系数	标准误	P > z	系数	标准误	P > z
1 人（参照组）									
2 人及以上	1.70	0.40	0.000	0.27	0.22	0.205	1.89	0.65	0.003
就业特征									
职业类型									
负责技术办事人员（参照组）									
商业、服务业人员	-0.49	0.36	0.168	1.33	0.28	0.000	-0.53	0.52	0.310
生产、建筑、运输等人员	-1.07	0.38	0.005	0.88	0.28	0.002	0.21	0.48	0.658
单位性质									
机关事业单位（参照组）									
国有、集体、外资企业	-0.59	0.61	0.336	0.62	0.59	0.293	-0.16	0.86	0.855
私营企业	-0.62	0.60	0.302	0.46	0.58	0.432	0.04	0.84	0.960
个体工商户	-1.15	0.64	0.074	-0.06	0.59	0.919	0.07	0.87	0.933
就业身份									
雇员（参照组）									
自营劳动者	1.15	0.36	0.001	0.13	0.28	0.642	0.83	0.47	0.077
雇主	1.14	0.60	0.056	-0.08	0.53	0.877	1.01	0.67	0.133
流动特征									
流入时间									
1 年及以内（参照组）									
2~3 年	0.51	0.56	0.360	0.11	0.30	0.723	1.33	1.13	0.238
4~5 年	-0.05	0.62	0.936	0.03	0.34	0.920	1.41	1.15	0.221
6~10 年	0.33	0.53	0.528	0.05	0.30	0.868	1.46	1.09	0.181
10 年以上	0.88	0.53	0.096	0.12	0.32	0.711	1.42	1.10	0.197
截距	-6.41	1.44	0.000	-2.52	0.89	0.005	-8.06	1.92	0.000
样本量	739								
Prob > chi^2	0.0000								
Pseudo R^2	0.1919								

2019 年农业转移人口住房类型的多项 Logit 模型分析结果表明，受教育程度能够显著影响农业转移人口的住房状况，大学本科及以上受教育程度的人员购买商品房的比例要显著高于参照组。流动范

围能够显著影响农业转移人口的住房状况，跨省流动人口购买商品房的比例显著低于省内跨县流动人口。流入时间能够显著影响农业转移人口的住房状况，特别是流入6年及以上人员，购买商品房的比例显著升高（见表6－4）。

表6－4　2019年农业转移人口住房类型的多项Logit模型分析结果（参照组：单位房/就业场所等）

2019年中国社会状况综合调查数据									
	购买商品房			租赁商品房			获得保障房		
	系数	标准误	P > z	系数	标准误	P > z	系数	标准误	P > z
个体特征									
年龄									
15～29岁（参照组）									
30～39岁	-0.01	0.44	0.984	0.03	0.45	0.953	0.18	0.56	0.740
40～49岁	0.02	0.51	0.968	0.23	0.53	0.662	-0.02	0.70	0.972
50岁及以上	-0.40	0.53	0.459	-0.44	0.56	0.428	-0.20	0.70	0.779
性别									
男性（参照组）									
女性	-0.29	0.29	0.313	-0.62	0.30	0.039	-0.72	0.38	0.058
人力资本特征									
受教育程度									
小学及以下（参照组）									
初中	0.37	0.38	0.337	-0.11	0.39	0.776	-0.40	0.51	0.437
高中/中专	0.47	0.48	0.329	-0.27	0.49	0.582	-0.33	0.62	0.597
大学专科	0.53	0.57	0.353	-0.15	0.58	0.803	-0.75	0.79	0.348
大学本科及以上	1.56	0.74	0.036	0.93	0.80	0.243	1.39	0.90	0.125
职业证书									
不适用（参照组）									
没有，以后可能评定	0.45	0.35	0.194	0.52	0.36	0.155	1.97	0.43	0.000
技术等级	-0.90	0.53	0.088	-0.23	0.51	0.657	-0.04	0.72	0.961
专业职称	-0.41	0.53	0.439	-0.07	0.57	0.896	0.55	0.68	0.419

续表

	购买商品房			租赁商品房			获得保障房		
	系数	标准误	P > z	系数	标准误	P > z	系数	标准误	P > z
技术要求									
很低（参照组）									
较低	-0.10	0.33	0.755	-0.32	0.33	0.340	-0.16	0.43	0.716
较高	-0.04	0.43	0.928	-0.84	0.47	0.076	-0.59	0.59	0.314
很高	0.89	0.65	0.171	-0.11	0.71	0.871	-0.23	0.90	0.796
家庭特征									
婚姻状况									
未婚（参照组）									
已婚等	0.20	0.48	0.678	-0.85	0.47	0.069	-0.55	0.57	0.337
家庭规模									
1~2人（参照组）									
3人	0.17	0.53	0.745	0.00	0.53	0.996	-0.37	0.69	0.590
4人	-0.06	0.52	0.911	-0.16	0.52	0.760	-0.44	0.66	0.501
5人	0.03	0.53	0.952	-0.04	0.54	0.944	0.13	0.68	0.845
6人	-0.49	0.58	0.397	-0.30	0.58	0.602	-0.36	0.71	0.615
7人及以上	-0.39	0.61	0.526	0.33	0.61	0.588	-0.28	0.81	0.731
就业特征									
职业类型									
负责技术办事人员(参照组)									
商业、服务业人员	-0.60	0.45	0.186	-0.03	0.48	0.956	-0.54	0.58	0.356
生产、建筑、运输等人员	-0.55	0.48	0.251	0.10	0.51	0.844	-0.67	0.62	0.279
单位性质									
机关事业单位（参照组）									
国有、集体、外资企业	0.49	0.76	0.523	2.91	1.25	0.020	1.74	1.15	0.131
私营企业	0.33	0.64	0.604	2.95	1.18	0.012	1.78	1.04	0.086
个体工商户	0.80	0.71	0.256	2.62	1.22	0.032	2.02	1.13	0.073
其他	-0.23	0.69	0.741	2.07	1.21	0.088	1.54	1.10	0.164
就业身份									
雇员（参照组）									
自营劳动者	0.22	0.39	0.565	0.41	0.40	0.304	0.64	0.49	0.196

续表

	购买商品房			租赁商品房			获得保障房		
	系数	标准误	P > z	系数	标准误	P > z	系数	标准误	P > z
雇主	0.61	0.59	0.299	0.92	0.63	0.144	1.25	0.72	0.083
流动特征									
流动范围									
省内跨县（参照组）									
跨省流动	-1.01	0.27	0.000	-0.25	0.28	0.367	0.22	0.36	0.539
流入时间									
1 年及以内（参照组）									
2~3 年	0.16	0.47	0.736	0.70	0.42	0.097	-0.34	0.57	0.543
4~5 年	0.73	0.55	0.183	0.19	0.57	0.735	0.32	0.63	0.617
6~10 年	1.15	0.43	0.008	0.51	0.44	0.253	-0.04	0.54	0.935
10 年以上	1.68	0.41	0.000	0.67	0.41	0.104	-0.06	0.53	0.908
截距	-0.13	0.97	0.893	-1.54	1.40	0.273	-1.51	1.39	0.278
样本量	524								
Prob > chi^2	0.0000								
Pseudo R^2	0.1361								

五　农业转移人口市民化的住房资源配置机制

前文政策分析内容表明，农业转移人口城市住房与居住问题是一项系统性工程，必须充分发挥政府、市场、社会、企业以及个人等多方作用，构筑一个协同合作、分担责任的社会化、市场化机制。

（一）住房资源配置机制的主体

住房资源配置机制的主体是市场和政府。坚持“房子是用来住的，不是用来炒的”定位，以满足新市民住房需求为主要出发点，以建立购租并举的住房制度为主要方向，以市场为主满足多层次需求，以政府为主提供基本保障，通过推进住房供给侧结构性改革，加快解决住房困难家庭的基本住房问题。

（二）住房资源配置机制的客体

商品房、保障房、单位/就业场所等住房资源。

（三）住房资源配置机制的主要内容

坚持政府引导、政策支持，充分发挥市场机制的推动作用；坚持因地制宜、分类施策，满足基本住房需求。以建立购房与租房并举、市场配置与政府保障相结合的住房制度为主要方向，进一步完善住房保障制度。对于人口净流入较多、住房保障需求较大的大中城市，要督促加大公租房保障力度，因地制宜发展共有产权住房，加快促进解决农业转移人口和符合条件新市民住房困难问题。

1. 政府引导住房资源的配置与优化

（1）优化住房保障制度的顶层设计。从数据分析结果来看，农业转移人口的住房状况分为购买商品房、租赁商品房、获得保障房、在就业场所居住等各种各样的情况，解决好农业转移人口的住房保障问题，是实事也是难事，必须从顶层设计和制度框架上不断完善，从执行落实上打通“最后一公里”，让农业转移人口实现安居的梦想（王优玲、强勇，2019）。首先，要加快推动住房保障立法，明确国家层面住房保障顶层设计和基本制度框架，夯实各级政府住房保障工作责任，同时为规范保障房准入使用和退出提供法律依据。其次，要将农业转移人口纳入城镇住房供应体系，这是解决好包括两亿多农业转移人口在内的中国人住房问题、实现全体人民住有所居目标的必然要求，是广大农业转移人口共享改革发展成果的必然要求。最后，在构建以政府为主提供基本保障、以市场为主满足多层次需求的住房供应体系的过程中，要着力抓好两个方面的工作。一方面，要增加住房供应，建立起呈梯度的住房供应体系，这是保证人民群众住有所居最直接、最有效的措施。目前住房供应体系不健全、住房供给不足，是造成农业转移人口住房困难的主要原因。另一方面，要倡导符合国情的住房消费模式，这是解决住房供应与人民群众住房需求之间结构性失衡问题的关键一招。为此，要建立健全一套符合中国国情、满足农业转移人口住房实际需求的住房标准体系和住房消费模式。

（2）建立健全法律法规体系，实现住房的立法保障。美、英、德、法、意、日等许多发达国家的经验和教训都表明，完备的法律法规体系是调配住房资源、优化居住条件的先决因素。通过出台、修改和完善《中华人民共和国宪法》《中华人民共和国土地管理法》《中华人民共和国城乡规划法》《中华人民共和国城市房地产管理法》《中华人民共和国物权法》《中华人民共和国建筑法》《住房公积金管理条例》《不动产登记暂行条例》等多项法律法规，建立健全我国住房资源配置的法律法规体系，为维护住房配置体系以及制定各种政策措施提供方向指引和原则指导（黄燕芬、张超，2017）。

（3）合理运用财税金融等政策工具调节住房资源的配置与分布。一、二线城市采取稳定性的限购政策，严格控制投资杠杆比例（investment leverage ratio）和“借鸡生蛋”的借贷模式，限制投资者、投机者的炒房、卖房行为，抑制住热钱（hot money）投往地产界炒高房价，降低对房地产价格的预期，满足农业转移人口住房、用房的刚性需求（汪天都，2019）。对于住房资源比较丰富的中西部城市，要有效地开发和利用金融杠杆作用（financial leverage）和财政税收调节手段（fiscal taxation adjustment），降低住房首付比例（housing down payment ratio），实施利率优惠措施（interest rate incentives），取消限购政策，在房地产交易税上可以给予适当的减免，以鼓励居民购房，满足农业转移人口日益增长的住房需求和居住改善需求（汪天都，2019）。

（4）把农业转移人口纳入住房公积金体系。《国务院关于进一步做好为农民工服务工作的意见》（国发〔2014〕40号）第十六条规定："逐步将在城镇稳定就业的农民工纳入住房公积金制度实施范围。"2015年12月28日，全国住房城乡建设工作会议上提出，将进一步推动住房公积金改革，将符合条件的农民工和个体工商户纳入住房公积金体系。这既是住房保障工作的要求，也是推进公共服务均等化的要求（黄燕芬、张超，2017）。根据规定，住房公积金在性质上属于职工的法定权利，同时也是单位的法定义务，具有强制性，不是可有可无的所谓福利。不管是单位缴存的部分，还是个人扣缴的部分，账户内的全部本金和利息都属于职工本人所有，可以继承或遗赠，并免缴个人所得税。

2. 推进和完善保障性住房的多层次供给

前文描述性分析结果表明，农业转移人口获得保障性住房的比例还很低。保障性住房为维护社会和谐稳定，推进新型城镇化和农业转移人口市民化，增强困难群众获得感、幸福感、安全感发挥了积极作用。但是，保障性住房发展不平衡不充分的问题仍很突出，部分大中城市保障性住房需求量大，但保障覆盖面较窄，尤其是对住房困难的新就业无房职工、稳定就业外来务工人员的保障门槛较高、力度不够。要探索建立覆盖农业转移人口的住房保障体系，将符合条件的流动迁移人口纳入公租房、共有产权房等供应范围内。要在城市规划、社会建设中充分考虑流动迁移人口的居住需求，切实把长期在城市就业与生活的农业转移人口居住问题纳入城市经济社会发展总体战略，纳入城市住房建设规划，逐步向他们开放各类保障性住房，满足农业转移人口住房需求，以提升农业转移人口住房保障水平。加快完善主要由配租型的公租房和配售型的共有产权房构成的城镇住房保障体系，多渠道满足住房困难群众的基本住房需要。

（1）发挥中央财政转移支付的杠杆作用。资金投入向农业转移人口集中的城市倾斜，有效利用财政税收资金的金融杠杆作用，通过财政拨款（financial appropriation）、税收减免（tax relief）、基金补贴（fund subsidies）、银行贷款（bank loans）、金融证券（financial securities）等手段，为保障性住房统筹建设筹集资金、扩大资金池（肖春妍，2011）。中央财政在安排城市住房相关财政资金和财政拨款时，对吸纳农业转移人口较多的地区给予适当倾斜，保证农业转移人口在城市住得下来、稳定得住。

（2）共有产权房。共有产权保障住房准入实行住房、经济“双困”标准，主要解决既不符合廉租住房申请条件又缺乏市场购房能力的“夹心层”居民住房困难（王优玲、强勇，2019）。共有产权房应以中小套型为主，要优化规划布局、设施配套和户型设计，抓好工程质量。要制定共有产权房具体管理办法，核心是建立完善的共有产权房管理机制，包括配售定价、产权划分、使用管理、产权转让等规则，确保共有产权房是用来住的，不是用来炒的。同时，要明确相关主体在共有产权房使用、维护等方面的权利和义务。建立保障性住房房源和保障对象清单，通过住房保障系统精准筛查、智能推荐、自动匹配，对接保障对象身份状况、就业、家庭人口变化等不同需求，实现“人－房”精准匹配，一套一档。

（3）公租房。各地要落实好土地、资金、税费等各项支持政策，加大对符合条件新市民的保障力度，统筹做好农业转移人口公租房保障工作。要将规范发展公租房列入重要议事日程，坚持既尽力而为又量力而行，在国家统一政策目标指导下，因地制宜加大公租房发展力度。按照公租房“申请无纸化、申报常态化、审核网签化、保障精准化、服务精细化”的管理要求，积极推进信息化建设，建立保障房信息综合比对机制（宁雯，2020）。

（4）租赁补贴。模型分析结果表明，40 岁以上的农业转移人口住房状态相对较差。这与农业转移人口大多从事体力劳动，40 岁以后体力下降，收入也跟着下降有关系。可行的办法就是为农业转移人口提供租赁补贴。进一步提高对租赁补贴工作重要性的认识，切实做好农业转移人口租赁补贴有关工作，是优化住房保障方式，深化住房制度改革，加快改善住房困难家庭居住条件的重要举措，也是引导农业转移人口合理住房消费，促进房地产市场平稳健康发展，培育和发展住房租赁市场，推动新型城镇化进程的必然要求。

（5）加强准入、使用、退出管理。加强保障性住房管理、监督、检查体系建设，建立合理的保障性住房使用退出机制，让保障对象“能进能出”。各地要建立常态化申请受理机制，强化部门协同和信息共享，加强资格审核，确保保障对象符合相应的准入条件。指导各地依据经济发展水平、保障性住房存量、保障对象轮候退出数量、租赁补贴和实物保障的比例、市场租金变化情况等指标，动态调整保障对象准入条件和标准。通过数字手段实现更精准的配租，完善申请人档案信息采集，形成低收入家庭、有残疾人家庭、带子女家庭等各类电子画像，为精准分房提供信息支撑。从大厅“面对面”到网上“指尖对指尖”，从“十几个证明才能办”至“一证通办”，从“串联审批”到“并联审批”，使公租房、共有产权房申请更简便、审批更智能、分配更公平（赵展慧，2020）。

3. 探索和完善农业转移人口宅基地、承包地与其城市住房的衔接置换办法

如前文所述，不同数据来源的模型分析结果都表明，流动范围是影响农业转移人口住房状况的显著因素。特别是对于跨省流动人口来说，他们由于流动距离较大、行政鸿沟难以跨越，难以进行城乡之间的资源转换和资本互换。因此，对于农业转移人口的城市住房问题来说，实现跨城乡、跨区域、跨制度的住房资源互换是解决问题的一种有效方式。住宅用地供给不足带来的高地价，是导致房价居高不下的重要因素。因此，需要加快土地的供给侧结构性改革，增加城市住宅用地的供给，是优化住房资源配置，解决农业转移人口城市住房问题的有效手段之一（汪天都，2019）。宅基地及其上附属的住房是农业转移人口最重要的财产资源，但根据现行集体用地政策，农业转移人口的宅基地不能向本集体以外企业或个人出售及租赁。这种多年以前的制度规定在当时很好地保护了农民的土地权和住宅权，使他们的财产权利受到法律的有效保护。但在农业经济结构发生改变、农村社会结构发生转型、农民大规模流动的今天，管理过紧的政策已经不是十分适应发展的需要。一方面，农村劳动力大规模到城市经商务工，带动整个家庭的外出，农村宅基地住房闲置率高达20%～40%；另一方面，城市“寸土难寻、寸土寸金”，带来高昂的住房价格，农业转移家庭的收入满足不了购房租房的需要，他们难以在城市社会获得“落脚之地”，城市住房境况十分窘迫，上无片瓦遮身，下无立锥之地。针对这些矛盾之处，我们应积极推动农村集体用地改革，盘活农业转移人口宅基地的使用价值，促进农村土地和住房资源的合理流动与充分利用，积极探索和开发农业转移人口农村土地和住宅权益对其城市市民化过程的支撑性功能，由此实现农业转移人口的资产重组和资产转化，也实现城乡土地资源的互相替代和结构互补。建立农业转移人口城市购房进入与农村住房退出相衔接的体制机制，进行制度和方式创新，形成多渠道、多形式化解农业转移人口城市住房瓶颈的政策合力。第一，农业转移人口可以保留宅基地和住房的集体所有权，转让土地和住房的使用权，获得相应的财产收益。第二，农业转移人口可将宅基地进行流转上市，参与分红，获得相关额外的收入。第三，政府将农业转移人口退出的宅基地及其建设用地指标转让，所得资金用于补偿退出宅基地的农民在城镇购房资金和其他保障基金。第四，实行“土地换住房保障”，农业转移人口以放弃在农村的土地承包权益和宅基地永久使用权换取与市民的同等待遇，进入城市住房保障体系（熊景维，2013）。

4. 加快城镇棚户区、城中村、老旧小区和危房改造

理论和数据分析结果都表明，农业转移人口由于家庭人口众多、经济收入较低、工作就近方便、乡缘地缘集聚等原因，往往租住在城镇棚户区、城中村、老旧小区甚至危房、险房之中，居住条件恶劣。发展和改革委员会、规划和自然资源委员会、住房和城乡建设委员会、财政局、工商局、审计局、农业农村局、文化和旅游局、市场监督管理局等部门要依据相关法律法规、政策措施，因地制宜、因时施策，做好棚户区、城中村、老旧小区和危房改造工作。要主动落实战略规划、专家论证、摸底调查、产权核查、面积核对、业主录入、合同协商、补贴发放等事务和步骤，并统筹安排因容积率提高而相应增加的文、教、体、卫等公共服务配套设施，确保改造顺利推进。要大力提升城镇棚户区、城中村、老旧小区和危房改造的质量和标准，加强水、电、路、气等配套设施建设，加强空间、交通、绿化、环保等环境建设，建立健全蔬菜市场、便民超市、娱乐健身、停车场地等生活服务设施。城市政府在进行棚户区、城中村、老旧小区和危房改造的过程中，要充分维护农业转移人口的人身权益、财产权益和居住权益，保障他们有地方居住，住得惯、住得好。在符合城市总体规划和土地利用规划的前提下，应规定棚户区、城中村、老旧小区和危房改造后，继续保持对农业转移人口的租赁和出租状态；或在原有土地上配建一定数量的农业转移人口居住公寓，以该群体可承受的较低租金出租。对棚户区、城中村、老旧小区和危房改造项目中配套建设

经济适用住房、公共租赁住房的，要对农业转移人口进行开放和租赁。要采取切实防范措施，防止城镇棚户区、城中村、老旧小区和危房改造项目变相地“腾笼换鸟、移花接木、换汤换药”，形成事实上对农业转移人口的排斥和驱逐。

5. 从房地产企业角度合理供给、配置住房资源

改革开放实施市场经济以后，房地产企业是供给住房资源的主要力量之一，如何调整、整合大中小房地产企业的力量，增加住房资源供给的数量和提高居住条件的改善程度，成为满足农业转移人口居住条件的关键问题。

其一，住房数量。房地产企业的住房资源供给应稳定住房供应总量，优化住房供应结构，以改善中低收入家庭住房条件为主要目标，以中低价格为主、以小面积住房为主、以中小套型普通商品房为主，减少别墅住宅、高档商品房、大面积住房的供给，优先构建中低层次、类型多样的住房供应体系。房地产行业面对库存的压力，应当以价换量、薄利多销，从而实现库存的快速消化。库存难以消化的原因主要在于不愿意放弃高额利润，低价销售给普通人民群众。要放弃求大、求贵、求全的侥幸心理，踏踏实实做企业，真心为人民群众居住条件的改善提供便利。当然，也可以运用合理的金融工具，借助资本市场，丰富投融资方式，引入第三方投资者，实现逐步消化（汪天都，2019）。

其二，住房质量。住房质量是生命线，也是保障线，是农业转移人口居住安全的防护盾。房地产企业应加强对住房建设全过程的质量管理，严格履行法定程序和质量责任。断绝以次充好、偷工减料、豆腐渣工程，不得违法违规发包工程给没有建筑资质的公司和个人。科学规划住房布局，增强安全性、适用性、宜居性，对建筑的关键部位、重要工序、主要材料等实施责任到岗、举牌验收。建立建筑“前监督、后评估”制度，建立从生产到使用全过程的建材

质量追溯机制，建立健全建筑工程质量评价指标体系，科学评估住房质量，保障住房质量万无一失。

其三，住房配套。农业转移人口居住的小区往往属于配套设施匮乏、居住环境恶劣的地区。第一，常常缺少水、电、气、暖、路等设施，或者这些设施不完备、不健全，影响到居民居住的安全性和稳定性。第二，小区内常常缺乏文化娱乐、体育锻炼、读书阅读、绿色环保等设施，农业转移人口没有一个健身休闲的环境。第三，缺少各种基本公共服务，包括学校、医院、市场、银行、交通设施等，这些基本公共服务都是基本的居住需求。基本公共服务和基本生活设施的缺乏严重影响了农业转移人口的住房安全和居住幸福度，甚至带来环境危害和生命危险。因此，房地产企业必须借助政府和市场的双重力量，保安全、保质量、保发展，打造多样化的产品，满足消费者多层次的需求。

第七章
农业转移人口医疗保险转移接续机制

故人不独亲其亲，不独子其子，使老有所终，壮有所用，幼有所长，矜、寡、孤、独、废疾者皆有所养，男有分，女有归。

——（西汉）戴圣

人们普遍认为，农业转移人口的社会保障建设，不管是对于发展社会保障事业还是对于农业转移人口自身都具有十分重要的意义（白云等，2011；漆先瑞，2014）。社会保障中最主要、最重要的部分是社会保险。目前农业转移人口由于工种相对危险、工作强度大、生活和工作环境差等因素，普遍存在健康透支现象，保障农业转移人口健康权利具有重要的现实意义。因此，医疗保险是农民工最为迫切的保障需求（华迎放，2004；罗小琴、桂江丰，2014）。

一 市民化推进机制的重中之重：社会保障理论

社会保障（social security）是民生之安，关系着每一个人、每一个家庭的福祉。社会保障一词最早出自美国1935年颁布的《社会保障法》。1944 年，以第 26 届国际劳工大会发表《费城宣言》为标志，国际社会开始正式使用“社会保障”这一概念。社会保障即国家和社会依法对社会成员基本生活给予保障的社会安全制度。它指的是社会成员因年老、疾病、失业、伤残、生育、死亡、灾害等原因而失去劳动能力或生活遇到障碍时，依法从国家和社会获得基本生活需求的保障。社会保障通过对人们基本生活的保障，向社会成员提供一种安全保护，缓解、缓冲社会运行所造成的冲突和不适，从而促进社会的有序、稳定和协调发展。

社会保障具有多种多样的功能，概括而言，其主要功能表现为以下几个方面。首先，保障基本生活。保障公民的基本生活，是社会稳定和经济发展的前提，也是社会保障最核心的功能。国家建立社会保障体系，保障公民的基本生活，免除劳动者的后顾之忧，不仅是经济发展和社会稳定的需要，也是人权保障的重要内容，是社会进步的体现。其次，维护社会稳定。社会经济的发展进步，在任何时代都需要稳定的社会秩序和社会环境。而各种特定事件的客观存在往往给社会成员造成群体性的生存危机，如人口老龄化、疾病、工业事故与职业病、失业问题等，都会导致一部分社会成员丧失收入和有效的生活保障。在社会大生产的背景下，个体所遭受的风险并非完全由个人原因所致，更多的是由于社会变迁强加给社会成员的结果。如果国家不能妥善解决因社会原因导致的社会成员的危机状态，部分社会成员可能会因生存危机而铤而走险，构成社会的不稳定因素；社会秩序可能因此失去控制，进而破坏整个经济、社会的正常发展。最后，促进经济发展。在市场经济社会中，由于人们在劳动能力、社会机会和家庭赡养负担上不相同，必然会产生个人收入和家庭生活富裕程度的差别和不平等。如果遇到各种风险发生，就会使生活陷入困难，社会分配差距会进一步扩大。现代社会保障作为国家实施社会政策的一种手段，通过征收社会保险税费和支付各种社会保障金，实现国民收入的再分配，从而能在一定程度上调节社会收入分配状况，缩小社会成员的贫富差距。

二　医疗保险转移接续机制的国际经验

国际上具有代表性的医疗保障制度有四种：国家医疗保障制度、社会医疗保险制度、市场主导型医疗保险和储蓄型医疗保险。农业转移人口的医疗保障涵盖在国家统一的医疗保障制度之中（董静爽，2012）。主要经验如下。

一是覆盖大量农业转移人口。大多数的发达国家实现了全民医保，如英国的医疗保障制度覆盖面很广，凡是英国的正常居住者，均可以通过国民医疗体系获得医疗保障，农业转移人口也不例外。德国医疗保险的覆盖面也较广，政府通过立法推行强制性法定医疗保险制度。新加坡的医疗保险特点是全民覆盖，分层保障，其中包括外籍流动人口的医疗救助（董静爽，2012）。

二是立法保障农业转移人口的医疗权利。英国 1944 年制定了《国民保险部法》；德国 1883 年颁布了世界上第一部《疾病保险法》。很多国家通过法律形式保障了农业转移人口的医疗权利（董静爽，2012）。

三是建立了完善的医疗救助体系，为农业转移人口中的贫困群体提供较好的医疗服务。德国医疗保险资金筹集强调支付能力原则，低收入雇工和低收入其他人员的保险费分别由雇主和政府代为缴纳，美、新两国均实施了范围有限的社会医疗保险制度和针对穷人的医疗救助制度，体现了效率前提下的兼顾公平。发达国家的医疗保障制度虽然没有给所有国民提供最低的医疗保险覆盖，但是贫困人口在罹患急、重病症时，可以去公立医院的急诊部门接受免费治疗，构成了一条最后的安全线（董静爽，2012）。

三　医疗保险转移接续政策的历史进程

中国医疗保障体系始建于1951年，该年中央政府颁布了《中华人民共和国劳动保险条例》，建立劳保医疗制度。农村医疗保障建立较晚，1955年以前，中国农村基本上实行的还是自费医疗制度。1958年掀起的公社化为医疗融资合作提供了更厚实的体制基础，农村合作医疗在全国范围得到了有力的推广，全国行政村（生产大队）举办合作医疗的比重，1958年为10%，1960年为32%，1962年上升到46%（吴少龙、淦楚明，2011），1976年甚至超过了90%（曹正民、苏云，2007）。1978年市场化改革前，中国城乡卫生筹资体系以强制为主，根据编制、所有制和户口等社会身份来识别和吸纳人群，覆盖了大多数城乡人口（张国英、吴少龙，2015）。1978年以后，随着计划经济转向市场经济，医疗保障体制也开始转型。与市场经济相适应，国家提供医疗保障的依据由社会身份转变为劳动就业。1998年，《国务院关于建立城镇职工基本医疗保险制度的决定》发布，标志着中国城镇职工基本医疗保险制度的建立。2002年，《中共中央　国务院关于进一步加强农村卫生工作的决定》明确指出，“逐步建立以大病统筹为主的新型农村合作医疗制度”。2007年，《国务院关于开展城镇居民基本医疗保险试点的指导意见》发布，标志着城镇居民基本医疗保险开始着手建立（张国英、吴少龙，2015）。

市场经济的特征使生产者与消费者建立横向联系，也就是说，市场经济鼓励劳动力在供需关系的引导下进行自由流动，由于城乡发展不平衡和区域发展的差异性，农业转移人口的大量出现是必然现象，是市场经济的内在要求。农业转移人口千里迢迢、背井离乡由农村到城市，由熟人社会到陌生人社会，一天工作十几个小时，干的都是脏、累、险、苦的工作，特别容易遭受疾病和工伤的伤害，急需医疗卫生保障的保护。但是，在农业转移人口大规模的流动过程中，原有的农村合作医疗由于跨区域的原因不得不脱离，而新区域的居民和职工保险还没有加入。农业转移人口迫切希望医疗保障关系能够转移接续，解决农业转移人口跨统筹区域、跨城乡连续参保的问题，保护劳动者的健康权益，实现全民医保（吴少龙、淦楚明，2011）。但“徒法不足以自行”。各地医疗保障基金历来封闭运行，一纸文件只是开了个政策口子，流动就业人口医疗保障的转移接续有许多困难需要克服，如医疗保险实行现收现付制，缴费和参保期限不挂钩，流动就业人口缺乏转移接续的积极性；经办机构没有累积流动就业人口的参保年限信息；农业转移人口规模巨大，转移接续将面临很大的工作量和管理难度等（吴少龙、淦楚明，2011）。

四　医疗保险转移接续机制的实证数据

（一）数据来源

数据来源同样是前文所述 2017 年全国流动人口卫生计生动态监测调查数据、2016 年天津市农业转移人口调查数据和 2019 年中国社会状况综合调查数据。

（二）变量设置

因变量设置为农业转移人口流入地医疗保险参保比例，如

表7－1所示。自变量的设置及其分布详见前文表5－2。

从三个数据来源的结果来分析，农业转移人口在流入地医疗保险参保比例差异巨大，2017年全国数据表明只有17.3%，而相对来说天津市比例最高，达到61.7%；2019年中国社会状况综合调查的比例为28.1%。

表7－1　农业转移人口流入地医疗保险参保比例

单位：%

数据来源	农业转移人口流入地医疗保险参保比例
2017年全国流动人口卫生计生动态监测调查	17.3
2016年天津市农业转移人口调查	61.7
2019年中国社会状况综合调查	28.1

（三）模型分析方法及结果

分析方法是前文阐述的二元Logit模型分析。国内外大量学者对我国农业转移人口医疗保险的影响因素进行了研究（张展新等，2007；姜向群、郝帅，2008；王冉、盛来运，2008；Cooke，2011；郭瑜，2011；Knight，2014；秦立建等，2015）。如表7－2所示，农业转移人口流入地医疗保险参保比例Logit模型分析结果表明，年龄是影响农业转移人口流入地医疗保险参保比例的显著因素，与参照组（15～29岁）相比，30～39岁和40～49岁人员在流入地参加医疗保险的比例显著上升。性别是影响农业转移人口流入地医疗保险参保比例的显著因素，2017年全国流动人口卫生计生动态监测调查数据表明，与男性参照组相比，女性农业转移人口在流入地参加医疗保险的概率要明显上升。有研究表明，受教育程度对农民工参加社会保险几乎没有影响（胡央娣，2009；张国英、吴少龙，2015）。而本书研究结果表明，受教育程度是提高农业转移人口流入地医疗保险参保比例的最为显著因素，受教育程度越高，在流入地参加医疗保险的比例越高；而受教育程度越低，在流入地参加医疗保险的比例也越低。职业证书能够显著影响农业转移人口参加医疗保险的比例，有职业证书的参保比例要高于无职业证书人员。但2016年天津市农业转移人口调查数据和2019年中国社会状况综合调查数据都表明，职工实际的技术水平并没有显著影响他们的参保比例。婚姻状况是影响农业转移人口流入地医疗保险参保比例的显著因素，与未婚参照组相比，已婚等人员在流入地参加医疗保险的概率显著上升。2017年全国流动人口卫生计生动态监测调查数据表明，流入地家庭规模越大，农业转移人口流入地医疗保险参保比例越低。本书模型分析结果表明，餐饮、家政、保洁、保安、装修、快递、生产、建筑、运输等人员的参保比例明显低于参照组（负责技术办事人员）。国内外学者关于农业转移人口社会保险参与的研究普遍认为，单位所有制性质的差异，是造成农民工社会保险覆盖率较低的主要原因。与个体工商户、私营企业相比，机关事业单位、国有企业、集体企业、外资企业的职工有更高的医疗保险参保比例（张展新等，2007），本书的研究发现也进一步验证了这些观点。有研究认为，就业身份对农业转移人口是否参加社保的影响不显著（姜向群、郝帅，2008）。但从农业转移人口流入地医疗保险参保比例 Logit 模型分析结果来看，自营劳动者在流入地参加医疗保险的比例明显低于雇员和雇主等群体。流动范围是影响农业转移人口流入地医疗保险参保比例的显著因素，与参照组市内跨县农业转移人口相比，省内跨市和跨省流动人口在流入地参加医疗保险的比例显著上升。数据分析结果表明，流入时间也是影响农业转移人口流入地医疗保险参保比例的显著因素，流入时间越长，在流入地参加医疗保险的比例越高；流入时间越短，在流入地参加医疗保险的比例越低。

表 7-2　农业转移人口流入地医疗保险参保比例 Logit 模型分析结果

2017 年全国流动人口卫生计生动态监测调查数据				2016 年天津市农业转移人口调查数据				2019 年中国社会状况综合调查数据			
	系数	标准误	P > z		系数	标准误	P > z		系数	标准误	P > z
个体特征				**个体特征**				**个体特征**			
年龄				年龄				年龄			
15～29 岁（参照组）				15～29 岁（参照组）				15～29 岁（参照组）			
30～39 岁	0.15	0.02	0.000	30～39 岁	0.63	0.28	0.025	30～39 岁	0.47	0.35	0.178
40～49 岁	0.19	0.03	0.000	40～49 岁	0.55	0.31	0.080	40～49 岁	0.63	0.42	0.134
50 岁及以上	0.03	0.04	0.423	50 岁及以上	0.75	0.53	0.157	50 岁及以上	0.07	0.48	0.879
性别				性别				性别			
男性（参照组）				男性（参照组）				男性（参照组）			
女性	0.16	0.02	0.000	女性	-0.30	0.19	0.116	女性	0.04	0.24	0.852
人力资本特征				**人力资本特征**				**人力资本特征**			
受教育程度				受教育程度				受教育程度			
小学及以下（参照组）				小学及以下（参照组）				小学及以下（参照组）			
初中	0.31	0.03	0.000	初中	0.16	0.43	0.704	初中	0.27	0.35	0.429
高中/中专	0.79	0.03	0.000	高中/中专	0.74	0.44	0.094	高中/中专	1.13	0.41	0.005
大学专科	1.36	0.04	0.000	大学专科	1.22	0.52	0.018	大学专科	1.86	0.47	0.000
大学本科及以上	1.78	0.05	0.000	大学本科及以上	1.36	0.61	0.027	大学本科及以上	1.57	0.53	0.003
				职业证书				职业证书			
				没有（参照组）				不适用（参照组）			
				有	0.49	0.28	0.080	没有，以后可能评定	0.03	0.26	0.916

续表

2017 年全国流动人口卫生计生动态监测调查数据				2016 年天津市农业转移人口调查数据				2019 年中国社会状况综合调查数据			
	系数	标准误	P > z		系数	标准误	P > z		系数	标准误	P > z
								技术等级	0.81	0.43	0.062
								专业职称	0.38	0.42	0.364
				技术要求				技术要求			
				很低（参照组）				很低（参照组）			
				较低	0.12	0.40	0.774	较低	-0.27	0.27	0.331
				较高	0.50	0.40	0.205	较高	-0.48	0.37	0.199
				很高	0.47	0.44	0.284	很高	0.54	0.49	0.269
家庭特征				**家庭特征**				**家庭特征**			
婚姻状况				婚姻状况				婚姻状况			
未婚（参照组）				未婚（参照组）				未婚（参照组）			
已婚等	0.18	0.04	0.000	已婚等	-0.28	0.29	0.333	已婚等	-0.17	0.37	0.640
家庭规模				家庭规模				家庭规模			
1 人（参照组）				1 人（参照组）				1～2 人（参照组）			
2 人	-0.07	0.05	0.151	2 人及以上	0.12	0.23	0.592	3 人	0.58	0.44	0.184
3 人	-0.09	0.04	0.041					4 人	0.14	0.43	0.746
4 人	-0.21	0.04	0.000					5 人	0.44	0.44	0.321
5 人及以上	-0.11	0.05	0.023					6 人	0.79	0.48	0.096
								7 人及以上	0.23	0.51	0.647
就业特征				**就业特征**				**就业特征**			
职业类型				职业类型				职业类型			

续表

2017 年全国流动人口卫生计生动态监测调查数据				2016 年天津市农业转移人口调查数据				2019 年中国社会状况综合调查数据			
	系数	标准误	P > z		系数	标准误	P > z		系数	标准误	P > z
负责技术办事人员（参照组）				负责技术办事人员（参照组）				负责技术办事人员（参照组）			
经商、商贩	-0.53	0.04	0.000	商业、服务业人员	-0.70	0.28	0.011	商业、服务业人员	-0.79	0.34	0.019
餐饮	-0.67	0.04	0.000	生产、建筑、运输等人员	-0.35	0.30	0.237	生产、建筑、运输等人员	-0.71	0.36	0.052
家政、保洁、保安、装修、快递	-0.59	0.04	0.000								
其他商业、服务业人员	-0.38	0.03	0.000								
生产、建筑、运输等	-0.33	0.03	0.000								
其他职业	-0.09	0.04	0.039								
单位性质				单位性质				单位性质			
机关事业单位(参照组)				机关事业单位(参照组)				机关事业单位(参照组)			
国有、集体、外资企业	-0.12	0.05	0.031	国有、集体、外资企业	0.59	0.54	0.276	国有、集体、外资企业	0.20	0.65	0.764
私营企业	-0.93	0.05	0.000	私营企业	-0.11	0.52	0.834	私营企业	-0.19	0.57	0.732
个体工商户	-1.76	0.06	0.000	个体工商户	-1.24	0.53	0.020	个体工商户	-0.92	0.63	0.146
其他	-1.66	0.06	0.000					其他	-1.62	0.65	0.012
就业身份				就业身份				就业身份			
雇员（参照组）				雇员（参照组）				雇员（参照组）			
自营劳动者	-0.20	0.03	0.000	自营劳动者	0.41	0.26	0.118	自营劳动者	-0.19	0.35	0.583
雇主	0.07	0.05	0.168	雇主	0.22	0.42	0.602	雇主	-0.41	0.42	0.331

续表

2017 年全国流动人口卫生计生动态监测调查数据				2016 年天津市农业转移人口调查数据				2019 年中国社会状况综合调查数据			
	系数	标准误	P > z		系数	标准误	P > z		系数	标准误	P > z
流动特征				**流动特征**				**流动特征**			
流动范围								流动范围			
市内跨县（参照组）								省内跨县（参照组）			
省内跨市	0.53	0.03	0.000					跨省流动	-0.38	0.23	0.091
跨省流动	0.29	0.03	0.000								
流入时间				流入时间				流入时间			
1 年及以内（参照组）				1 年及以内（参照组）				1 年及以内（参照组）			
2～3 年	0.48	0.03	0.000	2～3 年	0.26	0.30	0.394	2～3 年	0.00	0.39	0.996
4～5 年	0.71	0.03	0.000	4～5 年	0.99	0.37	0.008	4～5 年	-0.19	0.45	0.673
6～10 年	0.89	0.03	0.000	6～10 年	0.22	0.30	0.463	6～10 年	0.08	0.36	0.823
10 年以上	1.35	0.03	0.000	10 年以上	0.03	0.31	0.927	10 年以上	0.79	0.35	0.025
截距	-2.17	0.09	0.000	截距	0.45	0.81	0.577	截距	-0.82	0.84	0.329
样本量	110014			样本量	739			样本量	524		
Prob > chi^2	0.0000			Prob > chi^2	0.0000			Prob > chi^2	0.0000		
Pseudo R^2	0.1570			Pseudo R^2	0.1816			Pseudo R^2	0.2131		

五　农业转移人口市民化的医疗保险转移接续机制

我国基本医疗保险制度建立以来，特别是全民参保计划实施以来，参保覆盖率一直保持在95%以上的较高水平，为参保群众依法合理享受基本医疗保障、促进人民健康发挥了重要作用。但前文数据分析结果表明，农业转移人口在流入地的医疗保险参保比例还较低。提高农业转移人口流入地医疗保险参保比例，成为促进他们市民化的关键环节。

（一）医疗保险转移接续机制的主体

模型分析结果表明，年龄、性别、受教育程度、婚姻状况、家庭规模、职业类型、单位性质、就业身份、流动范围、流入时间等都是影响农业转移人口流入地医疗保险参保比例的显著因素。这些复杂的影响因素表明，社会保障的推进主体是政府、单位、个人三方面的权利与责任。

政府在社会保障项目中扮演着极为重要的角色，因为社会保障是利用公共资源实现公共利益的过程，需要政府做好立法与执法工作，做好管理与服务工作，做好财政与资金工作，分类有序推进农业转移人口的社会保障进程。在筹集医疗保险基金时，必须由国家、用人单位和被保险人三方分担，这就要求医疗保险的权利享受者必须履行缴纳一定比例费用的义务，而不能将医疗保险办成一种纯福利性事业。在参保人方面，凡属于保险范围内的个人都必须投保，医疗保险的承办机构必须接受投保，双方都没有选择余地；在保险金的征收方面，凡参加保险的个人和单位都必须依法缴纳一定的保险费，保险费率由政府主管部门与有关各方协商制定，参与保险的各方无权更改保险费率。

（二）医疗保险转移接续机制的客体

医疗保险转移接续机制的客体是基本医疗保险关系。基本医疗保险是为补偿劳动者因疾病风险造成的经济损失而建立的一项社会保险制度。通过用人单位和个人缴费，建立医疗保险基金，参保人员患病就诊发生医疗费用后，由医疗保险经办机构给予一定的经济补偿，以避免或减轻劳动者因患病、治疗等所带来的经济风险。我国是一个幅员辽阔、人口众多的国家，各地的经济发展水平不一致；我国现在还处于社会主义初级阶段，还存在城乡差别，即使在城镇居民之间也存在行业、收入的差距；我国正在建立社会主义市场经济体制，在所有制方面，还存在国有企业、私营企业、三资企业等差别。以上客观存在的各种差别决定了在建立我国医疗保障制度的过程中，存在多形式、多层次的医疗保险。医疗保险转移接续的对象就是不同地域、不同医疗保障类型之间的医疗保障关系的转移接续。

（三）医疗保险转移接续机制的主要内容

提高农业转移人口在流入地的医疗保险参保率涉及社会的许多方面，是一项艰巨的社会系统工程，必须进行统一规划并制定统一的政策法规（在医疗保险的性质、范围、目标、管理体制等方面做出原则性规定），统一领导并精心组织实施。

1. 政府主导作用

（1）建立健全涉及农业转移人口的医疗保险法律法规。政策分析结果表明，医疗保险是一个知识性较强的领域，从英国、德国、美国等国的医疗保障制度发展状况来说，各个国家虽然国情不同，但对农业转移人口的医疗保险状况都通过法律法规来立法进行保障。

国家需要对农业转移人口的医疗保险、医疗服务进行立法，对农业转移人口的医疗保障行为进行规范，使农业转移人口的医疗保障制度不断完善并健康发展。《中华人民共和国宪法》规定："中华人民共和国公民在年老、疾病或者丧失劳动能力的情况下，有从国家和社会获得物质帮助的权利。"《国务院关于建立城镇职工基本医疗保险制度的决定》中明确提出：加快医疗保险制度改革，保障职工基本医疗。医疗保险法作为调整在医疗保险中形成的各种社会关系的法律规范，具有法律关系从形式到内容的强制性的特征。医疗保险的立法规范和调整了医疗保险中的各种利益关系，维护了医疗保险的保险人、投保人、被保险人、受益人和医疗服务机构之间因医疗保险费的缴纳、支付、管理和监督所发生的社会关系，保障了包括农业转移人口在内的广大人民群众的基本医疗权利。

（2）增加医疗保险的财政与资金。合理筹资、稳健运行是医疗保险制度可持续的基本保证。财政资金是农业转移人口医疗保险制度运行的动力和源泉，没有丰富的财政资金，农业转移人口的基本医疗保险就如无米之炊、无源之水，将无法运转。要建立与基本国情相适应、与各方承受能力相匹配、与基本健康需求相协调的筹资机制，切实加强基金运行管理，加强风险预警，坚决守住不发生系统性风险底线。首先，要降低农业转移人口参加基本医疗保险的门槛，即分析实施适合农业转移人口工资状况的起付线、缴费基准、缴费比例、报销比例，打消他们心里的花费顾虑，提高他们投入社会保障的性价比，减轻他们参加医疗保险的经济社会负担。其次，应当增加农业转移人口参加医疗保险的福利待遇。农业转移人口在流入地社会属于低收入群体，生存发展状况受到很大的限制，他们的医疗保险体系建设较晚，相较于城镇职工、居民医疗保障体系，将面临更大的资金缺口。农业转移人口社保基金作为专门用于人口流动等社会保障支出的补充、调剂，势必要做大基金资金池，只有充足的资金供给才能增强基金的支撑能力。应当发挥财政收入的再分配作用（fiscal redistribution），通过国家预算（state budget）、银行信贷（bank credit）、劳务费用（labor cost）、价格变动（price fluncuation）等，把国家闲置的资金和货币集中起来，对农业转移人口的医疗基金和医疗收入进行大力补贴。农业转移人口医疗基金的增多，除了现有的国家财政资金、企业/单位缴纳和个人自有经费外，还要开辟更大、更多、更广的资金筹措渠道，包括社会力量、外资基金、股份转让、发行债券、彩票公益金等。

（3）重点推进农业转移人口医疗保险的转移与接续。流动范围的数据分析结果表明，农业转移人口跨越的区域越大，参加医疗保险的比例越低。造成这些影响的原因在于社会保障制度的碎片化管理。中国的医疗保障制度以地区为基础（徐玮，2010；褚福灵，2014；龚文君，2012；吴宾、王松兴，2014；王宗凡，2015；许燕等，2017；杨林、柳俊燕，2020），城镇职工基本医疗保险和城镇居民医疗保险是以几百个地级城市为单位统筹，新农合以两千多个县为单位统筹（吴少龙、淦楚明，2011）。成百上千个统筹单位之间区域地理位置不同、经济发展水平各异、政策措施各不相同、社会风俗习惯充满差异，各地的社会保障制度之间充满了不均衡、不平等、不公平等问题，因此，社会保障跨地区、跨制度的转移接续也就困难重重、手续繁多，极难实施和操作（董静爽，2012）。例如，即使是相同制度的城镇居民基本医疗保险，在不同的区域，甚至是在同一省份内，对于缴费基数（payment base）、缴费比例（payment ratio）、报销额度（reimbursement limit）、起付线标准（minimum payment line standard）、最高限额（maximum limit）等也均有差异（张健，2016）。因此，国家要制定统一的法律与法规，打破分割的行政区划，找到有效的衔接政策，实现各种社会保障关系的转移接续（孙翎、迟嘉昱，2016）。

社会保障的统筹层次与居民的参保率、续保率密切相关，统筹层次越低，制度障碍和政策不一致越强，转移接续越困难，抗风险能力也越弱；统筹层次越高，制度的统一性越强，政策的一致性也越强，既能表现制度的人民性和群体性，又能使医保基金风险最小化和参保人权益最大化。要使社会保障政策更符合当前的经济社会发展形势，就必须使医疗保险政策能够与农业转移人口的自由流动特征相适应，逐步提高统筹层次和扩大统筹范围（郭琳、郭辉，2016）。提高统筹层次受到正反两个方面的制约。一方面，由于几千年传承的政治、地理、经济、社会、文化分割，区域之间存在不可跨越的鸿沟，特别是作为省级行政区划的地理单元，很难从行政上进行联合和统一，也很难从政策上进行合并和衔接；另一方面，由于当今社会现代化、信息化、智能化的发展，区域合作和联合成为大势所趋、人心所向，从更大区域范围内进行制度统一和政策衔接更有利于广大人民群众的人身权益和生活权利。

综合这正反两方面的情况，应提高医疗保险缴纳报销的统筹层次，把“异地”变成“一地”或“同地”，减少因统筹地区过小、统筹单位过多而形成的制度障碍。第一，做实城乡居民医保地市级统筹。确保地市级统筹区内保障范围统一、缴费政策统一、待遇水平统一。地市级统筹区内统一确定定点医疗机构和定点零售药店，促进医药卫生资源互补共享，推动定点医药机构加强管理、提高质量和改善服务。实现经办服务统一，规范统筹区内经办管理服务流程，健全市、县、街道经办管理服务网络，鼓励有条件的地区探索统筹区内经办机构垂直管理体制。第二，按照“分级管理、责任分担、统筹调剂、预算考核”的总体思路探索制订省级统筹方案，争取实现省级行政区划内的统筹和统一。在省级层面实现户籍统一、制度合并，标准化缴费基数、缴费比例、报销额度、报销上限、最高金额、确诊机构、住院垫付等内容，实现省级行政区划内的“一马平川”。第三，实现联系密切区域的社保统筹。例如，京津冀、长三角、珠三角、辽中南、山东半岛、北部湾等经济社会发展合作紧密的城市地带，可以通过财政拨款、转移支付、在线支付、异地结算等手段，推进基本医疗保险的转移接续。最后，待条件成熟时，再研究实现医疗保险全国统筹的可行路径。

2. 企业/单位承担主体责任

数据分析结果表明，职业类型是影响农业转移人口流入地医疗保险参保比例的最为显著因素。换言之，就职单位是决定农业转移人口是否参保的重要方面。如前文数据分析所述，特别是商业、服务业，生产、建筑、运输等行业就业人员，他们的医疗保险参保比例相对较低。一方面，单位是农业转移人口社会保险参与的核心主体，养老保险单位承担20%，医疗保险单位承担8%，失业保险单位承担2%，工伤保险和生育保险完全是由单位承担的，各在1%左右；另一方面，为职工缴纳社会保险也是企业的核心责任和重要义务，只有“五险一金”缴纳了，免除了职工的后顾之忧，员工才能安心工作，为企业创造更多的价值和财富。我们应加大法制宣传力度，加强单位社会责任感建设，让单位充分认识到为农业转移人口缴纳社会保险的可行性和必要性，提高单位履行义务的自觉性和主体性。一些具体的措施如下。

（1）严守法律法规，照章纳税经营。一些私营企业、集体企业、外资企业、个体工商户等单位往往存在无照经营、未依法登记、违章经营、偷税漏税、违规违纪、违法分包、污染环境、卫生健康状况不达标等情况，这些用工企业内部存在违法违纪的严重问题，没有资格和资质给员工缴纳社会保险。因此，各类企业/单位首先要严格遵守法律法规和各项规章制度，守住法律“底线”，严格遵守道德规范的要求，努力维护企业/单位利益但不得损害其他个人和单位的商业利益。遵守《公司法》《合同法》《物权法》《票据法》《土地管理法》等规章制度，完善营业执照、行业许可证、经营资质等，规范公司设立、股东资格、公司章程、股东责任、股东权利、公司解散、企业清算等事项和行为。同时，各类企业/单位要照章纳税，按时缴纳各项税款，使企业健康、有序，从而有资格、有条件为农业转移人口谋取各类福利和社保待遇。

（2）依靠科学技术进步，实现产业转型升级。很多中小制造业、建筑业、服务业、运输业企业都是重资本、轻技术的劳动密集型产业，开支大、利润低、收入少，缴纳社会保险费将会使企业的劳动成本提高，负担增加，迫使部分企业以各种形式逃避社保费用缴纳。各类公司和企业要以科学技术为引擎，强化基础研究，切实提高关键核心技术研发能力，以数字化、高速化、网络化、集成化和智能化为基础，瞄准世界科技前沿，引领科技发展方向。加强创新引领，以创新为驱动，通过更新生产服务技术、建设独立自主品牌，突破旧的思维定式、旧的生产模式，开发新的产品、新的技术和新的服务。审视主营业务各部分构成的盈利能力，观察了解企业现有的各种优势资源，并设法将其放大。调研新的业务方向，通过数据分析列出可进入的行业或业务增长点。推动产业发展实现由粗放型向集约型的转变，由价值链中低端向中高端的转变。

（3）提高工资收入水平，改善职工福利待遇。农业转移人口参加医疗保险的比例不高，原因有很多，其中最主要的原因就是他们工资收入比较少、福利待遇难以保障。较低的工资在支付住房、教育、医疗、日常等消费以后，所剩无几，从而导致农业转移人口无力再将捉襟见肘的资金投入社会保障费用的缴纳中。所以，各类企业/单位要以提高农业转移人口的收入水平和福利待遇为己任，资本力量雄厚、科学技术先进、生产价值高、福利盈利足的单位要把一部分利润用于员工的工资、奖金、分红等，甚至包括住房补贴、交通补贴、出差补贴、消费补贴、特殊工种补贴等，尽可能提高农业转移人口的收入水平和福利水平，减轻他们的生产负担、生活负担和家庭负担，使他们更有实力、更有余力去参加各类社会福利保障，得以优化自身和家庭的生存条件，能够得到适当的医疗和卫生保障，免去后顾之忧，激发更强的创造力和更高的生产率。

3. 农业转移人口要提高参保的积极性和主动性

（1）掌握和熟悉社保领域相关知识。之前的计量统计数据显示，学历水平越高，农业转移人口具有流入地医疗保险的比例越高；学历水平越低，农业转移人口具有流入地医疗保险的比例越低。所以，提高农业转移人口的学历层次和优化其知识结构成为提高他们社会保障参保率的重要一环。农村劳动力大部分是小学、初中结业甚至是没有毕业而辍学、肄业，学历层次较低阻碍了他们对于社会保障的认知和理解，往往更重视不缴纳社保费用带来的短期收益，而忽视缴纳社会保障带来的长期利益。而且，当前的医疗保险政策涉及的相关主体多元、办理程序复杂、转移接续不便，十分不利于文化程度不高人员的缴纳和参保。因此，受教育程度的提高及社保领域相关知识的学习和掌握，十分有利于农业转移人口提高认识、熟悉流程，提高医疗保险参保率。

（2）做好职业发展规划，增强就业的稳定性。首先，很多农业转移人口，特别是中西部地区的人员，虽然到城市打工，但还需要兼顾农村的农业、畜牧业、渔业等第一产业，是“农忙务农，农闲务工”的半农半工的模式，因此，他们的就业时间也是断断续续的，无法一致和连贯，不符合社会保障的缴纳条件（比如医疗保险就规定，中断缴费6个月以上的，视为自动脱保）。其次，部分农业转移人口由于年龄小、学历低、缺乏经验和技术，参加就业的工作往往缺乏可靠性和稳定性，工作一年半载就跳槽换工作的不在少数，甚至一半以上农业转移人口换过不止一次工作，这样的情形也很容易造成农业转移人口社会保障的中断和难以为继。所以，农业转移人口必须合理规划好外出打工与留守事务之间的安排，做好职业发展规划，尽量增强城市就业的正规性和稳定性，从而更有利于提高社会保障的参保率。

（3）增强现代社会保障意识，积极主动参保续保。前面计量统计模型显示，雇主和自营劳动者参加医疗保险的比例并不显著高于雇员。雇主、自营劳动者实际上是农业转移人口中学历较高、能力较强、拼劲较足的群体，他们通过自身的创新创业，能够获得较好的收入条件和稳定的住房类型，但他们对于社会保障的参保往往并不重视或并不在意，很少积极主动参保续保，甚至刻意退保断保。所以，要增强农业转移人口的现代维权意识和社会保障意识，提高他们参加社保的主动性和积极性，放弃一部分短期利益，付出一小部分资金，缴纳“五险一金”来获取长远规划和长期利益。农业转移人口还需增强自身的维权意识和保护意识，做到未雨绸缪、居安思危，积极主动了解和掌握社会保障、社会福利、社会救济等政策措施。如果地区或企业没有尽到缴纳社保费用的义务，农业转移人口要合理地利用法律、申诉等权利，维护好自身社保权益。

第八章
农业转移人口社会融合机制

此心安处是吾乡。

——（宋）苏轼

党的十九大报告提出要推动新型城镇化，推进农业转移人口的市民化。而城镇化、市民化的实现，不仅取决于宏观政策导向，不仅表现在农业转移人口的就业收入、住房居住、社会保障等方面，更重要的是农业转移人口的个体意愿和心理选择，农业转移人口的心理意愿直接影响其市民化行为。管子曰："仓廪实则知礼节，衣食足则知荣辱。"只有在满足基本生活需要的前提下，才会去注重文化建设。正如美国城市社会学研究专家 Park 所说，城市远不只是个人的集合，也不只是各种设施——街道、建筑、电灯、轨道电车和电话——的混合，更不只是各种制度与行政管理设施——法庭、医院、警察和各种市政职能部门——的集合，城市还是一种心智和心理状态（Park，1916）。促进农业转移人口社会融入和心理融合成为他们市民化的关键环节（王震，2015）。

一 市民化推进机制的落脚之处：社会融合理论

城市社会的主体是本地户籍人口和外来农业转移人口两类人群，而两类人群能否和睦、和谐相处成为农业转移人口市民化的关键问题。衡量不同人群社会关系的指标有很多，其中最常用的概念就是“社会融合”（Social Integration）。社会融合是一个宽泛、复杂、动态、多维的术语，对其还没有形成一致的认识（张文宏、雷开春，2008；悦中山等，2009）。中国古代的先贤们很早就提出了类似于“融合”的概念和含义，例如，儒家的“天下大同”、政治学上的“和同为一家”、社会学上的“美美与共”（杨菊华，2016）。

首先是社会融合理论。近代社会融合概念源于欧美移民的社会排斥问题，可以追溯到20世纪早期的芝加哥学派，1921年，Park和Burgess明确提出了社会融合的含义：个体或群体通过共享自身经验和历史信息，相互认同对方的记忆、情感、态度，互相渗透和融入，最终结合于一个共同的文化生活中。从此以后，社会融合理论成为研究和解释流迁人口生存发展状况、社会融合程度的重要理论框架和分析体系（Park and Burgess，1921）。Park等人的社会融合理论认为，流迁人口与当地居民在经过接触、竞争、适应、融合四个阶段后，最终形成统一的、完整的社会共同体。1964年，Milton Gordon发表了*Assimilation in American Life：The Role of Race，Religion，and National Origins*一书，进一步推进和发展了Park等人的社会融合理论，使之成为一个更为完整和系统的理论体系。Gordon等人认为美国是一个移民的“大熔炉”，移民通过文化的碰撞与交流，最后都会形成统一、标准的社会模式，而这种模式的核心就是白种盎格鲁-撒克逊新教文化。Gordon将社会融合划分为七个维度：文化认可与行为适应、领域扩展与结构同化、婚姻同化与家庭结合、族群意识与身份认同、歧视消除与态度转变、社会交往与行为接纳、市民同化与社会融合。这七个维度的内容主要包括移民对流入地衣食住行、语言习俗、价值观念的学习和接纳，对学校、政府、组织等次级领域的进入和渗透，对人际交往、恋爱结婚、家庭构成等的同化与融入等；也包括流入地主流群体对外来移民从持有歧视性偏见、刻板印象到逐渐接触和相互交流，再到态度上的认同和行为上的接纳。Gordon 最重要的贡献在于对社会融合概念复杂构成的多个重要维度进行了清晰的阐述和准确的定义，从而使社会融合可以划分为不同的阶段和水准，研究者可以更为准确地去判断流迁人口的社会融合程度。

其次是多元文化理论。在流迁人口的社会融合研究中，20 世纪前期都是社会融合理论占据毫无疑问的统治地位。多元文化理论从 20 世纪 50 年代才开始显现，直到 60 年代和 70 年代随着社会运动的兴起而影响整个社会，成为研究迁移人口社会融合的最重要概念之一。社会融合理论和多元文化理论之间的争论受到社会学家的广泛关注。学者们或者支持一方或者支持另外一方，最近多元文化理论尤其受到关注。1915 年，犹太裔美国籍哲学教授 Horace Kallen 明确提出了文化多元主义（Cultural Pluralism）的观点，强调人们可以选择或改变自己的政治教派、宗教信仰、饮食服饰等，但无法改变自身的历史传承和文化传统。因此，不同的文化群体应互相尊重并相互认可。到五六十年代，随着移民涌入以及民主权利、人权运动的蓬勃发展和迅速展开，多元文化理论得到了进一步的形成和完善，群体意识、群体差异、群体权利成为社会融合理论的核心思想和关键概念。进入 20 世纪八九十年代，多元文化主义（Multiculturalism）成为包容性更强、含义更丰富、内容更充实的社会融合理论模式。与社会融合理论或熔炉理论不同，多元文化理论认为，当流入地文化具有更强的接纳能力时，流迁人口具有保持自身独特的政治、经济、社会、文化传统的倾向性，同时他们也会在新的居住地重塑、发展其新的身份认同、价值观念和行为方式。而多民族、多价值、多信仰共同存在于流入地社会中，将更有助于多元经济社会体系的发展和进步（周敏，1995）。多元文化理论的提出和发展，为研究流迁群体在流入地的社会经济文化生活提供了良好的研究框架和理论基础。

最后是区隔融入理论。区隔融入理论是由许多社会学家的观点发展而来的，包括 Gibson（1988），Zhou 和 Bankston（1998）等人的观点，特别是 Portes 和 Rumbauts（2001）的经典名著 Legacies：*The Story of the Immigrant Second Generation*，表明美国流迁人口的社会融入有多样化的结果。其中，流迁人口的社会融入主要表现为三种形式。第一，顺利融入流入地社会。某些流迁群体拥有较丰富的人力资本，文化习俗也与流入地比较接近，故而可能较快地融入流入地经济发展和社会建设中。第二，进入流入地社会底层。一些流动人口拥有的资本较少，难以获得稳定的收入，成为流入地的贫困群体。第三，经济上迅速融入但保留来源地的价值体系。流动人口在就业收入方面努力向当地居民靠拢，甚至反超，但他们更认同自身的文化传承和原有的生活方式（杨菊华，2009）。

总之，对社会融合内涵的各种理解中，都强调了社会融合的互动与渗透，即社会融合是不同个体或群体间相互融合的过程，是一个双向行为。然而，综观现有关于社会融合的研究，大多是对农业转移人口向本地人的单向融合的研究，忽略了农业转移人口感知到的城市对农业转移人口的态度以及城市居民对农业转移人口的接纳态度（任远、乔楠，2010；宋月萍、陶椰，2012）。

二　社会融合推进机制的国际经验

美国是外来人口集聚的国家之一，1864 年美国国会颁布《合同劳工法》，鼓励劳工移民。1964 年联邦政府通过《民权法案》，其中第 4 ~6 章禁止学校种族隔离。1968 年美国《民权法案》第 8 章的通过更是第一次以消除贫民窟与少数外来人口居住区为目的，令黑人在居住环境的选择上与白人拥有同样的权利。直到今天，美国政府仍然强调不分种族、宗教、语言，不同人群之间是平等的。政府通过立法保证外来人口在就业、晋升、银行贷款和获取合同方面得到与当地一般居民同等的待遇（王健，2012）。

第二次世界大战后，为了缓和民族间的紧张关系，加拿大政府号召全国人民团结一致，并于 1946 年通过了第一部《加拿大公民身份法》（Canadian Citizenship Act），1960 年批准了《加拿大权利法案》（Canadian Bill of Rights），该法案成为第一部禁止歧视外来人口的联邦法律，它反对以民族、种族、肤色、宗教、性别为理由进行歧视。1986 年加拿大政府通过了《就业平等法》，确保少数民族、外来人口、土著居民和有色人种民族的平等就业机会（王健，2012）。

20 世纪 80 年代晚期，法国实施了它的第一个社会融合政策，即一个通过劳动和培训来支持接受者在法国社会获得一席之地的收入支持计划。在政府文件或机构名称中较早使用社会融合一词的是英联邦的苏格兰政府，它于 1997 年 12 月成立了用来协调相关部门之间关系和帮助联邦政府推动社会融合的机构——苏格兰社会融合网络（Scottish Social Inclusion Network）。2001 年 7 月，欧盟成员国开始推行两年一次的全国社会融合行动计划（National Action Plans on

Social Inclusion)（嘎日达、黄匡时，2009）。

三　社会融合推进政策的历史进程

2004 年 9 月 19 日，党的十六届四中全会上正式提出了“构建社会主义和谐社会”的概念，指的是一种和睦、融洽并且各阶层齐心协力的社会状态。2005 年，中共提出将“和谐社会”作为执政的战略任务，“和谐”的理念要成为建设“中国特色的社会主义”过程中的价值取向。2006 年 10 月，党的十六届六中全会审议通过的《中共中央关于构建社会主义和谐社会若干重大问题的决定》中全面深刻地阐明了中国特色社会主义和谐社会的性质和定位、指导思想、目标任务、工作原则和重大部署。

2012 年 11 月，党的十八大报告指出，社会和谐是中国特色社会主义的本质属性。要把保障和改善民生放在更加突出的位置，加强和创新社会管理，正确处理改革发展稳定关系，团结一切可以团结的力量，最大限度增加和谐因素，增强社会创造活力，确保人民安居乐业、社会安定有序、国家长治久安。2017 年 10 月 18 日，党的十九大报告指出，必须多谋民生之利、多解民生之忧，在发展中补齐民生短板、促进社会公平正义，在幼有所育、学有所教、劳有所得、病有所医、老有所养、住有所居、弱有所扶上不断取得新进展。2020 年 10 月 29 日，党的十九届五中全会通过了《中共中央关于制定国民经济和社会发展第十四个五年规划和二〇三五年远景目标的建议》，要求正确处理新形势下人民内部矛盾，畅通和规范群众诉求表达、利益协调、权益保障通道，完善信访制度，完善各类调解联动工作体系，构建源头防控、排查梳理、纠纷化解、应急处置的社会矛盾综合治理机制。健全社会心理服务体系和危机干预机制。坚持专群结合、群防群治，加强社会治安防控体系建设，坚决防范和打击暴力恐怖、黑恶势力、新型网络犯罪和跨国犯罪，保持社会和谐稳定。

四　社会融合推进机制的实证数据

（一）数据来源

本部分分析使用2017年全国流动人口卫生计生动态监测调查数据和2016年天津市农业转移人口调查数据。

（二）变量设置

因变量包括融入意愿、歧视感受、融入结果等，具体设置及分布如表8－1所示；自变量的设置及分布详见前文表5－2。

2017年农业转移人口的社会融合状况分析数据表明，农业转移人口90%以上愿意融入流入地社会，但由于歧视感受的存在，只有73.3%感觉已经融入了本地社会。2016年数据表明，76.5%的天津市农业转移人口愿意融入本地社会，70.4%的人群感觉已经融入本地社会。2017年全国数据和2016年天津市数据反映的农业转移人口社会融合状况基本相同，体现了所用数据的可靠性和稳定性。

表8－1　农业转移人口的社会融合状况

单位：%

2017年全国流动人口卫生计生动态监测调查					
		完全不同意	不同意	基本同意	完全同意
融入意愿	我很愿意融入本地人当中	1.1	6.9	54.3	37.7
歧视感受	我感觉本地人看不起外地人	26.9	55.0	15.3	2.8
融入结果	我觉得我已经是本地人了	3.5	23.3	51.3	22.0

续表

2016年天津市农业转移人口调查					
		否	不确定	是	
融入意愿	您是否愿意融入本地社会	10.5	13.1	76.5	
		完全不同意	不同意	基本同意	完全同意
融入结果	我已经是天津人了	8.0	21.6	31.2	39.2

（三）模型分析方法及结果

1. 模型分析方法

本部分模型根据因变量的特征选择序次 Logit 模型和广义序次 Logit 模型（Generalized Ordered Logit Model）。

序次 Logit 模型应用于因变量为定序测量的场合（如较好、一般、较差），其自变量可以是连续变量和分类变量。虽然也使用其他连接函数，如 Probit 连接函数，但序次 Logit 模型通常使用 Logit 连接函数，故而有时也称为累积（cumulative）Logit 模型。同时，如同二分类 Logit 模型一样，由于自变量的参数可以被转化成风险比（odds ratio），故使用 Logit 连接的序次回归模型也称为成比例发生比（proportional odds）模型。序次 Logit 模型是广义线性模型（Generalized Linear Model，GLM）的一个特例，使用 GLM 方法就可得到相同参数和模型拟合度估计（Identical Parameter and Model Fit Estimates），虽然二者也存在一定差异（杨菊华，2012：260）。

累积 Logit 模型用来预测处于或者低于某特定类别的比数。因为有 K 个可能的定序结果，模型实际上做出 $K-1$ 个预测，每个预测对应于相继类别间的累积概率。如果我们令 π（$Y \leqslant j \mid X_1, X_2, \cdots, X_p$）$= \pi_j$（$\underline{X}$），代表某响应落入小于或者等于 j 类的类别里（$j=1, 2, \cdots, K-1$），于是我们得到每一个个案的累积概率集合（奥康奈尔，2012：50）。最终类别的累积概率一直是 1。通过对一般 Logit 回归模型的扩展，累积概率的 Logit 预测，被称为累积 Logits，如下所示：

$$\ln(Y_j') = \ln\left(\frac{\pi_i(\underline{X})}{1-\pi_i(\underline{X})}\right) = \alpha_j + (\beta_1 X_1 + \beta_2 X_2 + \cdots + \beta_p X_p)$$

但序次 Logit 模型的一个基本假定是，对于因变量的每个分类，自变量的影响效果是一样的，即“成比例假定”（Proportional Assumption）或“平行线假定”（Parallel Lines Assumption）。平行线假定的意义是，每个预测变量（包括除了对照组以外的分类变量的各分类）的参数估计在等式中都是相同的，所不同的仅是常数项。因变量每个分类的回归线（或其他高级数学形状）被假定为相互平行，表明自变量与每个分类的 Logit（因变量转换后的 odds）是相同的。比如，若因变量为健康水平、自变量为年龄，则年龄每 10 年的增加对健康非常好、好、一般、较差的影响是一样的，不管年龄是 20～30 岁、30～40 岁还是 40～50 岁。平行线假定检验（Test of Parallel Lines Assumption）就是用来检验这个关键假定的。若该假定被违反，结果又会受到怎样的影响呢？理论上看，违反该假定可能使得采用序次 Logit 模型不够合适，因为估计结果可能受到严重干扰，产生极大偏误。若采用默认的 Logit 连接函数以外的连接函数的话，或许在一定程度上可以避免该问题（杨菊华，2012：262）。

现实中这一假定往往很难得到满足，有效的应对方法是广义序次 Logit 模型。广义序次 Logit 模型规避了平行线假定，使得回归结果更加符合现实情况。其基本的公式如下：

$$P(Y_i > j) = g(X\beta_j) = \frac{\exp(\alpha_j + X_i\beta_j)}{1 + \{\exp(\alpha_j + X_i\beta_j)\}},\quad j = 1,2,\cdots,M-1$$

其中，M 是序次因变量的类别数量，Y 的每个取值 1，…，M 的概率等于：

$$P(Y_i = 1) = 1 - g(X_i\beta_1)$$
$$P(Y_i = j) = g(X_i\beta_{j-1}) - g(X_i\beta_j) \quad j = 2,\cdots,M-1$$
$$P(Y_i = M) = g(X_i\beta_{M-1})$$

当 $M=2$ 时，广义序次 Logit 模型等价于 Logit 回归模型。当 $M>2$时，广义序次 Logit 模型等价于一系列的二元逻辑回归，其中因变量的类别被组合在一起。如 $M=4$，当 $j=1$ 时，是第 1 类与第 2、3、4 类形成对比；当 $j=2$ 时，是在 1 和 2 与 3 和 4 之间形成对比；对于 $j=3$，它是第 1、2、3 类和第 4 类之间形成对比。

同时，序次 Logit 模型的平行线假定也是一种特殊的广义序次 Logit 模型，平行线模型可以写成：

$$P(Y_i > j) = g(X\beta) = \frac{\exp(\alpha_j + X_i\beta)}{1 + \{\exp(\alpha_j + X_i\beta)\}},\quad j = 1,2,\cdots,M-1$$

此时，平行线模型和广义序次 Logit 模型的公式是相同的，除了在平行线模型中 β（而不是 α）对于所有 j 的值是相同的（李华香，2019）。

2. 模型分析结果

如表 8－2 所示，2017 年农业转移人口融入意愿的模型分析结果表明，个体特征是影响农业转移人口社会融合的基础因素（刘林平、张春泥，2007；许传新，2007；任远、乔楠，2010；李东平等，2018）。农业转移人口融入意愿序次 Logit 模型回归分析结果表明，年龄对社会融合的影响主要体现在代际差异上（张利军，2006；刘传江、徐建玲，2007；胡杰成，2007；金萍，2010），年龄越大，融入意愿越强；年龄越小，融入意愿越弱。从农业转移人口融入意愿的性别差异来看，女性往往出于安定生活的考虑，融入意愿更强烈，社会融入程度要高于男性（刘建娥，2010；李东平等，2018），但在本书中结果并不显著。从人力资本特征来看，受教育程度越高，就业能力越强，居住条件越好，社保参保率越高，农业转移人口越能接受城市理念，更能融入城市生活

(Goldlush and Richmond，1974；王昺、梁晓，2003；任远、邬民乐，2006；刘建娥，2010；金崇芳，2011；陆淑珍，2011；张和敏、吴连翠，2018；李东平等，2018)，2017 年全国流动人口卫生计生动态监测调查数据也证明了这一点。婚姻状况显然是影响农业转移人口是否愿意融入流入地社会的显著因素（李东平等，2018)，本书通过全国性大样本数据的比较分析发现，处于已婚等状况者的融入意愿要强于未婚者。家庭规模的大小能够影响到农业转移人口在流入地的融入意愿（李东平等，2018)，当家庭规模在 5 人及以上时，愿意融入城市社会的概率显著增加，这是本书的重要发现之一。职业类型作为一个非常重要的分层标准，是影响农业转移人口融入意愿的显著因素（牛喜霞、谢建社，2007；任远、乔楠，2010；胡江霞、文传浩，2016；马云献，2012；罗恩立，2012)，本书数据表明，餐饮、生产、建筑、运输等行业人员愿意融入流入地社会比例显著低于参照组（负责技术办事人员)。与参照组机关事业单位相比，个体工商户，私营企业，国有、集体、外资企业等单位的工作人员愿意融入流入地社会的比例显著降低。与预期结果相符的是，就业身份能够显著作用于农业转移人口的融入意愿，雇主和自营劳动者的愿意融入意愿显著高于雇员。已有迁移规律研究中，证实了迁移距离对迁移行为有影响(陆淑珍，2011)，本书数据分析结果表明，流动范围越大，融入意愿越弱；流动范围越小，融入意愿越强；市内跨县 > 省内跨市 > 跨省流动。流入时间也是影响农民工社会融入意愿的重要因素，农民工在城市居住时间越长，就越有可能积累相关的劳动经验、语言能力等人力资本，从而越有可能获得经济成功，其对城市情感越深，融入意愿也会越强（王春光，2001；张文宏、雷开春，2008；任远、乔楠，2010；陆淑珍，2011)。

表 8－2　2017 年农业转移人口融入意愿的模型分析结果

	序次 Logit 模型结果			广义序次 Logit 模型结果（以“完全同意”为参照组）								
				完全不同意			不同意			基本同意		
	系数	标准误	P > z	系数	标准误	P > z	系数	标准误	P > z	系数	标准误	P > z
个体特征												
年龄												
15～29 岁（参照组）												
30～39 岁	0. 09	0. 02	0. 000	0. 07	0. 08	0. 392	0. 16	0. 03	0. 000	0. 09	0. 02	0. 000
40～49 岁	0. 11	0. 02	0. 000	0. 03	0. 09	0. 722	0. 06	0. 04	0. 085	0. 13	0. 02	0. 000
50 岁及以上	0. 16	0. 03	0. 000	0. 23	0. 13	0. 074	0. 14	0. 05	0. 003	0. 16	0. 03	0. 000
性别												
男性（参照组）												
女性	0. 01	0. 01	0. 331	0. 03	0. 06	0. 633	0. 06	0. 02	0. 007	0. 00	0. 01	0. 840
人力资本特征												
受教育程度												
小学及以下（参照组）												
初中	0. 12	0. 02	0. 000	0. 22	0. 08	0. 005	0. 26	0. 03	0. 000	0. 07	0. 02	0. 000
高中/中专	0. 31	0. 02	0. 000	0. 50	0. 10	0. 000	0. 61	0. 04	0. 000	0. 23	0. 02	0. 000
大学专科	0. 55	0. 03	0. 000	0. 61	0. 15	0. 000	1. 09	0. 06	0. 000	0. 45	0. 04	0. 000
大学本科及以上	0. 68	0. 04	0. 000	0. 60	0. 22	0. 006	1. 37	0. 10	0. 000	0. 58	0. 04	0. 000

续表

	序次 Logit 模型结果			广义序次 Logit 模型结果（以“完全同意”为参照组）								
				完全不同意			不同意			基本同意		
	系数	标准误	P > z	系数	标准误	P > z	系数	标准误	P > z	系数	标准误	P > z
家庭特征												
婚姻状况												
未婚（参照组）												
已婚等	0.14	0.03	0.000	0.14	0.13	0.292	0.19	0.05	0.000	0.13	0.03	0.000
家庭规模												
1 人（参照组）												
2 人	0.07	0.03	0.002	-0.16	0.16	0.314	-0.04	0.06	0.471	0.12	0.03	0.001
3 人	0.12	0.03	0.000	-0.10	0.15	0.481	0.00	0.06	0.967	0.16	0.03	0.000
4 人	0.04	0.03	0.192	-0.17	0.15	0.261	-0.15	0.06	0.006	0.10	0.03	0.003
5 人及以上	0.10	0.03	0.004	-0.33	0.16	0.043	-0.23	0.06	0.000	0.19	0.04	0.000
就业特征												
职业类型												
负责技术办事人员（参照组）												
经商、商贩	-0.10	0.03	0.001	-0.30	0.18	0.084	-0.09	0.06	0.175	-0.11	0.03	0.001
餐饮	-0.09	0.03	0.004	-0.61	0.17	0.000	-0.05	0.06	0.422	-0.10	0.03	0.002
家政、保洁、保安、装修、快递	-0.01	0.03	0.751	-0.34	0.18	0.053	0.04	0.06	0.584	-0.02	0.03	0.453

续表

	序次 Logit 模型结果			广义序次 Logit 模型结果（以“完全同意”为参照组）								
				完全不同意			不同意			基本同意		
	系数	标准误	P > z	系数	标准误	P > z	系数	标准误	P > z	系数	标准误	P > z
其他商业、服务业人员	0. 12	0. 03	0. 000	-0. 21	0. 17	0. 210	0. 20	0. 06	0. 001	0. 11	0. 03	0. 000
生产、建筑、运输等	-0. 36	0. 03	0. 000	-0. 59	0. 15	0. 000	-0. 39	0. 05	0. 000	-0. 34	0. 03	0. 000
其他职业	0. 07	0. 03	0. 039	-0. 37	0. 18	0. 043	-0. 04	0. 07	0. 519	0. 08	0. 03	0. 018
单位性质												
机关事业单位（参照组）												
国有、集体、外资企业	-0. 21	0. 05	0. 000	-0. 36	0. 31	0. 238	-0. 47	0. 13	0. 000	-0. 19	0. 05	0. 000
私营企业	-0. 25	0. 05	0. 000	0. 24	0. 30	0. 419	-0. 46	0. 13	0. 000	-0. 24	0. 05	0. 000
个体工商户	-0. 29	0. 05	0. 000	-0. 23	0. 31	0. 456	-0. 43	0. 13	0. 001	-0. 30	0. 05	0. 000
其他	-0. 22	0. 05	0. 000	-0. 26	0. 31	0. 391	-0. 33	0. 13	0. 013	-0. 23	0. 05	0. 000
就业身份												
雇员（参照组）												
自营劳动者	0. 08	0. 02	0. 000	-0. 02	0. 10	0. 857	0. 06	0. 04	0. 129	0. 08	0. 02	0. 000
雇主	0. 31	0. 03	0. 000	-0. 11	0. 15	0. 464	0. 13	0. 06	0. 036	0. 33	0. 03	0. 000
流动特征												
流动范围												
市内跨县（参照组）												

续表

	序次 Logit 模型结果			广义序次 Logit 模型结果（以“完全同意”为参照组）								
				完全不同意			不同意			基本同意		
	系数	标准误	P > z	系数	标准误	P > z	系数	标准误	P > z	系数	标准误	P > z
省内跨市	-0.11	0.02	0.000	-0.01	0.10	0.881	-0.17	0.04	0.000	-0.10	0.02	0.000
跨省流动	-0.36	0.02	0.000	-0.23	0.09	0.010	-0.49	0.04	0.000	-0.34	0.02	0.000
流入时间												
1 年及以内（参照组）												
2～3 年	0.16	0.02	0.000	0.21	0.09	0.018	0.28	0.03	0.000	0.11	0.02	0.000
4～5 年	0.28	0.02	0.000	0.30	0.10	0.003	0.40	0.04	0.000	0.24	0.02	0.000
6～10 年	0.38	0.02	0.000	0.19	0.09	0.031	0.48	0.03	0.000	0.34	0.02	0.000
10 年以上	0.63	0.02	0.000	0.44	0.10	0.000	0.71	0.04	0.000	0.59	0.02	0.000
/cut1	-4.20	0.07		4.60	0.38	0.000	2.15	0.16	0.000	-0.86	0.07	0.000
/cut2	-2.13	0.07										
/cut3	0.91	0.07										
样本量	110014			110014								
Prob > chi^2	0.0000			0.0000								
Pseudo R^2	0.0218			0.0248								

如表 8 - 3 所示，2017 年农业转移人口歧视感受的模型分析结果表明，农业转移人口感受到的本地居民的歧视态度因年龄差异发生显著变化，50 岁及以上人群感到歧视的比例要降低。但性别是影响歧视感受的显著因素，大样本数据的统计分析显示，女性感受到本地人歧视的程度要高于男性。人力资本特征能够影响农业转移人口是否感受到本地居民的歧视态度，受教育程度越高，农业转移人口的就业能力越强，风俗习惯、语言行为、思想观念的接受速度越快，越不易受到其他居民的歧视；而受教育程度越低，农业转移人口的职业能力越低、工资收入越少、居住条件越恶劣，思维习惯改变越慢，越容易感受到本地居民的歧视态度。从全国性大样本的统计分析结果来看，已婚等人群的歧视感受较强，1 人家庭的歧视感受较强。职业类型是影响歧视感受的显著因素，餐饮、家政、保洁、保安、装修、快递、生产、建筑、运输等人员的歧视感受明显强于参照组。从就业身份来说，对于歧视感受，雇员 > 自营劳动者 > 雇主。流动范围能够影响歧视感受，市内跨县流动人口的歧视感受明显低于跨省流动人口和省内跨市流动人口。本书数据表明，单位性质、流入时间对歧视感受没有显著影响。

如图 8 - 4 所示，2017 年农业转移人口融入结果的模型分析结果表明，年龄是影响农业转移人口融入结果的显著因素，年龄越大，融入比例越高；年龄越小，融入比例越低。经过融入意愿、歧视感受等的作用，最后统计结果表明，女性农业转移人口的融入比例较低。人力资本特征显著影响农业转移人口流入地融入结果，受教育程度越高，农业转移人口的就业能力越强，风俗习惯、语言行为、思想观念的接受速度越快，越容易融入当地社会；而受教育程度越低，农业转移人口的职业能力越低、工资收入越少、居住条件越恶劣，思维习惯改变越慢，越不容易融入流入地社会。从全国性大样

表 8－3　2017 年农业转移人口歧视感受的模型分析结果

	序次 Logit 模型结果			广义序次 Logit 模型结果（以“完全同意”为参照组）								
				完全不同意			不同意			基本同意		
	系数	标准误	P > z	系数	标准误	P > z	系数	标准误	P > z	系数	标准误	P > z
个体特征												
年龄												
15～29 岁（参照组）												
30～39 岁	－0.03	0.02	0.091	－0.01	0.02	0.710	－0.06	0.02	0.011	－0.06	0.05	0.268
40～49 岁	－0.04	0.02	0.034	－0.06	0.02	0.007	－0.01	0.03	0.563	－0.03	0.06	0.592
50 岁及以上	－0.06	0.03	0.014	－0.08	0.03	0.005	－0.03	0.03	0.351	0.03	0.08	0.668
性别												
男性（参照组）												
女性	0.05	0.01	0.000	0.03	0.01	0.035	0.08	0.02	0.000	0.03	0.04	0.410
人力资本特征												
受教育程度												
小学及以下（参照组）												
初中	－0.18	0.02	0.000	－0.11	0.02	0.000	－0.24	0.02	0.000	－0.29	0.05	0.000
高中/中专	－0.31	0.02	0.000	－0.20	0.02	0.000	－0.42	0.03	0.000	－0.53	0.06	0.000
大学专科	－0.42	0.03	0.000	－0.31	0.03	0.000	－0.58	0.04	0.000	－0.73	0.10	0.000
大学本科及以上	－0.50	0.04	0.000	－0.36	0.04	0.000	－0.78	0.06	0.000	－0.90	0.15	0.000

续表

	序次 logit 模型结果			广义序次 Logit 模型结果（以“完全同意”为参照组）								
				完全不同意			不同意			基本同意		
	系数	标准误	P > z	系数	标准误	P > z	系数	标准误	P > z	系数	标准误	P > z
家庭特征												
婚姻状况												
未婚（参照组）												
已婚等	0. 07	0. 03	0. 007	0. 06	0. 03	0. 046	0. 09	0. 04	0. 022	0. 09	0. 09	0. 314
家庭规模												
1 人（参照组）												
2 人	-0. 10	0. 03	0. 002	-0. 14	0. 04	0. 000	-0. 03	0. 04	0. 478	-0. 09	0. 10	0. 379
3 人	-0. 09	0. 03	0. 003	-0. 14	0. 03	0. 000	0. 00	0. 04	0. 913	-0. 07	0. 10	0. 485
4 人	-0. 07	0. 03	0. 022	-0. 15	0. 03	0. 000	0. 07	0. 04	0. 116	-0. 12	0. 10	0. 226
5 人及以上	-0. 09	0. 03	0. 010	-0. 22	0. 04	0. 000	0. 11	0. 05	0. 016	0. 01	0. 11	0. 938
就业特征												
职业类型												
负责技术办事人员（参照组）												
经商、商贩	0. 08	0. 03	0. 010	0. 06	0. 03	0. 081	0. 11	0. 04	0. 009	0. 12	0. 10	0. 220
餐饮	0. 09	0. 03	0. 002	0. 09	0. 04	0. 008	0. 11	0. 04	0. 014	0. 01	0. 10	0. 946
家政、保洁、保安、装修、快递	0. 16	0. 03	0. 000	0. 12	0. 04	0. 001	0. 21	0. 04	0. 000	0. 19	0. 10	0. 051

续表

	序次 Logit 模型结果			广义序次 Logit 模型结果（以“完全同意”为参照组）								
				完全不同意			不同意			基本同意		
	系数	标准误	P > z	系数	标准误	P > z	系数	标准误	P > z	系数	标准误	P > z
其他商业、服务业人员	0.02	0.03	0.515	0.00	0.03	0.923	0.05	0.04	0.199	0.03	0.09	0.766
生产、建筑、运输等	0.16	0.03	0.000	0.19	0.03	0.000	0.14	0.04	0.000	-0.05	0.09	0.596
其他职业	0.01	0.03	0.808	0.04	0.04	0.351	-0.02	0.05	0.739	-0.02	0.11	0.841
单位性质												
机关事业单位（参照组）												
国有、集体、外资企业	-0.05	0.05	0.324	0.00	0.06	0.928	-0.11	0.07	0.107	-0.04	0.16	0.785
私营企业	-0.03	0.05	0.585	0.01	0.05	0.841	-0.08	0.07	0.241	-0.08	0.15	0.602
个体工商户	-0.03	0.05	0.522	-0.02	0.05	0.703	-0.04	0.07	0.504	0.00	0.16	0.981
其他	0.08	0.05	0.112	0.09	0.06	0.102	0.05	0.07	0.450	0.06	0.16	0.720
就业身份												
雇员（参照组）												
自营劳动者	-0.09	0.02	0.000	-0.07	0.02	0.004	-0.11	0.03	0.000	-0.08	0.06	0.222
雇主	-0.22	0.03	0.000	-0.25	0.03	0.000	-0.14	0.04	0.001	-0.05	0.10	0.571
流动特征												
流动范围												
市内跨县（参照组）												

续表

	序次 Logit 模型结果			广义序次 Logit 模型结果（以“完全同意”为参照组）								
				完全不同意			不同意			基本同意		
	系数	标准误	P > z	系数	标准误	P > z	系数	标准误	P > z	系数	标准误	P > z
省内跨市	0. 22	0. 02	0. 000	0. 18	0. 02	0. 000	0. 31	0. 03	0. 000	0. 24	0. 06	0. 000
跨省流动	0. 44	0. 02	0. 000	0. 38	0. 02	0. 000	0. 55	0. 02	0. 000	0. 45	0. 06	0. 000
流入时间												
1 年及以内（参照组）												
2 ~ 3 年	-0. 01	0. 02	0. 427	-0. 03	0. 02	0. 194	0. 01	0. 03	0. 845	-0. 04	0. 06	0. 557
4 ~ 5 年	-0. 02	0. 02	0. 370	-0. 06	0. 02	0. 013	0. 05	0. 03	0. 105	0. 03	0. 07	0. 642
6 ~ 10 年	0. 01	0. 02	0. 744	-0. 05	0. 02	0. 020	0. 09	0. 03	0. 000	0. 10	0. 06	0. 103
10 年以上	0. 03	0. 02	0. 129	-0. 07	0. 02	0. 004	0. 17	0. 03	0. 000	0. 20	0. 06	0. 002
/cut1	-0. 79	0. 06		0. 88	0. 07	0. 000	-2. 00	0. 09	0. 000	-3. 73	0. 21	0. 000
/cut2	1. 76	0. 06										
/cut3	3. 80	0. 07										
样本量	110014			110014								
Prob > chi^2	0. 0000			0. 0000								
Pseudo R^2	0. 0077			0. 0105								

表 8－4　2017 年农业转移人口融入结果的模型分析结果

	序次 Logit 模型结果			广义序次 Logit 模型结果（以“完全同意”为参照组）								
				完全不同意			不同意			基本同意		
	系数	标准误	P > z	系数	标准误	P > z	系数	标准误	P > z	系数	标准误	P > z
个体特征												
年龄												
15～29 岁（参照组）												
30～39 岁	0.13	0.02	0.000	0.10	0.05	0.026	0.18	0.02	0.000	0.08	0.02	0.000
40～49 岁	0.29	0.02	0.000	0.24	0.05	0.000	0.34	0.02	0.000	0.23	0.02	0.000
50 岁及以上	0.46	0.03	0.000	0.52	0.08	0.000	0.53	0.03	0.000	0.38	0.03	0.000
性别												
男性（参照组）												
女性	－0.03	0.01	0.004	－0.02	0.03	0.616	－0.07	0.01	0.000	0.00	0.02	0.923
人力资本特征												
受教育程度												
小学及以下（参照组）												
初中	0.01	0.02	0.615	0.13	0.05	0.008	0.07	0.02	0.000	－0.06	0.02	0.002
高中/中专	0.12	0.02	0.000	0.29	0.06	0.000	0.19	0.02	0.000	0.03	0.03	0.302
大学专科	0.26	0.03	0.000	0.54	0.08	0.000	0.34	0.03	0.000	0.15	0.03	0.000
大学本科及以上	0.28	0.04	0.000	0.64	0.12	0.000	0.37	0.05	0.000	0.17	0.05	0.000

续表

	序次 Logit 模型结果			广义序次 Logit 模型结果（以“完全同意”为参照组）								
				完全不同意			不同意			基本同意		
	系数	标准误	P > z	系数	标准误	P > z	系数	标准误	P > z	系数	标准误	P > z
家庭特征												
婚姻状况												
未婚（参照组）												
已婚等	-0.05	0.03	0.086	0.00	0.08	0.989	-0.06	0.03	0.049	-0.01	0.03	0.690
家庭规模												
1 人（参照组）												
2 人	0.27	0.03	0.000	0.18	0.09	0.047	0.26	0.04	0.000	0.30	0.04	0.000
3 人	0.27	0.03	0.000	0.17	0.08	0.038	0.26	0.03	0.000	0.29	0.04	0.000
4 人	0.13	0.03	0.000	0.10	0.08	0.225	0.12	0.03	0.000	0.16	0.04	0.000
5 人及以上	0.22	0.03	0.000	0.01	0.09	0.933	0.15	0.04	0.000	0.31	0.04	0.000
就业特征												
职业类型												
负责技术办事人员（参照组）												
经商、商贩	-0.05	0.03	0.115	-0.07	0.09	0.444	0.02	0.04	0.663	-0.11	0.04	0.004
餐饮	-0.02	0.03	0.601	-0.15	0.09	0.087	0.05	0.04	0.134	-0.09	0.04	0.020
家政、保洁、保安、装修、快递	-0.04	0.03	0.152	-0.08	0.09	0.366	0.01	0.04	0.804	-0.10	0.04	0.009

续表

	序次 Logit 模型结果			广义序次 Logit 模型结果（以“完全同意”为参照组）								
				完全不同意			不同意			基本同意		
	系数	标准误	P > z	系数	标准误	P > z	系数	标准误	P > z	系数	标准误	P > z
其他商业、服务业人员	0.10	0.03	0.000	0.18	0.08	0.029	0.11	0.03	0.001	0.08	0.03	0.028
生产、建筑、运输等	-0.22	0.03	0.000	-0.16	0.07	0.026	-0.20	0.03	0.000	-0.24	0.03	0.000
其他职业	0.22	0.03	0.000	0.01	0.09	0.903	0.21	0.04	0.000	0.22	0.04	0.000
单位性质												
机关事业单位（参照组）												
国有、集体、外资企业	-0.29	0.05	0.000	-0.30	0.15	0.052	-0.28	0.06	0.000	-0.25	0.06	0.000
私营企业	-0.28	0.05	0.000	-0.17	0.15	0.246	-0.24	0.06	0.000	-0.29	0.05	0.000
个体工商户	-0.17	0.05	0.000	-0.06	0.15	0.713	-0.10	0.06	0.096	-0.24	0.06	0.000
其他	-0.14	0.05	0.004	-0.04	0.16	0.789	-0.09	0.06	0.173	-0.19	0.06	0.001
就业身份												
雇员（参照组）												
自营劳动者	0.10	0.02	0.000	0.15	0.06	0.013	0.11	0.02	0.000	0.08	0.02	0.001
雇主	0.32	0.03	0.000	0.20	0.10	0.042	0.22	0.04	0.000	0.40	0.04	0.000
流动特征												
流动范围												
市内跨县（参照组）												

续表

	序次 Logit 模型结果			广义序次 Logit 模型结果（以“完全同意”为参照组）								
				完全不同意			不同意			基本同意		
	系数	标准误	P > z	系数	标准误	P > z	系数	标准误	P > z	系数	标准误	P > z
省内跨市	-0.46	0.02	0.000	-0.52	0.06	0.000	-0.63	0.03	0.000	-0.39	0.02	0.000
跨省流动	-0.92	0.02	0.000	-0.84	0.06	0.000	-1.11	0.02	0.000	-0.81	0.02	0.000
流入时间												
1 年及以内（参照组）												
2~3 年	0.21	0.02	0.000	0.13	0.05	0.006	0.24	0.02	0.000	0.17	0.03	0.000
4~5 年	0.33	0.02	0.000	0.30	0.06	0.000	0.35	0.02	0.000	0.32	0.03	0.000
6~10 年	0.46	0.02	0.000	0.28	0.05	0.000	0.46	0.02	0.000	0.49	0.03	0.000
10 年以上	0.74	0.02	0.000	0.42	0.06	0.000	0.69	0.02	0.000	0.79	0.03	0.000
/cut1	-3.64	0.07	3.47	0.20	0.000	1.34	0.08	0.000	-1.20	0.08	0.000	
/cut2	-1.26	0.06										
/cut3	1.17	0.06										
样本量	110014			110014								
Prob > chi^2	0.0000			0.0000								
Pseudo R^2	0.0348			0.0371								

本的统计分析结果来看，婚姻状况对融入结果没有显著影响。从家庭规模来看，2 人及以上家庭的融入比例要高于 1 人家庭。职业类型是影响融入结果的显著因素，生产、建筑、运输等行业人员的融入比例明显低于参照组（负责技术办事人员）。单位性质也能影响融入结果，国有、集体、外资企业，个体工商户，私营企业的员工融入比例要低于参照组。从就业身份来说，对于融入比例，雇员 < 自营劳动者 < 雇主。流动范围能够影响融入结果，对于融入比例，市内跨县 > 省内跨市 > 跨省流动。本书数据表明，流入时间是影响农业转移人口融入结果的显著因素，流入时间越长，融入比例越高；流入时间越短，融入比例越低。

如表 8 – 5 所示，2016 年天津市农业转移人口融入意愿的模型分析结果表明，30 ~ 39 岁人群的融入意愿要低于参照组 15 ~ 29 岁人群。从职业证书角度来看，出现与我们的常识相反的结果，有证书的群体融入意愿反而较弱，其原因还有待于更深层次的研究。但真实的技术水平确实是影响天津市农业转移人口融入意愿的显著因素，技术水平越高，融入意愿越强；技术水平越低，融入意愿越弱。从广义序次 Logit 模型结果来看，2 人及以上家庭的不确定比例明显上升。对于天津市农业转移人口来说，流入时间起显著作用的底线是 10 年，换言之，流入 10 年以上人群的融入意愿要显著增强，而 10 年以内没有显著区别。

如表 8 – 6 所示，2016 年天津市农业转移人口融入结果的模型分析结果表明，年龄越大，融入比例越高；年龄越小，融入比例越低。在控制了其他因素以后，性别之间没有显著差异。从职业证书角度来看，出现与我们的常识相反的结果，有证书的群体融入比例反而较低。家庭规模较大的人群，其融入比例相对较高。从单位性质来看，国有、集体、外资企业，私营企业，个体工商户的融入比例相比参照组要显著降低。而就业身份也是影响天津市农业转移人口社会融合的显著因素，与雇员相比，自营劳动者和雇主的融入比例要显著提高。

表 8－5　2016 年天津市农业转移人口融入意愿的模型分析结果

	序次 Logit 模型结果			广义序次 Logit 模型结果（以“愿意”为参照组）					
				不愿意			不确定		
	系数	标准误	P＞z	系数	标准误	P＞z	系数	标准误	P＞z
个体特征									
年龄									
15～29 岁（参照组）									
30～39 岁	－0.59	0.29	0.042	0.08	0.47	0.867	－0.64	0.30	0.032
40～49 岁	－0.43	0.33	0.197	－1.69	0.53	0.001	－0.10	0.35	0.763
50 岁及以上	－0.35	0.59	0.555	－1.49	0.85	0.078	－0.08	0.61	0.899
性别									
男性（参照组）									
女性	0.34	0.21	0.098	0.34	0.35	0.331	0.37	0.21	0.083
人力资本特征									
受教育程度									
小学及以下（参照组）									
初中	－0.44	0.53	0.408	－2.01	0.93	0.030	－0.28	0.54	0.603
高中/中专	－0.33	0.55	0.542	－2.01	0.95	0.035	－0.17	0.55	0.751
大学专科	0.06	0.59	0.920	－2.45	1.03	0.018	0.32	0.60	0.597
大学本科及以上	0.08	0.67	0.899	－2.13	1.14	0.062	0.55	0.68	0.424
职业证书									
没有（参照组）									
有	－0.65	0.24	0.007	－0.54	0.44	0.211	－0.69	0.26	0.007
技术水平									
很低（参照组）									
较低	0.82	0.39	0.036	2.29	0.60	0.000	0.55	0.42	0.189
较高	1.16	0.39	0.003	2.49	0.60	0.000	0.86	0.42	0.040
很高	0.78	0.43	0.069	0.67	0.66	0.316	0.92	0.47	0.048
家庭特征									
婚姻状况									

续表

	序次 Logit 模型结果			广义序次 Logit 模型结果（以“愿意”为参照组）					
				不愿意			不确定		
	系数	标准误	P > z	系数	标准误	P > z	系数	标准误	P > z
未婚（参照组）									
已婚等	0.10	0.29	0.725	-0.12	0.46	0.798	0.06	0.30	0.852
家庭规模									
1人（参照组）									
2人及以上	0.40	0.21	0.059	-0.71	0.37	0.058	0.55	0.22	0.014
就业特征									
职业类型									
负责技术办事人员（参照组）									
商业、服务业人员	0.16	0.26	0.540	-0.76	0.42	0.070	0.24	0.27	0.382
生产、建筑、运输等人员	0.17	0.27	0.523	0.34	0.39	0.391	0.12	0.28	0.660
单位性质									
机关事业单位（参照组）									
国有、集体、外资企业	-0.33	0.56	0.555	-0.21	0.85	0.808	-0.38	0.58	0.513
私营企业	-0.53	0.55	0.336	-0.67	0.83	0.424	-0.50	0.57	0.382
个体工商户	-0.76	0.57	0.178	-0.43	0.79	0.588	-0.82	0.59	0.162
就业身份									
雇员（参照组）									
自营劳动者	0.16	0.27	0.550	0.96	0.45	0.031	0.12	0.28	0.681
雇主	-0.24	0.43	0.577	1.06	0.75	0.158	-0.39	0.45	0.389
流动特征									
流入时间									
1年及以内（参照组）									
2~3年	0.51	0.31	0.102	-0.62	0.51	0.229	0.65	0.32	0.045
4~5年	0.33	0.34	0.330	-1.23	0.58	0.035	0.52	0.36	0.146
6~10年	0.27	0.29	0.345	-1.03	0.47	0.028	0.50	0.30	0.100
10年以上	0.71	0.32	0.024	0.32	0.54	0.555	0.72	0.33	0.028
/cut1	-1.33	0.88		4.07	1.39	0.004	0.14	0.91	0.875
/cut2	-0.33	0.87							
样本量	725			725					
Prob > chi^2	0.0000			0.0000					
Pseudo R^2	0.0454			0.1238					

表 8-6　2016 年天津市农业转移人口融入结果的模型分析结果

	序次 Logit 模型结果			广义序次 Logit 模型结果（以“完全同意”为参照组）								
				完全不同意			不同意			基本同意		
	系数	标准误	P > z	系数	标准误	P > z	系数	标准误	P > z	系数	标准误	P > z
个体特征												
年龄												
15～29 岁（参照组）												
30～39 岁	0.42	0.22	0.050	0.63	0.39	0.109	0.54	0.25	0.033	0.30	0.26	0.264
40～49 岁	0.91	0.25	0.000	1.45	0.57	0.011	0.67	0.30	0.026	0.87	0.29	0.003
50 岁及以上	1.48	0.46	0.001	16.06	1798.26	0.993	2.28	0.82	0.005	1.14	0.52	0.027
性别												
男性（参照组）												
女性	-0.05	0.15	0.757	0.36	0.36	0.322	0.06	0.19	0.762	-0.22	0.19	0.238
人力资本特征												
受教育程度												
小学及以下（参照组）												
初中	0.19	0.37	0.596	0.18	1.09	0.872	0.44	0.49	0.373	0.17	0.43	0.683
高中/中专	0.10	0.38	0.781	0.24	1.10	0.826	0.52	0.50	0.296	-0.08	0.44	0.865
大学专科	-0.01	0.42	0.976	-0.56	1.12	0.617	0.16	0.54	0.771	0.42	0.49	0.386

续表

序次 Logit 模型结果				广义序次 Logit 模型结果（以“完全同意”为参照组）								
				完全不同意			不同意			基本同意		
	系数	标准误	P > z	系数	标准误	P > z	系数	标准误	P > z	系数	标准误	P > z
大学本科及以上	-0.41	0.46	0.376	-0.95	1.14	0.403	0.33	0.59	0.576	-0.60	0.59	0.304
职业证书												
没有（参照组）												
有	-0.79	0.20	0.000	-1.10	0.37	0.003	-0.77	0.24	0.001	-0.62	0.24	0.010
技术要求												
很低（参照组）												
较低	-0.48	0.36	0.179	-0.42	0.82	0.606	-0.15	0.43	0.721	-0.61	0.42	0.143
较高	-0.21	0.35	0.558	0.06	0.84	0.945	0.36	0.44	0.405	-0.59	0.41	0.153
很高	0.44	0.39	0.265	-0.51	0.88	0.564	0.57	0.48	0.240	0.46	0.44	0.302
家庭特征												
婚姻状况												
未婚（参照组）												
已婚等	-0.23	0.22	0.300	-1.06	0.43	0.014	-0.30	0.27	0.269	-0.07	0.28	0.803
家庭规模												
1 人（参照组）												
2 人及以上	0.40	0.18	0.033	0.86	0.33	0.010	0.50	0.22	0.023	0.01	0.23	0.953

续表

序次 Logit 模型结果				广义序次 Logit 模型结果（以“完全同意”为参照组）								
				完全不同意			不同意			基本同意		
	系数	标准误	P > z	系数	标准误	P > z	系数	标准误	P > z	系数	标准误	P > z
就业特征												
职业类型												
负责技术办事人员（参照组）												
商业、服务业人员	-0.17	0.21	0.416	-0.25	0.43	0.562	-0.24	0.26	0.344	-0.12	0.24	0.629
生产、建筑、运输等人员	0.10	0.22	0.627	-0.04	0.43	0.931	0.31	0.27	0.255	0.04	0.25	0.863
单位性质												
机关事业单位（参照组）												
国有、集体、外资企业	-0.91	0.46	0.050	1.36	0.97	0.163	-0.35	0.63	0.572	-1.10	0.48	0.023
私营企业	-1.60	0.46	0.001	0.64	0.92	0.483	-1.38	0.62	0.026	-1.64	0.48	0.001
个体工商户	-1.64	0.47	0.001	0.49	0.97	0.617	-1.04	0.64	0.101	-1.89	0.50	0.000
就业身份												
雇员（参照组）												
自营劳动者	0.44	0.21	0.036	0.28	0.46	0.541	0.48	0.27	0.072	0.46	0.24	0.057
雇主	0.99	0.36	0.006	-18.50	2901.74	0.995	14.96	533.25	0.978	1.00	0.41	0.016

续表

	序次 Logit 模型结果			广义序次 Logit 模型结果（以“完全同意”为参照组）								
				完全不同意			不同意			基本同意		
	系数	标准误	P > z	系数	标准误	P > z	系数	标准误	P > z	系数	标准误	P > z
流动特征												
流入时间												
1 年及以内（参照组）												
2～3 年	0. 11	0. 25	0. 662	-0. 03	0. 50	0. 958	-0. 07	0. 30	0. 809	0. 28	0. 30	0. 358
4～5 年	0. 59	0. 28	0. 037	0. 33	0. 54	0. 539	0. 61	0. 34	0. 073	0. 74	0. 34	0. 027
6～10 年	0. 10	0. 24	0. 667	-0. 17	0. 41	0. 672	0. 03	0. 28	0. 903	0. 27	0. 29	0. 360
10 年以上	-0. 20	0. 25	0. 419	-0. 10	0. 49	0. 835	-0. 02	0. 31	0. 947	-0. 21	0. 31	0. 495
/cut1	-3. 56	0. 71	1. 45	1. 76	0. 409	0. 49	0. 95	0. 609	1. 05	0. 80	0. 188	
/cut2	-1. 81	0. 70										
/cut3	-0. 32	0. 70										
样本量	709			709								
Prob > chi^2	0. 0000			0. 0000								
Pseudo R^2	0. 0775			0. 1405								

五　农业转移人口市民化的社会融合机制

（一）社会融合推进机制的主体

社会融合推进机制的主体是：政府、社会与个人。政府起主导作用，统筹安排农业转移人口与本地居民社会融合推进机制的方向、规划、执行与评估；社会起核心作用，帮助农业转移人口通过思想交流、行为互动和心理认可实现社会融合；个人起关键作用，社会融合是居民与居民、个体与个体之间的交流与互动，农业转移人口要发挥自身的主观能动作用，积极主动地实现与本地居民的社会融合。

（二）社会融合推进机制的客体

农业转移人口对流入地及其居民心理上的融入和接纳，即农业转移人口的心理融入意愿。

（三）社会融合推进机制的主要内容

农业转移人口的市民化不仅是他们自身安居乐业、身心健康的问题，还涉及外来人口与本地居民之间相处之道的问题。尽管农业转移人口的大规模流动带来了经济社会的高速发展，极大地促进了工业化、城市化、现代化、信息化进程，但如前文理论基础所述，农业转移人口大量涌入城市，也确实带来了就业竞争激烈、房价不断上涨、交通拥堵不堪、社会矛盾增多等问题，常常引起部分原有居民的不满和反对，甚至引发双方的矛盾和冲突。同时，农业转移人口也是一个内部差异巨大、层次分明的异质群体，由于经济收入、居住条件、社会保障、流出地区、风俗习惯、语言行为、地位阶层等多方面的差异，内部竞争和争执也时有发生。如何协调农业转移人口内部的矛盾和冲突，促进农业转移人口和本地原有居民的互相理解、互相支持，推进农业转移人口的社会融合，成为社会和谐与稳定的关键一环。

1. 政府高度重视农业转移人口的社会融合意愿

如前文推进机制的内容所述，社会融合意愿是农业转移人口市民化的重要方面，甚至可以说，社会融合是最高层次的市民化。前文数据分析结果也表明，农业转移人口的融入意愿、融入结果呈现差异化的特征。因此，政府要在多方面努力，提高农业转移人口的社会融合意愿。第一，由于农业转移人口社会融合意愿的分层性和异质性，同时也由于不同条件农业转移人口市民化态度的复杂性和动态性，政府要使用现代信息化管理技术和大数据分析服务模块，及时、有效、准确地了解和掌握农业转移人口的个体人口特征、家庭随迁情况、迁移流动范围、停靠驻留时间、就业职业地点、居留迁户意愿等信息的基本特征和未来变化趋势，为政治、经济、社会、文化等各项工作提供信息支持和决策支撑。第二，做好就业、居住、社保等方面的管理和服务工作。客观生存条件是主观融入意愿的根基和前提，两者是相辅相成、互相促进的。一方面，只有农业转移人口在流入地获得稳定的工作、较高的收入、宜居的住房条件、连续的社会保障，他们才能够形成融入城市的心理意愿；另一方面，只有主观意愿倾向于融合，流入地政府才能在城市规划、经济布局、社会转型、政策发布等方面合理考虑农业转移人口的需要和诉求，更好地推进流入地的发展。第三，加强就业、教育、医疗、公共卫生、交通等基本公共服务体系的建设。农业转移人口到大城市打工经商，深受住房难、上学难、看病难、就业难等问题的阻碍和困扰。要促进基本公共服务的规范化、专业化和信息化，基于全体社会成员的需求来完善基本公共服务国家标准体系，不断提高基本公共服务的供给效率。第四，加大宣传力度，推动全社会形成关心关注农业转移人口、促进社会融合的理念和环境氛围。本书的计量统计数据表明，近1/5的农业转移人口感觉本地人看不起外地人，受到歧视的感觉明显。因此，加大投入经费，制作发放条幅、壁画、提示牌等进行广告宣传，将社会融合工作宣传到人人知道、户户知晓的程度。利用短视频、直播平台、微博、微信等阵地，采取图文并茂的形式让人乐于看、容易记，入眼入脑入心，形成强大的舆论合力，有利于将融合精神化于心、践于行，形成全民共同参与融合的浓厚氛围。

2. 多种方式促进农业转移人口的社会融合

尽管本书没有展示，但有前期研究表明，农业转移人口的融入意愿、居住意愿、养老意愿呈现依次递减的趋势，这种不同的意愿水平实际上反映了农业转移人口较差的身份归属感和较低的心理认同。如前文理论基础所述，农业转移人口在流入地可能形成了多元融入或区隔融入。针对这种情况，我们应采取以下措施。

其一，提高农业转移人口的社会融合意愿。农业转移人口的社会融合意愿实际上是农业转移人口对流入地生产生活认同的最终指标。农业转移人口只有愿意在流入地长期居住，甚至在流入地养老，才真正表明农业转移人口很好地融入了当地的生活中，实现了社会融合。我们应从以下几个方面着手。第一，提高农业转移人口的受教育程度。本书数据分析结果表明，农业转移人口的受教育程度提高能够显著提高他们的社会融合意愿。受教育程度提高以后，农业转移人口的职业层次、家庭收入等也会显著提高，从而使他们的居住和养老意愿也明显增强。第二，促进农业转移人口的文化接纳。农业转移人口的流动范围、流入时间都显著影响他们的心理意愿，这实际上反映了他们由于跨越范围不同、居住时间不同而对流入地文化价值、思想观念的适应程度不同。因此，我们应通过电视网络、报纸期刊等多方面的宣传与广播，使农业转移人口在潜移默化中适应、接纳流入地的文化价值观念，从而提高心理接纳程度。第三，采取多元化、区域化的服务与管理措施。数据分析结果表明，农业转移人口的社会融合意愿存在明显的区域差异，不同区域有不同的融入意愿和居留意愿，影响他们心理意愿的原因也各不相同。正如前文所述，我们应因地制宜、因人而异，针对不同的人群，面对不同的乡情，采取更为适合本城市、本地区的服务与管理措施，提高农业转移人口的社会融合意愿，实现他们的身份认同和社会融合。

其二，提高本地居民的认同感和接纳度。本书前期数据分析结果表明，90%以上的农业转移人口都希望能够融入本地居民中，成为他们中的一员。因此，我们应合理引导和提高农业转移人口的城市融入意愿，将他们单方面的融入意愿转换为农业转移人口与本地居民两方面的相互融合和互相接纳。融合是双向的、互动的，农业转移人口融合于城市社会的愿望早日实现，除了个人努力、政府推动外，还必须有本地人的接纳。一些研究数据显示，除经济贡献外，在诸如社会治安、居住环境、公共设施利用、社区卫生等其他方面，流入地居民对农业转移人口的看法都比较负面，折射出本地人对外来人的偏见（和歧视）。如果本地居民对外来人口既有的观念（和相应的行为）不变，或者流入地政府在一些相关的公共政策上不能一视同仁的话，农业转移人口很难成功地融入流入地社会。要提高本地居民的认同感和接纳度，尊重外来人口，使农业转移人口感受到城市居民的热情和友善，而农业转移人口也应表现出对本地居民的亲近和友好，实现农业转移人口与本地居民的互相认可、相互接纳。

3. 推动社区参与，加强日常交往

计量统计模型的数据分析结果表明，农业转移人口的家庭规模

越大，社会融入程度越高。换言之，家庭规模越大，农业转移人口参与流入地社区活动的程度越高，越容易融入本地社会。因此，农业转移人口在流入地社区参与和社会交往方面的行为适应是其社会融合的重要方面。各级政府均应提高认识，转变观念，切实关心农业转移人口社区参与水平和社会交往本地化水平的提高，有效缩小“本地人”与“外来人”之间的差距，加快农业转移人口的社会融合步伐。

其一，开展丰富多彩、形式多样的社区活动。第一，社区活动要实行同城待遇，同等关怀。坚持与常住人口同宣传、同组织、同服务。鼓励农业转移人口在第一故乡、第二故乡都积极参加社区活动；倡导本地人、外地人都是社区一家人的理念。第二，开展形式多样、内容丰富的社区活动。例如，建设职工学校、会员之家、新家庭文化室、小饭桌等各种组织活动场所，为农业转移人口及其子女提供社区活动场所，举办艺术节、文化节、运动会等；开展海选大舞台及集体舞、健身操、乒乓球比赛等活动，鼓励农业转移人口参与各种文化体育活动，促进他们参与社会、了解社会、融入社会。第三，把各种社区活动落到实处，以真正服务农业转移人口为目的，以真正促进农业转移人口与本地居民融合为目标，而不是为了走形式、走过场、出政绩。有课题组的深度访谈结果表明，有较多农业转移人口反映社区活动仅是为了做样子，没有实际用处，参加这些活动还不如在家打扫卫生。因此，各地应认真反思农业转移人口参加社区活动积极性不高的原因，抛开花架子、面子工程，开展有益的、有用的社区活动。

其二，采取有效形式，促进农业转移人口与本地居民之间的日常交往和困难帮扶。两个群体只有经常来往、不断交际、有困难互相帮助、有问题共同解决，才能增进了解、产生信任、促进融合。例如，借鉴宁波慈溪市成立“和谐促进会”的有益经验。和谐促进会是由农业转移人口和本地居民共同组成的，具有民间性、共建性、互助性和服务性特点的群众组织，主要目的是积极探索居民和谐相处的机制，缩小二元差别，推动人际交往和困难帮扶，促进农业转移人口融入当地社会。主要的做法如下。第一，以活动促交流，搭建沟通平台。通过各种会议、外出参观、文娱活动、夜间巡逻、庭院整治等载体，搭建沟通平台。增进农业转移人口与本地居民之间的相互沟通，建立起互助互爱的情感交往，解决农业转移人口入乡不入缘、难入缘的问题。第二，以参与促管理，搭建管理平台。充分发挥农业转移人口参与社会事务管理的积极性，通过组织会员参加维护社会治安、环境整治、参政议政、扶贫济困等社会事务管理活动，使他们从中感受到尊重、关爱和信任。第三，以服务促融合，搭建服务平台。为农业转移人口提供劳动就业、房屋租赁、权益保障、法律咨询、计划生育、子女入学等需求服务，使农业转移人口感受到第二故乡的温暖和关怀。同时，将服务管理主体由“单向主导型”向“多向联动型”转换，组织新老居民成立志愿服务队，营造团结友爱、互帮互助的良好风尚，促进农业转移人口的社会融合。

第九章 总结与讨论

治国有常，利民为本。

——《淮南子》

改革开放以来特别是党的十八大以来，党中央、国务院采取了一系列政策措施，农业转移人口市民化工作取得了显著成效，农业转移人口实现了由生存型向发展型的根本转变。通过加快城镇化进程，积极引导人口有序流动、促进人口合理分布，通过改革户籍制度等措施，降低了农村人口进入城市的门槛，农业转移人口市民化进程加快。但由于长期存在的城乡二元结构所形成的农村与城市的区域分割、农民与市民的身份分割，农业转移人口在城市社会的生产生活中相关话语权缺失，其劳动就业权、健康权、居住权、受教育权、社会保障权和社会参与权同当地居民还有明显差距，不能公平享有与市民均等的各项基本公共服务和城市社会福利，农业转移人口面临难以融入城市的制度障碍和现实困境。如何更加积极地推进亿万农业转移人口的市民化进程成为当前城镇化、现代化、信息化建设所关注的重点。

一　农业转移人口市民化的基本状况

从2017年全国市民化的基本情况来看，农业转移人口的平均就业收入约为4000元/月。所居住的住房多为租赁商品房，占比在60%以上；次之的是购买商品房，占比在1/5左右；居住在单位房和就业场所的比例也较高，约为16%。农业转移人口参加医疗保险的地方主要还是集中在户籍地，占比为75.7%；次之的是在现居住地，占比为17%。从融合程度来看，感觉没有融合的还有1/4多。综合来看，农业转移人口的发展状况还处于弱势、不利地位，属于“半城市化”“半市民化”状态。

二　农业转移人口市民化的政策得失

农业转移人口的市民化进程深受迁移流动政策、就业促进政策、住房配置政策、社会保障政策以及社会融合政策的影响。具体体现为正向、负向两个方面的作用。

（一）当前社会政策对市民化的促进作用

新中国成立以后特别是改革开放以来，政府实施的各项社会政策极大地推进了农业转移人口的市民化进程，主要表现在以下几个方面。其一，从开始的限制农村劳动力往城市流动，甚至出现过知识青年上山下乡的逆城市化现象，到改革开放以后鼓励农业转移人口到城市工作、就业，再到党的十八大以后极力采取政策措施，推进农业转移人口市民化进程，农业转移人口市民化政策越来越开放，越来越科学。其二，逐渐形成了农业转移人口市民化的顶层设计制度。坚持从宏观、战略、国际视角看待、分析、应对农业转移人口市民化问题，从最高层次对农业转移人口进行全面设计，立足长远，形成了市民化工作的总体性、根本性、长期性政策。其三，从政策梳理来看，党和政府一直十分重视农业转移人口市民化问题，可以认为在政策体系方面，还是比较充分和完备的。出台了从就业收入、居住住房、医疗保险、基础教育、公共服务，到农民权益保护、财力保障、城市发展等多个方面的具有可操作性的办法措施。其四，体现了社会政策的公正性和人民性。重视农民工职业安全与健康教育；运用法律、税收等手段打击炒房行为，规范租赁市场，支持老百姓能买则买、能建则建、能租则租，进而达到“居者有其屋”的政策目的；建立完善的医疗救助体系，为农业转移人口中的贫困人口提供较好的医疗服务。

（二）当前社会政策对市民化的不利方面

当前有关农业转移人口市民化的政策也有几个不足之处，主要表现在以下方面。其一，政策的长期预见性不足。关于农业转移人口市民化的部分政策是基于现实情况发展的应对措施，失之于被动和短期利益，缺乏预见性、长期性和成长性。其二，政策的系统性不够完整，统筹能力不强。各项政策之间只是单个的、独立的存在，缺乏逻辑性和连接性，没有形成秩序井然、层次分明的政策整体。其三，从政策实践效果来看，一些阻碍农业转移人口市民化进程的因素还没有得到根本调整和修改，例如，全国性的、统一开放的劳动力市场体系还没有形成，农村宅基地、承包地与其城市住房难以衔接和转换，不同城市之间社会保障的参保年限、缴费比例等难以接续，继续深化改革依然任重道远。其四，很多政策实施缺乏过程监督和效果评估。“上面千条线，下面一根针”，很多政策虽然是众多行政部门制定和颁布的，但真正的实施和落实都是在基层政府和乡镇社区，基层压力过重，很多政策并没有实际效果。

三 农业转移人口市民化的影响因素

（一）个体特征的影响

理论研究和数据分析结果一致表明，年龄是影响农业转移人口基本状况的显著因素，20～49岁的青壮年群体在收入水平、购买住房、医疗保险、融入意愿等方面都占据优势，但他们上有老下有小，面临沉重的压力。50岁及以上的大龄农业转移人口在各方面都处于劣势，如何改善他们的生存发展状况，将是我们必须重视的一个重点。从性别来看，女性收入水平较低，当然，这不是反映女性的能力差，但女性由于生育子女、家庭负担、职业规划等各方面原因，在就业市场上处于弱势地位。从居住类型来看，女性购买房产的比例要高于男性，这一方面与家庭组成有关系，另一方面与女性更盼望稳定的生活、拥有自己的住房有关系。同时，女性与男性在流入地医疗保险参保比例、融入意愿与融入结果等方面都没有显著差异。

（二）人力资本特征的影响

受教育程度是人力资本的最为显性因素，也是影响农业转移人口市民化进程的最为显著因素，无论是从就业能力、居住条件、社会保障，还是从融入意愿、歧视感受、融入结果等方面来看，受教育程度越高，农业转移人口生存发展状况越好；受教育程度越低，农业转移人口生存发展状况越差。模型分析结果表明，农业转移人口的技术水平能够显著提高他们的收入水平，技术水平越高，收入水平越高；技术水平越低，收入水平越低。而且技术水平较高的人员，其能够购买商品房的比例也较高，融入本地生活的比例也较高。

（三）家庭特征的影响

从婚姻状况来看，已婚是加快农业转移人口市民化进程的显著因素，换言之，存在明显的“婚姻溢价”作用。一方面，已婚人口有着家庭资源的支持，可以集合家庭的多方力量购买房产等；另一方面，由于家庭供养的需要，已婚人口需要更加努力地工作、更加积极地进步，才能获取更高的收入来支持家庭所需。家庭规模对农业转移人口市民化进程的影响主要体现在两个方面：其一，农业转移人口在流入地的家庭规模越大，其在流入地购买住房的比例越高；其二，农业转移人口在流入地的家庭规模越大，其在流入地的融入程度越高。

（四）就业特征的影响

就业是民生之本、稳定之基，是其他一切工作的根基和前提。职业是农业转移人口在城市生活的立身之本、养家之源，职业类型是影响农业转移人口市民化进程的显著因素。从代替就业能力的收入水平来衡量，餐饮、经商、商贩、家政、保洁、保安、装修、快递等商业、服务业人口在就业市场上处于劣势地位。他们购买住房的比例也明显降低，更多居住在工地厂房、集体宿舍、工作单位等。这些就业人口参加社会保障的概率也明显降低，由此带来他们较低的社会融入意愿。劳动力市场分割理论认为，不同单位性质之间产生显著的情况差异和状态分割。政府部门、事业单位、外资企业等单位中就业稳定、收入较高、条件优越、管理规范，有较多的培训、学习、出差等职业提升机会，对于能力培养具有重要的作用。而私营企业、个体工商户等单位工作不稳定、待遇收入低、管理不规范、居住条件差，缺乏职业能力培训和地位上升渠道。因此，农业转移人口的市民化进程因单位性质而发生明显差异，他们的居住类型、保险接续等各项市民化内容都发生改变，他们的社会交往对象、心理融入程度等都各不相同。国内外许多相关研究的结果表明，农业转移人口的市民化进程因他们的就业身份而发生显著的不同，特别是自雇者和受雇者之间的差异更是明显。自雇是更有能力的转移人口的就业选择，自雇者拥有更加向上的职业规划、更加自由的发展前途，社会交往范围更加广阔，收入水平更高，社会地位更高，社会融合程度也更高。

（五）流动特征的影响

流动范围是影响农业转移人口市民化进程的显著因素。特别是跨省流动人口，他们面临的环境变化比较大，所以他们在职业搜寻、寻求安居、保险接续、身份认同等方面都面临比省内转移人口更为巨大的困难，社会融合程度也就更低。随着农业转移人口在流入地居留时间的不断延长，他们掌握了职业所需的劳动技能，通过培训和学习就业能力不断增强，劳动生产率越来越高，从而收入水平不断提高。同时，随着生活时间的变长，农业转移人口对流入地越来越熟悉，他们或租或买，更可能居住到合适的住房中，得到安居的效果。而且，随着生活时间的延长，农业转移人口将更多地符合社会保障的要求，满足其工作年限、居住年限、纳税年限，而且流入时间越长，其对社会保障的需求也越高，需要享受医疗、养老等待遇，因此，流入时间越长，社会保障的参保率也将越高。随着流入时间的延长，农业转移人口的交际范围不断扩大和深入，由最初的以血缘、亲缘、地缘为主的初级群体逐渐向友缘、业缘等次级群体转变，他们对当地的生活方式、风俗习惯越来越适应，价值观念、言行举止都逐渐发生改变，社会融合意愿越来越强烈。流入地宏观经济社会背景的差异是农业转移人口市民化差异的根源之一。城市等级不同，农业转移人口面临的环境截然不同。像北京、上海、广州、深圳等超大城市，以及杭州、青岛、苏州、南京等一线城市，尽管公共资源更为丰富、基础设施更为健全，就业机会多、工资收入高，但买房租房压力也大，社会保障转移接续更为困难，相对地，农业转移人口的身份认同程度反而不高；而中西部的一些中小城市，公共资源较少，就业相对困难、收入较低，但买房压力小，社会互动多，身份认同程度可能还较高。

四　农业转移人口市民化的推进机制

农业转移人口是随着经济社会发展出现的特定人群，规模超过2亿人。农业转移人口及其家庭对住房、教育、医疗、文化保障等需求不断增长，而政府和社会提供的公共服务设施、资源和保障能力还很有限，与农业转移人口多元化的服务需求很不适应。目前城市公共服务不配套，供给能力不足，农业转移人口服务渠道比较窄，服务资源比较单一，服务能力和水平起点比较低，加上医疗、教育、社保等的转移接续政策滞后，削弱了农业转移人口社会融合的现实基础。因此，努力实现农业转移人口基本公共服务均等化，对于积极应对并妥善解决快速城镇化过程中人口流动迁移带来的社会管理和公共服务问题，促进城市健康持续发展意义十分重大，成为各级城市政府当前迫切需要抓紧解决的重大历史课题。建立农业转移人口基本公共服务制度、全面推进农业转移人口基本公共服务均等化，是保障农业转移人口融得进城市社会的有效途径，也是落实“孤者有其养”的重要政策措施；有助于改善农业转移人口生存状况，有效筑牢农业转移人口发展的基本条件，不断提升农业转移人口自身发展能力。以习近平新时代中国特色社会主义思想为指导，按照在发展中保障和改善民生、加强和创新社会治理的总体要求，着眼于提升农业转移人口生活水平，加快实现农业转移人口市民化的工作目标，以建立农业转移人口基本公共服务制度为核心，以建立农业转移人口基本公共服务投入保障机制为突破口，完善公共政策，全面推动落实国家规定的各项农业转移人口基本公共服务，提升农业转移人口服务管理整体工作水平，切实维护农业转移人口的合法权益。

农业转移人口市民化受到宏观公共政策和微观个体特征的双重力量影响，需要政府、社会、市场、学校、个体等多元主体的共同努力和配合，也涉及法律法规、公共政策、财政资金、社会观念、群际关系等众多内容，需要更为专业、更为具体、更有针对性的推进机制和推进措施。

（一）顶层设计机制

推进农业转移人口市民化是一项系统工程和政策性极强的工作，迫切需要国家层面加强顶层制度设计，制定一整套的推进农业转移人口市民化的政策体系。农业转移人口市民化的顶层设计机制，就是从宏观、战略、国际视角看待、分析、应对农业转移人口市民化问题，是从最高层次进行的全面设计，立足长远，是一切工作的总体性、根本性、长期性依据。第一，坚持以人民为中心的发展思想，把增进农业转移人口福祉、促进农业转移人口的全面发展作为战略规划机制的出发点和落脚点。以人的城镇化为核心，合理引导人口流动，保障农业转移人口的平等发展权利，使包括农业转移人口在内的全体居民共享现代化建设成果。第二，坚持总揽全局，充分调动各方力量共同推进农业转移人口市民化。统筹中央和地方形成合力，中央政府负责制定法律法规、制度原则、组织结构、战略布局，加强指导、监督和评估；地方政府凝聚各方共识，遵守规则、令行禁止、不骄不躁、积极稳妥、因地制宜、循序渐进抓好贯彻落实。统筹政府和市场两种力量形成合力，政府在农业转移人口市民化进程中起主导和核心作用，制定总体规划、发展原则、前进方向，提供基本公共服务，营造制度政策环境；市场在农业转移人口市民化进程中起主体和决定作用，充分发挥自主性、平等性、竞争性、开放性、有序性，合理高效配置市民化资源。统筹国内和国外两种力量形成合力，农业转移人口市民化的主导力量是国内，需要政府、市场、社会、个体等多元主体的共同努力。但也不能忽视国外力量，一方面，国外发达国家人口迁移流动的经验教训能为我们的市民化提供有益的借鉴；另一方面，外资企业、国外资金等也是农业转移人口市民化的重要推进力量。第三，坚持长远战略布局，摒弃短期利益，放眼未来。第四，建立健全农业转移人口依法保障制度，修订完善有关法律法规，增加保障农业转移人口权益的实质性内容。以《宪法》《民法典》《刑法》《经济法》《劳动法》等法律法规为根本依据，保障农业转移人口基本的人身权、财产权、劳动权、家庭权，维护农业转移人口的一切合法权益。第五，在明确划分中央和地方政府间农业转移人口基本公共服务事权的基础上，明确中央和地方各级财政为农业转移人口提供不同类型公共服务的责任和作用，通过纵向、横向的财政转移支付，将农业转移人口基本公共服务经费纳入财政预算范围予以保障。第六，对现有与农业转移人口市民化有关的经济社会各项政策开展效果评估。分解并下达评估任务，做好人、财、物方面的资源配置，建立和健全有效的管理措施。利用多种调查手段，全面收集相关信息，并在此基础上进行必要的加工整理；运用具体的评估技术和方法，对政策做出公正合理的评价。

（二）就业能力提升机制

就业能力是一种社会的产品，一种谈判的身份：一个有就业能力的工人是难以替代和不可或缺的；一个无就业能力的工人则是可替代或可有可无的。就国情而言，我国农业转移人口就业能力的提升也应尽快提上重要议程。要建立健全相关法律制度，消除影响城乡劳动者平等就业的制度性障碍，切实保障农业转移人口获得与城镇职工平等的就业待遇。加强劳动合同法规制度建设，加强分类指导，充实劳动合同实质性内容，提高劳动合同签订率和实效性。推进和落实职业证书制度，提升农业转移人口职业技能。在职业院校、应用型本科高校启动学历证书 + 职业技能等级证书制度试点，即我们说的 1 + X 证书制度。将农业转移人口纳入终身职业培训体系，逐步形成政府主导，相关行政、教育部门协作配合，多级相互连接、上下贯通，运转灵活的农民培训体系，有效地整合教育培训资源，提高培训效益，增强培训效果。合理配置教育、培训资金，划定分层有序的培训补贴标准，改进和优化培训补贴方式，落实职业技能鉴定补贴政策。借鉴“双元制”等模式，完善校企合作、工学结合的人才培养体系。把农业转移人口的职业技术培训纳入单位发展规划和经费支出中，有效保障农业转移人口的职业培训权利。使用多种多样的方式，提高员工职业技能。例如，长期学历教育、短期培训专班、假期培训班、周末培训班、夜校培训班、集中学习班等，同时采用高级技师带徒、一徒一师制度、头脑风暴法、背对背打分法、职业技能竞赛等方式方法。加强规范性和条理性，强化品质观念和工作责任心。注重生产服务的精细化管理，提高生产服务的效率和能效，树立责任意识、质量意识、效率意识，真做实干，把工作服务落实到每个细节。大力发展社区教育培训。社区教育具有学员普适性、内容实践性、形式多样性、目标易达性、成本亲民性、社会适应性等特点。从培训的视角来看，社区教育是补充正规教育的一种重要方式；从社会的视角来看，社区教育是一种全民教育和终身教育的体系，对于农业转移人口的市民化进程具有十分重要的作用。加强网络教育与培训。在新媒体时代，互联网的传输速度更加快捷，效果更为清晰，终端工具也不再局限于电脑，还有数字电视、手机等多种工具。传输方式也从有线变为无线，摆脱了时间和地域的限制，微博、微信、邮件等交流工具不断涌现，促使人们可以随时随地进行学习。

（三）住房资源配置机制

农业转移人口城市住房与居住问题是一项系统性工程，必须发挥政府、社会、市场、企业以及个人等多方作用，构筑一套协同合作、分担责任的社会化、市场化机制。要着力抓好两个方面的工作。一方面，增加住房供应，这是保证人民群众住有所居最直接、最有效的措施。目前住房供应体系不健全、住房供给不足，是造成人民群众住房困难的主要原因。要着重构建以政府为主提供基本保障、以市场为主满足多层次需求的住房供应体系。另一方面，倡导符合国情的住房消费模式，这是解决住房供应与人民群众住房需求之间结构性失衡问题的关键一招。为此，要建立健全一套符合中国国情、满足人民群众住房实际需求的住房标准体系和住房消费模式。健全法律法规体系，实现住房的立法保障。合理运用财税金融等政策工具调节住房资源的配置与分布。改革住房公积金制度，提高资金保障。加强农业转移人口住房保障制度顶层设计，将农业转移人口住房保障政策上升为法律法规，进一步完善农业转移人口住房保障政策体系，制定农业转移人口住房保障标准和规范。把房地产租赁市场管理放在首位，以整顿租赁为突破口，价格管理为核心，以综合治理为手段，建立统一完整的房地产租赁市场体系，逐步完善房地产租赁市场管理。探索和完善农业转移人口宅基地、承包地与其城市住房的衔接置换办法。建立农业转移人口城市购房进入与农村住房退出相衔接的体制机制，进行制度和方式创新，形成多渠道、多形式化解农业转移人口城市住房瓶颈的政策合力。农业转移人口可以保留宅基地和住房的集体所有权，转让土地和住房的使用权，获得相应的财产收益；农业转移人口可将宅基地进行流转上市，参与分红，获得相关额外的收入；政府将农业转移人口退出的宅基地及其建设用地指标转让，所得资金用于补偿退出宅基地的农民在城镇购房和其他保障基金；实行“土地换住房保障”，农业转移人口以放弃在农村的土地承包权益和宅基地永久使用权换取与市民同等的待遇，进入城市住房保障体系。依据相关法律法规、政策措施，因地制宜、因时施策，做好棚户区、城中村、老旧小区和危房改造工作。主动落实战略规划、专家论证、摸底调查、产权核查、面积核对、业主录入、合同协商、补贴发放等事务，并统筹安排因容积率提高而相应增加的文、教、体、卫等公共服务配套设施，确保改造顺利推进。根据旧房、危房分布现状，综合考虑规划条件、建造年代、布局形态、经济价值、技术方案等因素，采取成片改造和零星消除相结合的方式推进城市棚户区改造。要大力提升城镇棚户区、城中村、老旧小区和危房改造的质量和标准，加强水、电、路、气等配套设施建设，加强空间、交通、绿化、环保等环境建设，完善蔬菜市场、便民超市、娱乐健身、停车场地等生活服务设施。

（四）医疗保险转移接续机制

医疗保险是一个知识性较强的领域，国家需要对农业转移人口的医疗保险、医疗服务进行立法，对农业转移人口的医疗保障行为进行规范，使农业转移人口的医疗保障制度不断完善并健康发展。立法规范和调整医疗保险中的各种利益关系，维护医疗保险的保险人、投保人、被保险人、受益人和医疗服务机构之间因医疗保险费的缴纳、支付、管理和监督所发生的社会关系，保障包括农业转移人口在内的广大人民群众的基本医疗权利。规范和优化医疗保险的管理与服务。在参保人方面，凡属于保险范围内的个人都必须投保，医疗保险的承办机构必须接受投保，双方都没有选择余地；在保险金的征收方面，凡参加保险的个人和单位都必须依法缴纳一定的保险费，保险费率由政府主管部门与有关各方协商制定，参与保险的各方无权更改保险费率；在医疗保险的经济利益方面，不实行多投多保的原则，医疗保险的实质就在于对国民收入强制进行分配与再分配。充分发挥财政收入的再分配作用，通过国家预算、银行信贷、劳务费用、价格变动等，把资金和货币集中起来，对农业转移人口的医疗基金和医疗收入进行大力补贴。提高统筹层次，把“异地”变成“一地”或“同地”，减少因统筹地区过小、统筹单位过多而形成的制度障碍。首先，我们应该争取实现省级行政区划内的统筹和统一，在省级层面实现户籍统一、制度合并，标准化缴费基数、缴费比例、报销额度、报销上限等内容，实现省级区划内的“一马平川”。其次，实现联系密切区域的社保统筹。例如，京津冀、长三角、珠三角、辽中南、山东半岛、北部湾等经济社会发展合作紧密的城市地带，可以通过财政拨款、转移支付、在线支付、异地结算等手段，推进基本医疗保险的转移接续。最后，待条件成熟时，再研究实现医疗保险全国统筹的可行路径。企业/用人单位对医疗参保负有核心责任，要严守法律法规，照章纳税经营。守住法律“底线”，严格遵守道德规范的要求，努力维护单位企业利益但不得损害其他个人和单位的商业利益。完善营业执照、行业许可证、经营资质等，规范公司设立、股东资格、公司章程、股东责任、股东权利、公司解散、企业清算等事项和行为。同时，各类企业和单位要照章纳税，按时缴纳各项税款，使企业健康、有序，从而有资格、有条件为农业转移人口谋取各类福利和社保待遇。农业转移人口要提高参保的积极性和主动性，做好职业发展规划，加强就业的稳定性。加强自身的维权意识和保护意识，做到未雨绸缪、居安思危，积极主动了解和掌握社会保障、社会福利、社会救济等政策措施。如果地区或企业没有尽到缴纳社保费用的义务，农业转移人口要合理地利用法律、申诉等权利，维护好自身社保权益。

（五）社会融合机制

社会融合意愿是农业转移人口市民化的重要方面，甚至可以说，社会融合是最高层次的市民化。因此，政府要在多方面努力，增强农业转移人口的社会融合意愿。第一，由于农业转移人口社会融合意愿的分层性和异质性，同时也由于不同条件农业转移人口市民化态度的复杂性和动态性，政府要使用现代信息化管理技术和大数据分析服务模块，及时、有效、准确地了解和掌握农业转移人口的个体人口特征、家庭随迁情况、迁移流动范围、停靠驻留时间、就业职业地点、居留迁户意愿等信息的基本特征和未来变化趋势，为政治、经济、社会、文化等各项工作提供信息支持和决策支撑。第二，做好就业、居住、社保等方面的管理和服务工作。客观生存条件是主观融合意愿的根基和前提，两者是相辅相成、互相促进的。只有农业转移人口在流入地获得稳定的工作、较高的收入、宜居的住房条件、连续的社会保障，他们才能够形成融入城市的心理意愿。另外，只有主观上愿意融入，流入地政府才能在城市规划、经济布局、社会转型、政策发布等方面合理考虑农业转移人口的需要和诉求，更好地推进流入地的发展。第三，加强就业、教育、医疗、公共卫生、交通等基本公共服务的建设。农业转移人口到大城市打工经商，深受住房难、上学难、看病难、就业难等问题的阻碍和困扰。要增强基本公共服务的规范化、专业化和信息化，基于全体社会成员的需求来完善基本公共服务国家标准体系，不断提高基本公共服务的供给效率。第四，加大宣传力度，推动全社会形成关心关注农业转移人口、促进社会融合的理念和环境氛围。加大经费投入，制作发放条幅、壁画、提示牌等进行广告宣传，将社会融合工作宣传到人人知道、户户知晓。利用短视频、直播平台、微信、微博等阵地，采取图文并茂的形式让人乐于看、容易记，入眼入脑入心，形成强大的舆论合力，有利于将融合精神化于心、践于行，形成全民共同参与融合的浓厚氛围。高度重视农业转移人口的社会交往。人类属于群居动物，无法离开他人而独自生活；人不是生而为人类的，而是通过社会交往才成为人类的。积极参与社会交往，积极与朋友、邻居互动，是农业转移人口个体体力、智力等能力逐步增强的必要条件，是流动人群应对现代社会庞大而复杂环境的必备素质。当然，农业转移人口的社会交往也是促进社会协作、社会团结的良好渠道。农业转移人口在流入地社区参与和社会交往方面的行为适应是其社会融入的重要方面。各级政府均应提高认识，转变观念，切实关心农业转移人口社区参与水平和社会交往本地化水平的提高，有效缩小“本地人”与“外来人”之间的差距，加快农业转移人口的社会融合步伐。

五　结语

戏剧评论家肯尼思·泰南（Kenneth Tynan）曾出色地描述过他的职业：由“知道路线，但是不知道怎么开车”的人组成。社会科学研究者经常发现自己处于类似的情形之中，有些人能在研究蓝图中定位，却不知如何从一个地方到另一个地方；其他人可以在研究中驱车前进却无法超越固定的路线；只有少数幸运的人既能导航又能飞行（布鲁雅，2012）。对这种现象的察觉界定了本书的大概意图：其一，探寻实现农业转移人口市民化的主要路径；其二，为在这些路径中驱车前进的人提供指引。

大规模农业转移人口是我国城乡二元体制、区域发展不平衡的必然结果，农业转移人口现象将长期存在于我国社会经济发展进程中。农业转移人口的合理分布和有序流动，促进了劳动力资源的优化配置，提高了生产率，推动了我国经济社会的高速进步，为城市化、现代化顺利发展奠定了基础，为中国综合实力提升、人民生活质量提高做出了巨大贡献。但是，农业转移人口自身的生存发展状况始终处于弱势、不利地位，属于“半城市化”“半市民化”状态。所以，如何改善农业转移人口的生存发展状况，促进他们的经济社会融入程度，提高他们的市民化、城市化进程，成为事关城乡统筹发展、经济平稳运行、社会和谐稳定的重大战略问题。

本书以政策过程理论、人力资本理论、资源配置理论、社会保障理论、社会融合理论等为支撑，以美、英、德、日等国家的经验教训为借鉴，以国内 70 多年经济社会政策为传承，以 2017 年全国流动人口卫生计生动态监测调查、2016 年天津市农业转移人口调查、2019 年中国社会状况综合调查为实证基础，以文献研究方法、计量统计模型、政策资料分析等为工具，以农业转移人口为基本研究对象，描述和分析了基本状况、影响因素和对策建议。可能的发展之处主要在于以下几个方面。第一，描述和比较了全国农业转移人口的基本状况。尽管涉及农民工、农业转移人口的研究有很多，但把全国农业转移人口作为主要关注对象，系统分析农业转移人口就业收入、住房居住、社会保障、社会交往、心理意愿的著作和文章还很少。本书研究发现，农业转移人口还处于“半城市化”“半市民化”阶段。第二，使用理论分析、政策分析、计量模型等多种研究方法，探究影响农业转移人口市民化的多层多元因素。影响农业转移人口生存与发展的因素有很多，并且涉及不同的层次和模式，本书使用多元线性模型、多项 Logit 模型、序次 Logit 模型等计量方法，从个体特征、人力资本特征、家庭特征、就业特征、流动特征等方面加以详细探讨，统计分析更为准确，相关误差更小，更能反映各类因素的真实影响。第三，在理论背景、统计研究的基础上，结合法律法规、政策措施、实践操作等多种资料，探讨推进农业转移人口市民化进程的多种机制，包括顶层设计机制、就业能力提升机制、住房资源配置机制、医疗保险转移接续机制、社会融合机制等。推进机制的研究，上与经济社会理论相联系，下与实践政策措施相沟通，是推进农业转移人口市民化进程的关键内容，对于促进城乡经济社会融合具有重要作用。

存在的不足和缺点包括以下几个方面。第一，本书致力于从宏观理论政策和微观个体特征两种作用力量角度研究农业转移人口，但由于宏观和微观的巨大差异性、公共政策和个体特征的不匹配性，两种分析视角并不完全一致和对应。第二，由于农业转移人口市民化进程的宏观性、战略性、复杂性、动态性，本书的推进机制涉及政府、社会、市场、企业、个人等多元主体的多层措施，使得推进机制之间存在不完整、不条理、不衔接、不准确等问题，其具体的实用价值也还有待于检验和修正。

总而言之，农业转移人口市民化问题是一个涉及各级政府、多个部门、亿万家庭的问题，也是一个涉及政治学、经济学、管理学、政策学、社会学、人口学等多学科的复杂课题，仅靠一个主体难以解决问题，仅靠一个政策也不能完全覆盖。还需多部门、多学科的联合、共同和持久的努力，才能把农业转移人口问题真正研究好、服务好、管理好，从而真正发挥农业转移人口的巨大潜力，促进工业化、城镇化、现代化的协调统筹发展，实现社会的和谐与稳定。

参考文献

〔美〕安·A. 奥康奈尔，2012，《定序因变量的logistic回归模型》，赵亮员译，格致出版社。

白云、龚毅、回凤雯，2011，《浅谈我国社会保障制度》，《企业技术开发》第14期。

鲍曙明、时安卿、侯维忠，2005，《中国人口迁移的空间形态变化分析》，《中国人口科学》第5期。

〔美〕彼得·德利翁、E. 萨姆·奥弗曼，2006，《政策科学史》，载杰克·雷斌主编《公共管理学手册》（第2版），张梦中等译，中山大学出版社。

蔡昉，2010，《人口转变、人口红利与刘易斯转折点》，《经济研究》第4期。

蔡昉、王德文，2002，《比较优势差异、变化及其对地区差距的影响》，《中国社会科学》第5期。

蔡禾、王进，2007，《“农民工”永久迁移意愿研究》，《社会学研究》第6期。

蔡建明、王国霞、杨振山，2007，《我国人口迁移趋势及空间格局演变》，《人口研究》第5期。

蔡秀云、李雪、汤寅昊，2012，《公共服务与人口城市化发展关系研究》，《中国人口科学》第6期。

曹景椿，2001，《加强户籍制度改革、促进人口迁移和城镇化进程》，《人口研究》第5期。

曹永福、杨梦婕、宋月萍，2013，《农民工自我雇佣与收入：基于倾向得分的实证分析》，《中国农村经济》第10期。

曹正民、苏云，2007，《流动人口社会保障问题的公共政策思考》，《西北人口》第5期。

陈冰、解书森，1986，《人口迁移系统观》，《学习与探索》第4期。

陈迪平，2005，《托达罗人口流动模型的误区及主要影响分析》，《甘肃社会科学》第1期。

陈楠、王钦敏、林宗坚，2005，《中国人口经济压力与人口迁移的定量分析》，《中国人口科学》第6期。

陈云松、张翼，2015，《城镇化的不平等效应与社会融合》，《中国社会科学》第6期。

陈志光，2016a，《安居乐业 和合能谐——有序推进农业转移人口市民化研究》，经济科学出版社。

陈志光，2016b，《制造强国战略下的工人职业技能提升研究》，《社科纵横》第6期。

陈志光、李兵，2022，《政策社会学的概念、框架与发展》，《社会政策研究》第1期。

褚福灵，2014，《基本医疗保险关系转移接续的若干理论问题》，《中国医疗保险》第10期。

党建民，2017，《R&D经费配置对创新绩效的影响及结构优化研究》，博士学位论文，中国矿业大学。

邓曲恒，2007，《城镇居民与流动人口的收入差异——基于Oaxaca-Blinder和Quantile方法的分解》，《中国人口科学》第2期。

丁纯、李君扬，2014，《德国“工业4.0”：内容、动因与前景及其启示》，《德国研究》第4期。

董静爽，2012，《国外流动人口医疗保障制度建设及其对我国的启示》，《理论导刊》第12期。

董昕，2011，《中国政府住房保障范围的变迁与现状研究》，《当代财经》第5期。

董延芳、刘传江、胡铭，2011，《新生代农民工市民化与城镇化发展》，《人口研究》第1期。

董毅、顾莹，2019，《德国“双元制”职业教育模式的经验与借鉴》，《科技经济市场》第8期。

杜鹏、张航空，2011，《中国流动人口梯次流动的实证研究》，《人口学刊》第4期。

杜鹏、张文娟，2010，《对中国流动人口“梯次流动”的理论思考》，《人口学刊》第3期。

杜守东，1992，《人口流动问题刍议》，《齐鲁学刊》第6期。

杜书云，2006，《农村劳动力转移就业成本－收益问题研究》，博士学位论文，郑州大学。

杜育红，2020，《人力资本理论：演变过程与未来发展》，《北京大学教育评论》第1期。

段成荣，2001，《中国省际人口迁移研究》，海潮出版社。

段成荣编著，1998，《人口迁移研究：原理与方法》，重庆出版社。

段成荣、杨舸，2008，《我国流动儿童最新状况——基于2005年全国1%人口抽样调查数据的分析》，《人口学刊》第6期。

段娟、叶明勇，2009，《新中国成立以来农村剩余劳动力转移的历史回顾及启示》，《党史文苑》第6期。

段云平、朱曰强，1994，《乡村人口向城市流动问题研究》，《河南师范大学学报》（哲学社会科学版）第3期。

范广垠、王天营，2009，《对刘易斯二元经济发展模式的再认识》，《经济问题》第9期。

范力达，2002，《外国对华投资的地区分布及其对人口迁移和区域发展的影响》，《人口学刊》第6期。

方蔚琼，2015，《我国农民工城镇住房保障研究》，博士学位论文，福建师范大学。

房风文，2014，《职业院校农民工职业教育模式比较》，《中国职业技术教育》第9期。

傅勇，2004，《人力资本投资对农村剩余劳动力转移的意义——基于人口流动和劳动力市场的分析》，《人口与经济》第3期。

嘎日达、黄匡时，2009，《西方社会融合概念探析及其启发》，《国外社会科学》第2期。

甘满堂，2001，《城市农民工与转型期中国社会的三元结构》，《福州大学学报》（哲学社会科学版）第4期。

高洪，2003，《当代中国人口流动问题》，博士学位论文，复旦大学。

高立金，1997，《托达罗的人口流动模型与我国农村剩余劳动力的转移》，《农业技术经济》第5期。

龚文君，2012，《对基本医疗保险关系转移接续理念的思考：基于公共政策视角》，《中国卫生经济》第5期。

辜胜阻、李睿、曹誉波，2014，《中国农民工市民化的二维路径选择——以户籍改革为视角》，《中国人口科学》第5期。

顾栋、羌怡芳，2005，《统筹城乡妇女就业的主要障碍与对策思考》，《兰州学刊》第1期。

郭琳、郭辉，2016，《新型城镇化背景下流动人口医保转移接续路径研究》，《中国农村卫生事业管理》第7期。

郭熙保、黄灿，2010，《刘易斯模型、劳动力异质性与我国农村劳动力选择性转移》，《河南社会科学》第2期。

郭永昌、邓志强、丁金宏，2014，《青年人口省际婚姻迁移的空间选择与影响因素分析》，《中国青年研究》第7期。

郭瑜，2011，《影响农民工参与城镇社会保障体系的因素——运用Probit模型的实证分析》，《调研世界》第1期。
韩福国，2016，《人力资本和城市融入对公共资源使用的影响差异分析——基于2012年对广州市流动人口的调查》，《浙江社会科学》第6期。
胡江霞、文传浩，2016，《就业质量、社会网络与移民的社会融合——基于三峡库区的调查数据》，《软科学》第9期。
胡杰成，2007，《社会排斥与农民工的城市融入问题》，《兰州学刊》第7期。
胡金华，2010，《社会网络对农村劳动力外出就业的影响》，《中共福建省委党校学报》第12期。
胡央娣，2009，《农民工参加社会保险的影响因素研究》，《统计研究》第4期。
华迎放，2004，《农民工社会保障：思考与政策选择——来自江苏、吉林、辽宁的调查》，《中国劳动》第10期。
华正新，2009，《结构力量与身份认同：农民工中的青年技工》，《中国青年研究》第5期。
黄露霜、郭凌，2016，《中国农业转移人口市民化：历史演进、现实困境与路径选择》，《农业经济》第12期。
黄宁阳、龚梦，2010，《迁入省经济人口特征对农村劳动力跨省迁移行为的影响分析》，《统计与决策》第7期。
黄乾，2008，《农民工定居城市意愿的影响因素——基于五城市调查的实证分析》，《山西财经大学学报》第4期。
黄燕芬、张超，2017，《加快建立“多主体供给、多渠道保障、租购并举”的住房制度》，《价格理论与实践》第11期。
吉利，2003，《非学历教育收益率研究》，《河北师范大学学报》（教育科学版）第10期。

贾先文、黄正泉，2010，《“刘易斯拐点”离我们究竟还有多远》，《统计与决策》第15期。

姜向群、郝帅，2008，《北京市流动人口社会保障状况及其影响因素分析》，《北京社会科学》第3期。

蒋国平，2005，《农村人力资本投资与农村剩余劳动力转移》，《商场现代化》第30期。

蒋耒文、庞丽华、张志明，2005，《中国城镇流动人口的住房状况研究》，《人口研究》第4期。

金崇芳，2011，《农民工人力资本与城市融入的实证分析——以陕西籍农民工为例》，《资源科学》第11期。

金崇芳，2012，《陕西农村剩余劳动力人力资本状况解析》，《资源科学》第7期。

金萍，2010，《新生代农民工城市融入现状分析及对策研究——基于对武汉市两代农民工的调查》，《学习与实践》第4期。

巨文辉，2005，《国外劳动力市场分割研究的方向及其特点》，《中国劳动关系学院学报》第3期。

赖德胜、苏丽锋，2020，《人力资本理论对中国劳动力市场研究的贡献》，《北京大学教育评论》第1期。

赖小琼、余玉平，2004，《成本收益视线下的农村劳动力转移——托达罗模型的反思与拓展》，《当代经济研究》第2期。

李兵，2021，《政策科学：70年关键成果整合和新方向探察》，《山东行政学院学报》第1期。

李传健，2010，《刘易斯二元经济模型与我国城乡一体化发展——以模型的局限性为分析视角》，《经济问题探索》第3期。

李春玲，2007，《城乡移民与社会流动》，《江苏社会科学》第2期。

李德洗，2004，《农村劳动力转移的经济学分析》，硕士学位论文，河南农业大学。

李东平、卢海阳、文晓丽，2018，《劳动时间、社会交往与农民工身心健康——基于 CGSS 2013 的实证数据》，《调研世界》第 3 期。

李宏、闫坤如，2019，《新中国成立 70 年城镇住房制度的嬗变与启示》，《广西社会科学》第 8 期。

李华香，2019，《社会经济地位、线上活动时间与青年群体线下社会交往》，《山东师范大学学报》（人文社会科学版）第 2 期。

李家伟、刘贵山，2007，《当代西方人口迁移与流动的理论、模式和假说述评》，《新学术》第 5 期。

李竞能编著，2004，《现代西方人口理论》，复旦大学出版社。

李珂、张善柱，2017，《高素质产业工人队伍建设发展的实践路径分析》，《中国劳动关系学院学报》第 1 期。

李孔珍，2008，《教育政策出台前的关键问题》，《教育导刊》第 2 期。

李楠，2010，《农村外出劳动力留城与返乡意愿影响因素分析》，《中国人口科学》第 6 期。

李培，2009，《中国城乡人口迁移的时空特征及其影响因素》，《经济学家》第 1 期。

李培林、田丰，2011，《中国新生代农民工：社会态度和行为选择》，《社会》第 3 期。

李强，2005，《“丁字型”社会结构与“结构紧张”》，《社会学研究》第 2 期。

李强，2003，《影响中国城乡流动人口的推力与拉力因素分析》，《中国社会科学》第 1 期。

李树茁、王维博、悦中山，2014，《自雇与受雇农民工城市居留意愿差异研究》，《人口与经济》第 2 期。

李媛，2022，《政社合作视角下社区居家养老服务模式研究》，《黑龙江人力资源和社会保障》第 7 期。

李战军，2010，《日本高专院校的职业素质教育》，《保定学院学报》第4期。

励骅、房利，2011，《英、美国家大学生就业能力研究》，《高教发展与评估》第4期。

梁茂信，2007，《“人力资本论”中的劳工迁移观分析》，《求是学刊》第1期。

梁明、李培、孙久文，2007，《中国城乡人口迁移数量决定因素的实证研究：1992～2004》，《人口学刊》第5期。

林彭、张东霞，2004，《社会关系网络视野中的农民工研究》，《党政干部论坛》第4期。

刘传江，2010，《新生代农民工的特点、挑战与市民化》，《人口研究》第2期。

刘传江、徐建玲，2007，《第二代农民工及其市民化研究》，《中国人口·资源与环境》第1期。

刘建娥，2010，《乡－城移民（农民工）社会融入的实证研究——基于五大城市的调查》，《人口研究》第4期。

刘娟，2005，《大城市流动人口特征、流动原因及效应分析——以济南市为例》，《山东师范大学学报》（自然科学版）第1期。

刘林平、张春泥，2007，《农民工工资：人力资本、社会资本、企业制度还是社会环境？——珠江三角洲农民工工资的决定模型》，《社会学研究》第6期。

刘玲利，2007，《科技资源配置理论与配置效率研究》，博士学位论文，吉林大学。

刘梦琴、傅晨，2013，《城市农民工的住房问题与改革政策》，《城市观察》第4期。

刘学梅、李明、丁堡骏，2015，《对社会主义国家资源配置理论的再认识——习近平系列重要讲话中政治经济学思想研究》，《毛泽东邓小平理论研究》第1期。
卢向虎、朱淑芳、张正河，2006，《中国农村人口城乡迁移规模的实证分析》，《中国农村经济》第1期。
陆淑珍，2011，《居住时间与新生代外来人口的社会融合研究》，《调研世界》第7期。
陆学艺主编，2010，《当代中国社会结构》，社会科学文献出版社。
〔美〕罗伯特·K. 默顿，2006，《社会理论和社会结构》，唐少杰、齐心等译，译林出版社。
罗恩立，2012，《就业能力对农民工城市居留意愿的影响——以上海市为例》，《城市问题》第7期。
罗光洁，2015，《西方人力资本理论在我国的应用》，《学术探索》第4期。
罗小琴、桂江丰，2014，《流动人口参加城镇职工医疗保障的行为及成因分析》，《人口与发展》第6期。
骆华松、莫国芳、吴瑛，2002，《流动人口高危行为的理论分析》，《思想战线》第2期。
骆新华，2005，《国际人口迁移的基本理论》，《理论月刊》第1期。
马启升、吴奇，2013，《浅议我国城镇化进程与木工机械市场》，《中国人造板》第7期。
马侠，1990，《中国人口迁移模式及其转变》，《中国社会科学》第5期。
马元驹、李晓冬，2022，《企业经营损益确定模式和经营绩效评价指标研究》，《商业会计》第1期。
马云献，2012，《就业能力对农民工城市融入的影响研究》，《统计与决策》第11期。
〔加〕迈克尔·豪利特、M. 拉米什，2006，《公共政策研究——政策循环与政策子系统》，庞诗等译，生活·读书·新知三联书店。

《毛泽东选集》第1卷，1991，人民出版社。

孟星，2016，《解决农民工住房问题的前提条件与根本途径》，《华东师范大学学报》（哲学社会科学版）第4期。

孟兆敏，2009，《流动人口居留意愿调查分析——以上海市普陀区和苏州市为例》，《南京人口管理干部学院学报》第2期。

闵维方，2020，《人力资本理论的形成、发展及其现实意义》，《北京大学教育评论》第1期。

宁雯，2020，《宁夏强化公租房信息化管理》，《中国建设报》9月16日。

宁先圣，2006，《论人力资本理论的演进及当代进展》，《社会科学辑刊》第3期。

牛喜霞、谢建社，2007，《农村流动人口的阶层化与城市融入问题探讨》，《浙江学刊》第6期。

漆先瑞，2014，《新生代农民工市民化进程中的权益保护制度创新初探》，《人才资源开发》第10期。

齐心，2007，《延续与建构：新生代农民工的社会网络》，《江苏行政学院学报》第3期。

秦长江，2004，《公共政策执行手段的选择》，《决策探索》第11期。

秦立建、王震、葛玉好，2015，《城乡分割、区域分割与流动人口社会保障缺失》，《经济理论与经济管理》第3期。

卿涛、杨仕元、岳龙华，2011，《“Minami准则”下的刘易斯转折点研究》，《中国人口科学》第2期。

任远、陈春林，2010，《农民工收入的人力资本回报与加强对农民工的教育培训研究》，《复旦学报》（社会科学版）第6期。

任远、乔楠，2010，《城市流动人口社会融合的过程、测量及影响因素》，《人口研究》第2期。

任远、邬民乐，2006，《城市流动人口的社会融合：文献述评》，《人口研究》第3期。

石国亮、刘晶，2011，《宏观管理、战略管理与顶层设计的辩证分析——兼论顶层设计的改革意蕴》，《学术研究》第10期。

史继红，2007，《刘易斯二元经济理论与我国二元经济结构转化的相关性分析》，《特区经济》第9期。

史忠良、郭旭红，2005，《中国资源配置理论的简要历史回顾》，《江西财经大学学报》第5期。

佀传振、崔琳琳，2010，《农民工城市融入意愿与能力的代际差异研究——基于杭州市农民工调查的实证分析》，《现代城市》第1期。

宋士云，2009，《新中国城镇住房保障制度改革的历史考察》，《中共党史研究》第10期。

宋月萍、陶椰，2012，《融入与接纳：互动视角下的流动人口社会融合实证研究》，《人口研究》第3期。

苏群、刘华，2003，《农村女性劳动力流动的实证研究》，《农业经济问题》第4期。

孙翎、迟嘉昱，2016，《流动人口社会医疗保险转移接续的制度分析——基于31个省会和直辖市的政策对比分析》，《兰州学刊》第3期。

孙正林、张淑芬，2004，《托达罗人口流动模式对我国农村剩余劳动力转移的启示》，《学习与探索》第3期。

覃肖响、李智、颜涛，2007，《住房供给应优先满足基本型和改善型需求》，《中国房地产》第7期。

谭文兵、黄凌翔，2002，《农村人口城市迁移的动力机制》，《城市问题》第2期。

唐银，2015，《英、美两国大学生就业能力培养策略对我国高校的启示》，《教育现代化》第13期。

田丰，2010，《城市工人与农民工的收入差距研究》，《社会学研究》第2期。

汪天都，2019，《房地产去库存：进展、问题与对策》，《金融发展研究》第5期。

汪小勤、田振刚，2001，《论我国城乡人口迁移中的不确定性及其影响》，《中国农村经济》第7期。

王昺、梁晓，2003，《温哥华华人新移民的社会融合》，《世界民族》第4期。

王超恩、符平，2013，《农民工的职业流动及其影响因素——基于职业分层与代际差异视角的考察》，《人口与经济》第5期。

王春光，2006，《农村流动人口的"半城市化"问题研究》，《社会学研究》第5期。

王春光，2001，《新生代农村流动人口的社会认同与城乡融合的关系》，《社会学研究》第3期。

王春林，2011，《发达国家农民工教育培训政策的探析》，《湖北社会科学》第3期。

王德、叶晖，2006，《我国地域经济差异与人口迁移研究》，《城市规划》第9期。

王刚，2011，《城市空间供需与房地产市场发展研究》，《科技信息》第27期。

王刚，2013，《辽宁沿海经济带中心城镇的辐射带动作用》，《中国发展》第6期。

王桂新，2004，《改革开放以来中国人口迁移发展的几个特征》，《人口与经济》第4期。

王桂新、罗恩立，2007，《上海市外来农民工社会融合现状调查研究》，《华东理工大学学报》（社会科学版）第3期。

王济川、郭志刚，2001，《Logistic 回归模型——方法与应用》，高等教育出版社。

王建，2017，《正规教育与技能培训：何种人力资本更有利于农民工正规就业?》，《中国农村观察》第1期。

王建民、狄增加，2013，《“顶层设计”的内涵、逻辑与方法》，《改革》第8期。

王健，2012，《外来人口社会融合的国际经验借鉴与启示》，《四川行政学院学报》第6期。

王敏，2011，《我国农村人力资本投资探析——基于舒尔茨的人力资本理论视角》，《生产力研究》第5期。

王美琴、齐鹏，2015，《农业转移人口市民化研究述评》，《山东行政学院学报》第4期。

王冉、盛来运，2008，《中国城市农民工社会保障影响因素实证分析》，《中国农村经济》第9期。

王胜今、许世存，2013，《流入人口社会融入感的结构与影响因素分析——基于吉林省的调查数据》，《人口学刊》第1期。

王诗宗、杨帆，2018，《基层政策执行中的调适性社会动员：行政控制与多元参与》，《中国社会科学》第11期。

王书柏、胡祎，2020，《改革开放以来我国职业培训政策的演化历程与嬗变逻辑》，《教育与职业》第19期。

王伟、吴志强，2007，《基于制度分析的我国人口城镇化演变与城乡关系转型》，《城市规划学刊》第4期。

王小兰，2021，《政策过程中的制度约束：文献回顾与展望》，《社会政策研究》第3期。

王新利、陈敏，2011，《农村剩余劳动力转移的影响分析——基于拉尼斯－费模型》，《农业技术经济》第2期。

王美艳，2005，《城市劳动力市场上的就业机会与工资差异——外来劳动力就业与报酬研究》,《中国社会科学》第5期。

王优玲、强勇,2019,《织就中国特色的住房保障网——我国住房保障体系建设稳步推进》,《就业与保障》第18期。

王震,2015,《农民工城市社会融入的测度及影响因素——兼与城镇流动人口的比较》,《劳动经济研究》第2期。

王宗凡,2015,《医疗保险关系转移接续问题分析及政策建议》,《中国劳动》第19期。

王宗萍、邹湘江,2013,《新生代流动人口住房状况研究——兼与老生代的比较》,《中国青年研究》第8期。

危丽、杨先斌,2005,《农村劳动力转移的博弈分析——对托达罗模型在我国的适用性研究》,《经济问题》第9期。

魏津生,1999,《中国城市流动人口的基本概念、状况和问题》,《人口与计划生育》第6期。

吴宾、王松兴,2014,《城镇化背景下农民工养老保险转移接续影响因素与对策研究》,《安徽农业大学学报》(社会科学版)第2期。

吴积雷,2011,《农民工职业技术培训运行机制的构建》,《中国职业技术教育》第24期。

吴少龙、淦楚明,2011,《基本医疗保险关系转移接续研究:制度比较分析的视角》,《甘肃行政学院学报》第4期。

吴维平、王汉生,2002,《寄居大都市:京沪两地流动人口住房现状分析》,《社会学研究》第3期。

吴晓刚、张卓妮,2014,《户口、职业隔离与中国城镇的收入不平等》,《中国社会科学》第6期。

吴亚东、李钊,2010,《对体系、制度、机制、体制相关概念的辨析与理解》,《现代商贸工业》第4期。

吴业苗,2012,《城郊农民市民化的困境与应对:一个公共服务视角的研究》,《中国农村观察》第3期。

夏绪梅，2004，《基于波特－劳勒激励模式的农村人口流动行为分析》，《农业经济》第12期。

肖春妍，2011，《保障房投融资平台的构建与运营管理研究》，硕士学位论文，中南大学。

肖启庆，1999，《马克思〈资本论〉的资源配置理论及现实意义》，《江汉大学学报》第1期。

谢建军，2014，《从第六次人口普查看我国省际流动人口的特征》，《现代经济信息》第10期。

谢志强、姜典航，2011，《城乡关系演变：历史轨迹及其特点》，《中共中央党校学报》第4期。

邢春冰、贾淑艳、李实，2013，《教育回报率的地区差异及其对劳动力流动的影响》，《经济研究》第11期。

熊波、石人炳，2007，《农民工定居城市意愿影响因素——基于武汉市的实证分析》，《南方人口》第2期。

熊光清，2010，《流动人口的增长态势、权利特征与权利救济》，《社会科学研究》第1期。

熊景维，2013，《我国进城农民工城市住房问题研究》，博士学位论文，武汉大学。

徐芳、王保庆，2006，《试论解决当前我国社会乞丐问题的对策》，《天中学刊》第6期。

徐书墨，2016，《制度、体制、机制三者的内涵、外延及其联系与区别》，《都市家教》（上半月）第11期。

徐玮，2010，《破解转移接续难点重在制度完善》，《中国医疗保险》第3期。

徐玮、宁越敏，2005，《20世纪90年代上海市流动人口动力机制新探》，《人口研究》第6期。

许传新，2007，《“落地未生根”——新生代农民工城市社会适应研究》，《南方人口》第4期。

许峰，1999，《托达罗基本模型的启示、发展和运用》，《财经研究》第6期。

许燕、刘文丽、鞠彦辉，2017，《农民工基本医疗保险关系转移接续中三方利益博弈分析——基于政府、企业与农民工的视角》，《东北大学学报》（社会科学版）第3期。

薛峰，2019，《论百万扩招与新时代农民工学历教育》，《教育与职业》第24期。

薛华，2011，《我国就业政策的沿革、困境与导向》，《江西社会科学》第10期。

杨菊华，2008a，《人口学领域的定量研究过程与方法》，《人口与发展》第1期。

杨菊华，2008b，《社会统计分析与数据处理技术——STATA软件的应用》，中国人民大学出版社。

杨菊华，2009，《从隔离、选择融入到融合：流动人口社会融入问题的理论思考》，《人口研究》第1期。

杨菊华，2010，《对新生代流动人口的认识误区》，《人口研究》第2期。

杨菊华，2012，《数据管理与模型分析：STATA软件应用》，中国人民大学出版社。

杨菊华，2014，《"代际改善"还是"故事重复"？——青年流动人口职业地位纵向变动趋势研究》，《中国青年研究》第7期。

杨菊华，2016，《论社会融合》，《江苏行政学院学报》第6期。

杨菊华，2018，《制度要素与流动人口的住房保障》，《人口研究》第1期。

杨林、柳俊燕，2020，《医疗保险转移接续：现实阻梗与未来破解——基于农村劳动力就业流动视角》，《南开学报》（哲学社会科学版）第2期。
杨明洪，2001，《论西方人力资本理论的研究主线与思路》，《经济评论》第1期。
杨昕，2008，《影响农民工享有公共服务的若干非制度因素分析——以上海为例》，《社会科学》第10期。
姚从容，2003，《论人口城乡迁移与农村土地产权制度变迁》，《人口与经济》第2期。
叶静怡、王琼，2013，《农民工的自雇佣选择及其收入》，《财经研究》第1期。
叶静怡、衣光春，2010，《农民工社会资本与经济地位之获得——基于北京市农民工样本的研究》，《学习与探索》第1期。
叶鹏飞，2011，《农民工的城市定居意愿研究 基于七省（区）调查数据的实证分析》，《社会》第2期。
叶香丽，2007，《中国农村人口向城市流动的原因和对经济发展的影响——基于农民工和农村大学生视角的分析》，《经济问题探索》第4期。
尹德挺、苏杨，2009，《建国六十年流动人口演进轨迹与若干政策建议》，《改革》第9期。
〔英〕瓦尼·布鲁雅，2012，《logit与probit：次序模型和多类别模型》，张卓妮译，格致出版社。
俞宪忠，2005，《适度人口理论与适度流动人口》，《山东师范大学学报》（人文社会科学版）第2期。
袁方主编，1997，《社会研究方法教程》，北京大学出版社。
袁洪志，2009，《德国职业教育体系及对我国建设职业教育的建议》，《徐州建筑职业技术学院学报》第4期。
原新、王海宁、陈媛媛，2011，《大城市外来人口迁移行为影响因素分析》，《人口学刊》第1期。

悦中山、杜海峰、李树茁、费尔德曼，2009，《当代西方社会融合研究的概念、理论及应用》，《公共管理学报》第2期。

翟锦云、马建，1994，《中国广东省人口迁移问题大透析》，《南方经济》第1期。

展进涛、黄宏伟，2016，《农村劳动力外出务工及其工资水平的决定：正规教育还是技能培训？——基于江苏金湖农户微观数据的实证分析》，《中国农村观察》第2期。

张丹，2016，《〈人力资源与传统无形资产之比较〉述评——兼论扩大无形资产内涵、包容人力资源》，《现代营销》（下旬刊）第6期。

张方旭、文军，2016，《从“脱嵌”到“嵌入”：个体化视角下农业转移人口市民化的过程分析》，《人文杂志》第7期。

张国英、吴少龙，2015，《基本医疗保险重复参保：碎片化、理性选择与官僚行政——基于CLDS数据的实证研究》，《甘肃行政学院学报》第3期。

张和敏、吴连翠，2018，《人力资本对农民工城市融入的实证分析——基于CLDS 2014年数据》，《齐齐哈尔大学学报》（哲学社会科学版）第1期。

张健，2016，《农民工基本医疗保障权转移接续的法律规制》，《西南科技大学学报》（哲学社会科学版）第1期。

张利军，2006，《农民工的社区融入和社区支持研究》，《云南社会科学》第6期。

张连德，2010，《进城农民工熟人社会网络何以延续？——基于信任视角的分析》，《人口与发展》第5期。

张璐，2010，《我国农村劳动力转移问题分析——基于刘易斯·费·拉尼斯模型与托达罗模型》，《现代商贸工业》第21期。

张庆五，1993，《当前我国流动人口状况和对策研究》，《人口与计划生育》第4期。

张文宏、雷开春，2008，《城市新移民社会融合的结构、现状与影响因素分析》，《社会学研究》第5期。

张永岳、陈伯庚、孙斌艺、孟星编著，2018，《房地产经济学》（第三版），高等教育出版社。

张展新、高文书、侯慧丽，2007，《城乡分割、区域分割与城市外来人口社会保障缺失——来自上海等五城市的证据》，《中国人口科学》第6期。

张正河、谭向勇，1999，《论中国乡城人口迁移》，《财经问题研究》第1期。

赵理文，2009，《制度、体制、机制的区分及其对改革开放的方法论意义》，《中共中央党校学报》第5期。

赵立新，2006，《由托达罗模型引发的对中国农业劳动力转移的思考》，《商业研究》第18期。

赵璐璐，2010，《社会网络视角下的农民工迁移行为》，《乐山师范学院学报》第6期。

赵敏，1997，《国际人口迁移理论评述》，《上海社会科学院学术季刊》第4期。

赵延东、王奋宇，2002，《城乡流动人口的经济地位获得及决定因素》，《中国人口科学》第4期。

赵泽众，2019，《为制造大国注入技能动力》，《劳动保障世界》第31期。

赵增凯、童玲，2010，《基于拉尼斯－费模式的城乡一体化阶段性研究——以广西为例》，《广西经济管理干部学院学报》第4期。

赵展慧，2020，《公租房，稳稳实现安居梦》，《人民日报》10月30日，第19版。

郑秉文，2008，《改革开放30年中国流动人口社会保障的发展与挑战》，《中国人口科学》第5期。

郑杭生，2005，《农民市民化：当代中国社会学的重要研究主题》，《甘肃社会科学》第4期。

郑杭生主编，2003，《社会学概论新修》，中国人民大学出版社。

郑伟，2016，《医保法治建设的若干思考》，《中国医疗保险》第4期。

周大鸣、刘玉萍，2011，《社会关系网络与农民工投资型输出——以佛山“攸县人”挖机经济为例》，《广西民族大学学报》（哲学社会科学版）第1期。

周皓，2004，《中国人口迁移的家庭化趋势及影响因素分析》，《人口研究》第6期。

周皓，2006，《资本形式、国家政策与省际人口迁移》，《中国人口科学》第1期。

周敏，1995，《唐人街——深具社会经济潜质的华人社区》，鲍霭斌译，商务印书馆。

周滔、吕萍，2011，《农民工住房的消费特征与供应策略》，《建筑经济》第3期。

周霞，2005，《社会网络视野下的农民工研究现状述评》，《西南科技大学学报》（哲学社会科学版）第4期。

朱传耿、顾朝林、马荣华、甄峰、张伟，2001，《中国流动人口的影响要素与空间分布》，《地理学报》第5期。

朱农，2001，《中国四元经济下的人口迁移——理论、现状和实证分析》，《人口与经济》第1期。

朱宇，2004，《户籍制度改革与流动人口在流入地的居留意愿及其制约机制》，《南方人口》第3期。

诸建芳、王伯庆、恩斯特·使君多福，1995，《中国人力资本投资的个人收益率研究》，《经济研究》第12期。

左世全，2012，《美国“再工业化”之路——美国“先进制造业国家战略计划”评析》，《装备制造》第6期。

Aldrich, J. H. and F. D. Nelson. 1984. *Linear Probability, Logit, and Probit Models, Quantitative Applications in the Social Sciences*, pp. 7 – 45. Beverly Hills, CA: Sage.

Ansell, C., Sørensen, E., and Torfing, J. 2017. "Improving Policy Implementation Through Collaborative Policymaking." Policy & Politics 45 (3): 467 – 486.

Arriagadar, A. M. and A. Ziderman. 1992. "Vocational Secondary Schooling, Occupational Choice and Earning in Brazil." World Bank Policy Research Working Papers WPS 1037. Washibgton: The World Bank.

Bogue, D. J. 1959. "Internal Migration." In *The Study of Population*, edited by P. M. Hauser and O. D. Ducan, pp. 486 – 509. University of Chicago Press.

Brewer, G. D. 1974. "The Policy Sciences Emerge: To Nurture and Structure a Discipline." *Policy Sciences* 3: 239 – 244.

Brown, L. A. and E. G. Moore. 1970. "The Intra-urban Migration Process: A Perspective." *Geografiska Annaler: Series B, Human Geography* 52 (1): 1 – 13.

Browne, Angela and Wildavsky, Aaron. 1984. "What Should Evaluation Mean to Implementation," and "Implementation as Mutual Adaptation," chaps. 9 and 10. In *Jeffrey Pressman and Aaron Wildavsky, Implementation* (3 ed.). Berkeley: University of California Press.

Cooke, Fang Lee. 2011. "Labour Market Regulations and Informal Employment in China: To What Extent Are Workers Protected?" *Journal of Chinese Human Resource Management* (2).

Cooke, T. J. and K. Speirs. 2005. " Migration and Employment among the Civilian Spouses of Military Personnel. " *Social Science Quarterly* 86: 343 –355.

DeCuyper, N. , G. Notelaers, and H. De Witte. 2009. " Job Insecurity and Employability in Fixed-Term Contractors, Agency Workers, and Permanent Workers: Associations with Job Satisfaction and Affective Organizational Commitment. " *Journal of Occupational Health Psychology* 14 (2): 327 –340.

DeLeon, P. and DeLeon, L. 2002. " What Ever Happened to Policy Implementation? An Alternative Approach. " *Journal of Public Administration Research and Theory* 12 (4): 467 –492.

Demaris, A. 1992. " Logit Modelling: Practical Applications. " *Sage University PaPer seri on Quantitative Applications in the Social Sciences* No. 07 –086. Newbury Park, CA: Sage.

Findley, E. S. 1987, " An Interactive Contextual Model of Migration in Hocos Norte, the Philippiness. " *Demography* 24: 163 –190.

Goldlush, John and Anthony H. Richmond. 1974. " A Multivariate Model of Immigrant Adaptation. " *International Migration Review* 8 (4).

Gordon, Milton. 1964. *Assimilation in American Life*. Glencoe, IL: Free Press.

Greene, W. H. 2000. *Econometric Analysis* (4th ed.). Englewood Cliffs, NJ: Prentice Hall.

Greenwood, Michael J. 1985. " Human Migration: Theory, Models, and Empirical Studies. " *Journal of Regional Science* 25: 521 –544.

Harris, J. R. and M. P. Todaro. 1970. " Migration, Unemployment and Development: A Two-Sector Analysis. " *The American Economic Review* 60 (1): 126 –142.

Hart, Liddell. 1967. *Strategy, Second Revised Edition*. New York: Praeger Publishers.

Hugo, G. J. 1981. "Multidisciplinary Framework and Models of Migration Decision Making." In *Migration Decision Making*, edited by G. F. DeJong and R. W. Gardner. New York: Pergamon Press.

Jenkins, W. I. 1978. *Policy Analysis*. London: Martin Robertson.

Jorgenson, Dale W. 1967. "Surplus Agricultural Labour and the Development of a Dual Economy." *Oxford Economic Papers* 19 (3): 288 – 312.

Jorgenson, Dale W. 1961. "The Development of a Dual Economy." *Economic Journal* 71 (282): 309 – 334.

King, G., Keohane, R. O., and Verba, S. 2021. *Designing Social Inquiry: Scientific Inference in Qualitative Research*. Princeton University Press.

Knight, John. 2014. "Economic Causes and Cures of Social Instability in China." *China & World Economy* (2).

Kuznets, Simon. 1964. "Introduction: Population Redistribution, Migration and Economic Growth." In *Population Redistribution and Economic Growth: United States 1870 – 1950*, edited by H. T. Eldridge and D. S. Thomas. Cambridge: Harvard University Press.

Lasswell, H. D. 1958. "Clarifying Value Judgment: Principles of Content and Procedure." *Inquiry* 1 (1 – 4): 87 – 98.

Lee, E. S. 1966. "A Theory of Migration." *Demography* 3 (1): 47 – 57.

Lewis, W. Arthur. 1954. "Economic Development with Unlimited Supplies of Labour." *The Manchester School of Economic and Social Studies* 22: 139 – 191.

Liao, T. F. 1994. "Interpreting Probability Models: Logit, Probit and

Other Generalized Linear Models." *Sage University Paper Series on Quantitative Applications in the Social Sciences*, No. 7 – 101. Newbury Park, CA: Sage.

Lieberson, Stanley. 1992. "Einstein, Renoir, and Greely: Some Thoughts about Evidence in Sociology." *American Sociological Review* 56 (February): 1 – 15.

Linder, S. H. and Peters, B. G. 1987. "A Design Perspective on Policy Implementation: The Fallacies of Misplaced Prescription." *Review of Policy Research* 6 (3): 459 – 475.

Lipsky, M. 1980. *Street-level Bureaucracy: Dilemmas of the Individual in Public Services*. New York: Russell Sage Foundation.

Lucas, Robert E. B. and Oded Stark. 1985. "Motivation to Remit: Evidence from Botswana." *Journal of Political Economy* 93 (5).

Mabogunje, A. L. 1970. "Systems Approach to a Theory of Rural - urban Migration." *Geographical Analysis* 2 (1): 1 – 18.

Massey, Douglas S., Joaquin Arango, Graeme Hugo, Ali Kouaouci, Adela Pellegrino, and J. Edward Taylor. 1993. "Theories of International Migration: A Review and Appraisal." *Population and Development Review* 19 (3): 431 – 466.

Massey, Douglas S., Rafael Alarcon, Jorge Durand, and Humberto Gonzalez. 1987. *Return to Aztlan: The Social Process of International Migration from Western Mexico*. Berkeley and Los Angeles: University of California Press.

Massey, Douglas S. 1990. "The Social and Economic Origins of Immigration." *The Annals of the American Academy of Political and Social Science* 510: 60 – 72.

Massey, Douglas S. and Felipe Garcia Espafia. 1987. "The Social Process of International Migration." *Science* 237：733－738.

Mazmanian, Daniel A. and Sabatier, Paul A. 1983. I*mplementation and Public Policy. Glenville*, III：Scott, Foresman.

Menard, S. 1995. "Applied Logistic Regression Analysis." *Sage University Paper Series on Quantitative Applications in the Social Sciences*. Thousand Oaks, CA：Sage.

Morrison, D. R. and D. T. Lichter. 1988. "Family Migration and Female Employment：The Problem of Underemployment among Migrant Married Women." *Journal of Marriage and the Family* 1：161－172.

O'Toole, Jr L. J. 2000. "Research on Policy Implementation：Assessment and Prospects." *Journal of Public Administration Research and Theory* 10（2）：263－288.

Park, R. 1916. "Suggestions for the Investigations of Human Behavior in the Urban Environment." *American Journal of Sociology* 20（5）：577－612.

Park, R. E. and E. W. Burgess. 1921. *Introduction to the Science of Society*（2nd ed.）. Chicago：University of Chicago Press.

Piore, Michael J. 1979. *Birds of Passage：Migrant Labor in Industrial Societies*. Cambridge：Cambridge University Press.

Portes, A. and Rumbaut, R. G. 2001. *Legacies：The Story of the Immigrant Second Generation*. University of California Press.

Portes, Alejandro, Robert Nash Parker, and Josea Cobas. 1980. "Assimilation or Consciousness：Perceptions of U. S. Society among Recent Latin American Immigrant to the United States." *Social Forces*.

Portes, Alejandro. 1998. "Social Capital：Its Origins and Applications in Modern Sociology." *Annual Review of Sociology* 1：1－24.

Portes, Alejandro and John Walton. 1981. *Labor, Class, and the International System*. New York：Academic Press.

Pressman, J. L. and Wildavsky, A. 1973. *Implementation*. Berkeley, CA: University of California Press.

Prottas, J. M. 1979. *People Processing: The Street-level Bureaucrat in Public Service Bureaucracies*. Great Source Education Group.

Ranis, Gustav and J. C. H. Fei. 1961. "A Theory of Economic Development." *American Economic Review* 51: 533 – 565.

Ravenstein, E. G. 1889. "The Laws of Migration." *Journal of the Statistical Society of London* 52 (2): 241 – 305.

Ravenstein, E. G. 1885. "The Laws of Migration." *Journal of the Statistical Society of London* 48 (2): 167 – 235.

Ricketts, E. 1987. "U. S. Investment and Immigration from the Carribbean." *Social Problems* 34: 374 – 387.

Ritchey, P. N. 1976. "Explanations of Migration." *Annual Review of Sociology* 2: 363 – 404.

Rossi, P. H. 1955. *Why Families Move*. Free Press.

Sassen, Saskia. 1988. *The Mobility of Labor and Capital: A Study in International Investment and Labor Flow*. Cambridge: Cambridge University Press.

Schultz, Theodore W. 1961. "Investment in Human Capital." *The American Economic Review* 51 (1): 1 – 17.

Sell, R. R. and G. F. DeJong. 1978. "Toward a Motivational Theory of Migration Decision Making." *Journal of Population* 1: 146 – 165.

Shauman, Kimberlee A. and Mary C. Noonan. 2007. "Family Migration and Labor Force Outcomes: Sex Differences in Occupational Context." *Social Forces* 85 (4).

Stark, Oded, J. Edward Taylor, and Shlomo Yitzhaki. 1988. "Migration, Remittances, and Inequality: A Sensitivity Analysis Using the Extended

Gini Index." *Journal of Development Economics* 28: 309 – 322.

Stark, Oded. 1984. "Rural to Urban Migration in LDCs: A Relative Deprivation Approach." *Economic Development and Cultural Change* 32 (3).

Stark, Oded. 1991. *The Migration of Labor*. Cambridge: Basil Blackwell.

Stark, Oded and David E. Bloom. 1985. "The New Economics of Labor Migration." *The American Economic Review* 75: 173 – 178.

Taylor, J. Edward. 1984. "Differential Migration, Networks, Information and Risk." In *Research in Human Capital and Development, Vol.* 4, *Migration, Human Capital, and Development*, edited by Oded Stark, pp. 147 – 171. Greenwich, Conn.: JAI Press.

Thomas, B. 1954. *Migration and Economic Growth*. Cambridge University Press.

Todaro, Michael P. 1969. "A Model of Labor Migration and Urban Unemployment in Less-developed Countries." *The American Economic Review* 59: 138 – 148.

Wallerstein, Immanuel. 1974. *The Modern World System, Capitalist Agriculture and the Origins of the European World Economy in the Sixteenth Century*. New York: Academic Press.

Wolpert, J. 1964. "The Decision Process in Spatial Context." *Annals of the Association of American Geographers* 54 (4): 537 – 558.

Woods, John and Douglas Walton. 1982. *Argument: The Logic of the Fallacies*. New York: McGraw-Hill Ryerson Lid.

Zelinsky, W. 1971. "The Hypothesis of the Mobility Transition." *Geographical Review* 61 (2): 219 – 249.

图书在版编目(CIP)数据

此心安处是吾乡：农业转移人口市民化推进机制 / 陈志光著. -- 北京：社会科学文献出版社，2022.11
ISBN 978-7-5228-0819-2

Ⅰ.①此… Ⅱ.①陈… Ⅲ.①农业人口-城市化-研究-中国 Ⅳ.①C924.24

中国版本图书馆 CIP 数据核字（2022）第 179124 号

此心安处是吾乡：农业转移人口市民化推进机制

著　　者 / 陈志光

出 版 人 / 王利民
责任编辑 / 贾立平
文稿编辑 / 张真真
责任印制 / 王京美

出　　版 / 社会科学文献出版社 · 经济与管理分社（010）59367226
地址：北京市北三环中路甲 29 号院华龙大厦　邮编：100029
网址：www.ssap.com.cn
发　　行 / 社会科学文献出版社（010）59367028
印　　装 / 三河市尚艺印装有限公司

规　　格 / 开　本：787mm × 1092mm　1/16
印　张：18　字　数：230 千字
版　　次 / 2022 年 11 月第 1 版　2022 年 11 月第 1 次印刷
书　　号 / ISBN 978-7-5228-0819-2
定　　价 / 128.00 元

读者服务电话：4008918866